CB066033

eduardo subirats
A existência sitiada

rgBOLSO**5**
Existência sitiada EDUARDO SUBIRATS
Tradução FLÁVIO CODDOU
Preparação e revisão de texto REGINA STOCKLEN
Projeto gráfico da coleção e diagramação ESTAÇÃO
Desenhos da capa LUCIA KOCH
Gráfica PANCROM
Coordenação editorial ABILIO GUERRA E SILVANA ROMANO SANTOS
Edição original SUBIRATS, EDUARDO. *LA EXISTENCIA SITIADA*. COLECCIÓN PENSAMIENTO. MONTERREY, MÉXICO, FINEO, 2006. ISBN 970-9957-04-X.

apoio cultural

Esta obra foi publicada com uma subvenção da direção geral do livro, arquivos e bibliotecas do Ministério da Cultura da Espanha

eduardo subirats
A existência sitiada

rgBOLSO**5**

A reprodução ou duplicação integral ou parcial desta obra sem autorização expressa do autor e dos editores se configura como apropriação indevida dos direitos intelectuais e patrimoniais do autor.
© Eduardo Subirats
Direitos para esta edição
Romano Guerra Editora
Rua General Jardim 645 conj 31 Vila Buarque 01223-011 São Paulo SP Brasil
tel: (11) 3255.9535 | 3255.9560
rg@romanoguerra.com.br   www.romanoguerra.com.br
Printed in Brazil   2010   Foi feito o depósito legal

S941e   Subirats, Eduardo
         A existência sitiada / Eduardo Subirats ; tradução Flávio
         Coddou. -- São Paulo : Romano Guerra, 2010.
         328 p. (Coleção RG bolso ; 5)

         ISBN: 978-85-88585-21-8 (Coleção)
         ISBN: 978-85-88585-26-3 (volume 5)

         1.Filosofia moderna – Século 21 2.Civilização moderna –
         Século 21 3. Guerra 4. Sociedade 5. Política mundial
         I. Coddou, Flávio II. Título III. Série

                                                21ª. CDD - 190

Serviço de Biblioteca e Informação da Faculdade de Arquitetura e Urbanismo da USP

Para Anke Böttcher

preâmbulo 11

capítulo 1 Espetáculo 13
    1. O olhar vazio **13**
    2. Moção e desconstrução **16**
    3. A produção industrial da realidade **22**
    4. A realidade totalitária **28**
    5. Espetáculo **35**
    6. A existência sitiada **45**
    7. A subversão niilista **53**

capítulo 2 Violência infinita 61
    1. O reino do silêncio **61**
    2. O poder e a morte **64**
    3. O *logos* da colonização **70**
    4. Violência indefinida **80**
    5. Hegemonia e sobrevivência **88**

capítulo 3 Futuro sem passado 97
    1. A destruição das memórias **97**
    2. Futuro sem passado **108**
    3. A memória das origens **115**

capítulo 4 Situações **127**
    A condição sitiada **127**
    Três sonhos **137**
    O Leviatã nuclear **141**
    Les illusions du progrès **165**
    Voided void **173**
    A palavra criadora **180**
    Escritura e poder **181**
    Intelectual, exílio **206**
    Cinquenta e duas dúvidas sobre vanguardas e pós-arte **243**
    Sob a bandeira do socialismo **263**
    Colonização biológica **266**
    Esperança e tempo final **294**

notas / bibliografia 301

Este livro relata a experiência intelectual de uma longa década, compreendida entre a Primeira Guerra do Iraque e o lançamento midiático da guerra global. Foi concebido em Nova York, no confinamento acadêmico, e a partir de encontros incessantes com a América Latina, África atlântica e Sudeste Asiático.

Nestes ensaios, tentei responder como hipótese a três perguntas: o que posso aprender com a cultura do espetáculo, o que podemos lembrar a partir das ruínas das memórias culturais e o que se pode esperar diante da dominação nuclear e biológica do planeta. O capítulo "Situações" reúne uma série de estudos sobre o mal-estar cultural da nossa era, a irresponsabilidade científica, a intimidação dos intelectuais, o esvaziamento da arte moderna, o niilismo tecnocrático e a lógica da destruição; e sobre a esperança em uma era de escárnio e angústia.

Por trás destes ensaios há uma angústia histórica que se destaca no nosso começo de século, cujas expressões foram sufocadas globalmente sob a organização corporativa da cultura e do conhecimento. Seu olhar retrospectivo sobre uma realidade terrorífica é a condição de toda futura mudança. Outro mundo é possível.

Princeton, 15 de julho de 2006

capítulo 1
ESPETÁCULO

1. O olhar vazio

Presenciamos escândalos, guerras, catástrofes. Em algum momento chegamos a pronunciar a frase: "eu vi a liberação de Bagdá". Ou ainda: "o abuso sexual do *pop star* é intolerável".

Construções gramaticais espúrias. Quem é esse *eu* que viu a tortura nas prisões de Abu Ghraib? Como entende a realidade da destruição das florestas tropicais e o aquecimento global? O que significa "experiência da realidade nos meios eletrônicos de comunicação"?

"Eu vi a guerra..." O campo sensorial da minha percepção foi pré-configurado pelos softwares eletrônicos e pelos formatos estéticos da tela da televisão e da internet. Não posso tocar nem ouvir, nem sentir a presença dos seres em um espaço e tempo vividos. A realidade produzida e disseminada pelos meios eletrônicos exclui toda possibilidade de contato sensível com o existente. Não se pode estabelecer uma relação reflexiva entre a percepção visual de uma notícia e os seus efeitos emocionais, individuais ou coletivos. A mesma possibilidade de uma conexão e integração entre a percepção sensorial, o reconhecimento emocional e a compreensão intelectual desaparece sem rastro. Não se pode constituir um sentimento de realidade, nem no sentido cognitivo ou moral, nem estético ou espiritual. São chamados de meios de comunicação, porém, a ausência de um contato real com os seres no ato de consumir pacotes programados midiaticamente define esses meios como instrumentos de redução sensorial, privação emocional e empobrecimento intelectual da experiência humana.

"Eu vi..." Sujeito gramatical incerto. Somente o monitor exerce o papel de sistema transcendental de classificação esquemática dos dados sensíveis, decodificação de categorias e hierarquização dos signos de uma realidade inteiramente projetada de antemão. Somente o sistema eletrônico assume as funções de categoria, cognição, vontade e emoção de uma consciência. Somente as telas de projeção determinam as associações metonímicas que configuram a personalidade individual em um sentido moral, intelectual e estético.

Espaço e tempo se converteram em dimensões da construção do mundo cujos referentes estão tecnicamente predefinidos no campo visual da tela, através de seus ritmos comerciais e informativos, em seus símbolos icônicos e na programação administrativa dos eventos eletrônicos. A fragmentação dos fluxos midiáticos, o caráter instantâneo e efêmero de suas imagens, informações e sons, e a consequente aceleração e repetição indefinida dos átomos informativos entorpecem as funções intelectuais associativas autônomas e obstruem a possibilidade de uma unidade reflexiva da consciência individual. A semiologia do choque, a produção e disseminação politicamente programada de ansiedades, assim como as intensidades de gratificação narcisista controladas pelo marketing definem muitas outras condições objetivas de inibição reflexiva.

Eu digo que "vi" o *Sex Gate* e a subsequente liberação de Bagdá, mas o que vi realmente nas telas são imagens parciais, sistemas de signos e seus ritmos associativos projetados de antemão, juntamente com intensidades emocionais ultraeditadas e citações fragmentárias da realidade, coladas a *slogans* comerciais e propagandísticos. A edição de imagens, comentários e emoções confinam o campo da minha percepção emocional e das categorias em relação ao que eu posso ver e conhecer, e do que na realidade eu posso ser em um tempo-espaço projetado eletronicamente. Aquela medição hermenêutica, linguística e cultural da consciência gramaticalmente constituída sem a qual não é possível o ato individual e criador do pensar foi substituída pelo design semiológico e pela organização técnica e corporativa da informação. São suas subestruturas técnicas e linguísticas que constituem o inconsciente institucional da ação comunicativa eletronicamente pré-formatada.

"Eu vi..." O verbo que designa o estado da distração visual e percepção pré-reflexiva construído pelo sistema de comunicação eletrônica não é "ver" no sentido rigoroso da palavra. Para o xamã, ver é perceber de uma forma ao mesmo tempo sensorial e espiritual a realidade existente e seus vínculos com as forças cósmicas. É a revelação sensível e imediata da realidade espiritual das coisas no meio da unidade indivisível do ser. Na filosofia mística de Ibn 'Arabi e na filosofia neoplatônica do renascimento europeu, a visão de um objeto sensível se eleva à compreensão espiritual do ser perfeito e absoluto. A experiência artística herdou esta visão espiritual das coisas como nas obras de Wassily Kandinsky e Paul Klee. Para a ciência moderna, seja em Johannes

Kepler ou em Leonardo da Vinci, o olhar cumpre uma função organizadora do espaço e tempo de acordo com esquemas geométricos e relações matemáticas e, ao mesmo tempo, capta a perfeição estética e espiritual do real, confundida com uma harmonia intrínseca do ser. A teoria romântica da pintura associava o olhar construtivo da perspectiva colorida e atmosférica com essa transcendência espiritual sob a categoria do sublime.

Nenhuma dessas dimensões do olhar está compreendida na percepção da realidade da mídia de massa. A palavra adequada para distinguir os limites desta experiência visual predefinida não é *ver*, mas *to watch*. O verbo *watching* designa uma função cognitiva que se reduz a uma série de percepções sensoriais e respostas psicomotoras elementares fundamentalmente irreflexivas e automáticas. *To watch* se confunde com uma relação de contiguidade circunstancial entre o humano e os signos de sua realidade eletronicamente projetada de antemão, na qual estão rigorosamente ausentes as funções de concentração sensorial e da memória, de análise lógica e juízo intelectual. *Watching* designa um olhar que não vê.

Eu: ficção gramatical de uma consciência linguística e midiaticamente programada. Eu = Outro: identidade impessoal eletronicamente construída como sujeito/objeto da irrealidade dos meios. Nada permite a constituição de um sentido interno e externo ao fluxo de imagens que regula os ritmos mortos de sua sobrevivência.

2. Moção e desconstrução

Os meios de comunicação eletrônica modificam a estrutura perceptiva e cognitiva do sujeito;

configuram uma nova consciência, estabelecem as normas de conduta do novo humano e dissolvem o social e a política no reino do espetáculo. Por isso podemos falar em uma política eletrônica e uma massa eletrônica, de uma consciência eletrônica e uma "constituição eletrônica da realidade". Por isso falamos em civilização eletrônica.

Mas não estão em primeiro plano os pacotes midiáticos, os eventos eletrônicos e as imagens virtuais, nem os valores mercantis ou propagandísticos inerentes a esses simulacros estão atuando como agentes configuradores desta consciência e esta civilização global do espetáculo. Tampouco é função dos meios de massa a manipulação da consciência ou do espírito da história. Os meios eletrônicos não são um sujeito, nem se comportam como tal. Antes de tudo constituem um sistema complexo de instrumentos, de softwares, poderes institucionais, agentes subalternos e códigos formais. São esses aparatos e suas formas hierárquicas espaçotemporais que operam como sistema constitutivo da realidade eletrônica. São os códigos linguísticos eletronicamente definidos que constituem em um nível subestrutural a nova "forma cultural global" e os novos sujeitos "pós-humanos". As próprias técnicas de representação eletrônica introduzem profundamente uma sistemática descontextualização e recontextualização, desconstrução e hiperdefinição de imagens, sons, palavras. São as subestruturas performáticas que fragmentam a percepção e induzem a um deslocamento e a uma transformação permanentes do real. São, enfim, estas as condições sistêmicas que configuram a experiência humana mais além e independentemente da censura corporativa supraestrutural, os conteúdos semânticos explícitos e as propagandas políticas que efetivamente filtram os fluxos de informação.

Nesse sentido, as câmeras de vídeo instaladas nos mísseis, que monitoraram a sua trajetória letal na primeira Guerra do Golfo e nas guerras subsequentes, revelam um modelo avançado de performance eletrônica da realidade. Seu fundamento técnico é a identidade dos instrumentos de destruição militar e de produção midiática da realidade. Os formatos e imagens de raio laser que regulam a detecção automática de objetivos e a sua eliminação prefiguram os esquemas de nosso olhar e de nossa consciência. Nada nem ninguém pode determinar onde termina o valor expositivo destas imagens digitais de objetivos militares – sua função performática e subjetivadora – e onde começa o trabalho efetivo como instrumento de destruição e genocídio. A função letal dos aparelhos e a sua performatização eletrônica se confundem no fluxo contínuo de informações digitais, objetivos militares e *slogans* comerciais, em cujo meio a consciência individual se dissolve cognitiva e moralmente até a sua completa evaporação.

Dois princípios formais regem esta transformação da experiência e da realidade dos meios: a velocidade e a super-realidade. Movimento, dinamismo e seus efeitos colaterais de desobjetivação e desmaterialização do real, por um lado, e ficção, hiper-realismo e super-realidade, por outro, definem a estrutura transcendental da produção técnica da realidade no espaço global da comunicação eletrônica; movimento e super-realidade estabelecem as condições formais dos objetos e eventos eletrônicos, seus limites perceptivos abstratos ou hiper-realistas e a própria configuração estética e social da consciência eletrônica.

Mas a velocidade ou o dinamismo e a super-realidade ou surrealidade, muito antes que categorias técnicas da comunicação midiática, foram postulados estéticos que as vanguardas do século 20 formularam como chaves da cultura industrial moderna. Filippo Tommaso Marinetti elevou o movimento a uma categoria metafísica absoluta e a um programa estético radical de mobilização global da civilização sob o horizonte histórico da produção e guerra industriais. Kazimir Malevich e o construtivismo russo formularam programaticamente a consequência deste princípio geral do dinamismo mecânico: a dissolução da forma, a desobjetualização da realidade, sua desmaterialização, e a evaporação geral do existente. Os filmes de Walther Ruttmann ou Dziga Vertov elevaram a categoria de moção a fundamento metafísico da nova realidade filmográfica. A velocidade deveria criar em si uma nova factualidade virtual. Sergei Eisenstein celebrou-a como valor moral ligado à revolução comunista. Fritz Lang exaltou-a como postulado estético e organizativo de uma futura civilização totalitária e genocida[1].

As vanguardas pregaram e preconizaram a guerra industrial, as mobilizações militares e urbanísticas das massas humanas e a construção da civilização maquinista como forças motrizes da nova era industrial. Marinetti, Mondrian e Malevich foram os seus exemplos mais destacados. Mas o importante não eram somente os meios técnicos e políticos rudimentares que tanto as vanguardas artísticas como políticas e militares tinham ao seu alcance em 1917 e 1939 para cumprir essa utopia moderna. O mais grave eram suas consequências. De acordo com os manifestos de Marinetti, o último efeito da dinamização das linguagens, formas e objetos era a desconstrução metonímica de seus significados. A aceleração mecânica das partículas atômicas resultantes desta subversão linguística, as *parole in libertà*, se comportava como nova arma poética com a qual se podia bombardear a realidade até a sua desintegração molecular total. Em última instância, a eliminação da experiência e o fim do humano se elevavam finalmente à expressão culminante desta subversão semiológica[2].

O projeto de dinamização das linguagens que pudesse, ao mesmo tempo, destruir a sua organização semântica e lógica, e as libertasse assim de seus referentes, engloba uma ampla série de expressões artísticas que incluem desde as colagens expressionistas e cubistas até as linguagens automáticas na poesia, pintura e cinema surrealistas. A estética paranoica que Jacques Lacan e Salvador Dalí propuseram em uníssono foi a expressão programática suprema. Em suas propostas formais e organizativas anunciava-se um processo de fragmentação linguística da experiência, de volatilização das categorias e discursos, e, como última consequência, a extirpação da consciência. Juntamente a este processo de dissolução deveria erguer-se o mundo artificial de uma segunda natureza, cujas características eram, ao mesmo tempo, oníricas e racionais, caóticas e sistemáticas. Esta conversão futurista e surrealista da estrutura objetiva da realidade e de sua experiência individual é precisamente a que precedeu e norteou a implosão da aldeia eletrônica global[3].

Havíamos dito que o fluxo informativo da tela ou monitor está modulado pelos ritmos temporais e pelas intensidades emocionais da propaganda comercial. Este é o aspecto mais evidente da questão; é a expressão da soberania das forças econômicas, seus ritmos e suas normas "sobre a sensibilidade e os costumes". Soberania econômica sobre a configuração formal de nossa própria condição existencial, ecológica ou social. Porém, a velocidade comercialmente domesticada das mensagens midiáticas obriga a fragmentar as imagens visuais e os discursos narrativos, e dissolver os seus limites e formas. A velocidade comprime as categorias e expressões linguísticas e, em última instância, força o esquivamento de toda intensidade reflexiva. O princípio econômico que rege na comunicação eletrônica a redução da diversidade de ritmos vitais e intelectuais, e a aceleração mecânica e automática da dispersão de átomos e fluxos explica, em última instância, a eficácia histérica e o empobrecimento sistemático das linguagens midiáticas até o limite da futilidade e irrelevância que hoje demonstra o *newspeak* comercial e político (George Orwell).

Um dos danos colaterais da aceleração e fragmentação informativas é a descontextualização dos signos. Pacotes de realidade programadamente ilegíveis são construídos e disseminados. Na tela, desaparecem, técnica e esteticamente, os marcos sociais, políticos ou culturais, sem os quais é impossível compreender o signo de um conflito social, a menção de uma catástrofe ou o videoclipe de um campo de batalha. A descontextualização, a desobjetivação e a desmaterialização das imagens eletrônicas possibilitam um processo complementar de recontextualização semiótica e de recodificação discursiva dos mesmos ícones efetuado sob as normas retóricas e propagandísticas das agências corporativas de informação. Seu resultado é a transformação aleatória dos significados.

3. A produção industrial da realidade

O segundo princípio constitutivo da realidade midiática é uma sequela do primeiro. A aceleração e a fragmentação dos discursos e imagens em uma tela geram uma desvalorização geral das linguagens culturalmente herdadas, a degradação da experiência individual e a desintegração metonímica dos sistemas sociais autônomos de consentimento da realidade. Ao mesmo tempo, a desconstrução midiática das linguagens estabelece as condições necessárias para a produção semiótica e industrial de uma realidade suplementar por direito próprio, uma super-realidade integral ou um sistema hiper-real do espetáculo global.

Uma explosão reproduzida por meio de imagens de raio laser, de texturas e formas abstratas e objetualmente irreconhecíveis, possui, por conta de seu design computadorizado, o significado emocionalmente reconfortante de uma vitória militar aliada. Suas consequências destrutivas são contempladas através de uma linguagem de formas, cores e texturas sem objeto. Isso permite associar a destruição a um processo tecnicamente sofisticado e promover consequentemente uma identificação tecnopatriótica. A mesma explosão, vista em *close-up* e associada a imagens realistas de sangue, mutilações e morte, significa um ato terrorista, e o seu efeito subsequente sobre a consciência eletronicamente projetada é perturbador. Porém em ambos os casos a imagem bloqueia estruturalmente a possibilidade formal de sua compreensão reflexiva no âmbito de uma experiência intelectualmente consistente. E em ambos é anulada técnica e semiologicamente a possibilidade de uma experiência. No mais, as sequências de cenas macabras de sangue e desespero são intercaladas ritmicamente com *spots* de erotismo oral reprimido dos anúncios de Coca-Cola, seguidos do simulacro escatológico de comunhão global através do consumo simbólico de hambúrgueres McDonald's. Os valores do *entertainment* se hibridizam com os códigos fictícios das sucessivas versões de *Star Wars*, e ambos são formatados sob os ícones heroicos da *Pop Art*. Ficção e propaganda, genocídio e consumo, patriotismo e *entertainment* fecham um ciclo contínuo e indiferenciado de imagens, ritmos e signos no qual os limites éticos e cognitivos entre o falso e o legítimo, o fragmento e a totalidade, entre o real e o delírio são vaporizados no panorama da super-realidade eletronicamente produzida.

O intercâmbio e a transmutação entre os significados do real e do imaginário têm sido um tema repetido reiteradamente pela indústria cultural e pelos meios acadêmicos. Em nome de um hibridismo de sujeitos e objetos super-reais, a concepção xamânica do mundo tem se confundido com os efeitos psicodélicos da Arte Fractal, enquanto as concepções místicas e míticas do cosmo maia ou inca se misturaram em uma bricolagem obscura com os valores comerciais do realismo mágico. Tudo isso já foi visto e revisto. Porém tudo aquilo que a partir de uma perspectiva estética se percebe efetivamente como indistinção objetiva entre o real e o espetáculo, e como a verdade compulsivamente imposta de *slogans* e imagens midiáticas que não possuem nenhuma realidade, e tudo que a partir desse mesmo ponto de vista subjetivo se contempla sob o signo da fascinação "mágica" do espetáculo global, tudo isso possui uma dimensão filosófica e política mais profunda.

A configuração dos objetos enquanto realidade por direito próprio remete a dois momentos constitutivos da revolução estética das vanguardas artísticas do século 20. O primeiro foi a conversão programática da criação artística na produção de fatos e realidades a partir dos códigos semióticos da abstração, os meios de produção e reprodução mecânicas e o design digital. Seu princípio foi formulado precocemente pelo poeta Guillaume Apollinaire em seu manifesto *Les peintres cubistes*, ou por Piet Mondrian em seu programa neoplasticista. Os postulados desta metafísica estética e política eram muito simples: a arte não é mímese nem constitui experiência. Trata-se de uma realidade integralmente artificial, produzida a partir dos signos puros de uma linguagem inteiramente abstrata. A nova arte se elevava à dignidade metafísica do espetáculo, e o artista, a um poder demiúrgico da criação semiológica do mundo a partir do nada[4].

O idealismo estético que as teorias neoplasticista, construtivista ou suprematista compartilham com a ficção eletrônica dos eventos midiáticos, seja em campanhas comerciais ou performances militares, possui uma raiz posterior histórica: o conceito estético e político da obra de arte total formulado na esfera do romantismo europeu. A nova obra de arte das vanguardas se erguia como realidade única, verdadeira e absoluta, na mesma medida em que era capaz de incorporar tecnicamente todas as artes, todas as tecnologias performáticas do conhecimento e da sensibilidade, na unidade absoluta de espetáculo e espectador. A televisão e a internet acrescem a essa dimensão total da obra de arte o seu efeito global sobre a massa eletrônica e a subsequente instauração unilateral e automática de um consenso universal.

Porém a revolução ontológica das vanguardas artísticas do século 20 teve uma consequência política: a evaporação da realidade e da consciência, e a construção hiper-realista de uma segunda realidade global sob os signos programados de um entusiasmo individual ou coletivo, foram os objetivos da *Aufklärung*[5] e a "Mobilização espiritual" programaticamente formulada por Joseph Goebbels no contexto do nacional-socialismo europeu[6]. O surrealismo (Dalí) estabeleceu a subsequente transição do desenho e da produção da cultura como obra de arte total e meio de mobilização das massas, para a concepção neoliberal da cultura como segunda natureza ao mesmo tempo sistemática, irracional e fetichista. E a batizou com o nome de "simulacro". A aldeia global é a última manifestação deste princípio metafísico e propagandístico de uma realidade artística e industrialmente produzida, e corporativamente disseminada como segunda natureza integral[7].

Em dezembro de 1989, as redes globais de televisão e a imprensa internacional difundiram a notícia da existência de fossas comuns em Timisoara. A exumação de centenas de cadáveres diante das câmeras de televisão revelou globalmente a prática da tortura e assassinato do regime ditatorial que havia dominado a Romênia até o final da Guerra Fria. No dia 22 do mesmo mês, as agências de informação internacionais elevavam o número de cadáveres a 4.632, vítimas do regime de Ceausescu. No dia seguinte, esta cifra midiática havia sido novamente elevada a 10 mil e foi acompanhada de muitos relatos realistas sobre essas atrocidades. Chegou-se a denunciar um genocídio em grande escala.

O espetáculo eletrônico de Timisoara mobilizou a aldeia global e precipitou a violenta derrocada do governo romeno em tempo real. Algumas semanas mais tarde, entretanto, descobriu-se que a informação sobre aquelas fossas comuns havia sido fruto de uma montagem. Os meios de comunicação de massa locais tinham acumulado uma série de dados hipotéticos e fragmentários que as cadeias corporativas reconstruíram para conformar pacotes informativos impactantes e que, no entanto, as redes da aldeia global difundiram finalmente *urbi et orbi* como fraude consensual e universal. E como acontece tantas vezes, a revelação do engano chegou demasiadamente tarde. Um dia antes da propagação daquele evento, no dia 21 de dezembro, começara a invasão militar do Panamá. Enquanto a massa eletrônica global sob os efeitos emocionais e políticos do escândalo romeno era hipnotizada, estava sendo levado a cabo o bombardeio de um dos bairros mais populosos da cidade do Panamá com um balanço midiaticamente intangível de centenas ou milhares de civis mortos.

Timisoara não é um caso, é um modelo. Exemplifica a produção eletrônica de um evento fictício e seus efeitos políticos, militares e sociais reais como momentos constitutivos do mesmo processo de produção corporativa da história e da realidade. Demonstra, igualmente, uma mudança qualitativa em relação à função dos meios eletrônicos de comunicação. Estes, sem dúvida alguma, não atuam como extensão de nossos sentidos; tampouco constituem a mediação entre a nossa consciência e a realidade. Sobre a sua missão tradicional como sistema controlado de representação e propaganda, e os subsequentes usos tradicionais de falsificação, censura e manipulação da opinião pública, sobrepõem-se as suas funções de disseminação de signos confusos, linguagens falsificadas, realidades desconstruídas e produtos comerciais de uma segunda realidade industrial integralmente administrada. "Nos aproximamos do momento em que será possível sistematizar a confusão e contribuir com o descrédito da realidade" havia anunciado Dalí em seu manifesto *Le surréalisme au service de la Révolution*, para continuar logo depois: "os simulacros podem adotar facilmente a forma de realidade e esta, por sua vez, pode adaptar-se à violência dos simulacros". O pesadelo surrealista converteu-se, portanto, em crua realidade[8].

O empobrecimento semântico das linguagens e das imagens, e a degradação da percepção sensível e emocional que os meios de comunicação induzem programadamente são alguns dos procedimentos de rotina desta engenharia da consciência e da concomitante transformação eletrônica da cultura. Os *talk shows* e *infomercials*, a propaganda pós-política, a contaminação moral gerada pelos filmes de violência e pornografia leve, os valores de *wealth and happiness* em todas as dimensões da rede comercial constitutiva da massa eletrônica de consumidores: esses são os tipos de forças que configuram normativamente a nova cultura global. Os efeitos massivamente catárticos que a difusão de uma catástrofe natural ou um jogo de futebol podem exercer são aspectos centrais que imprimem um caráter próprio a esta "realidade dos meios de massa". A mobilização global da massa midiática em relação a eventos eletronicamente projetados e produzidos, e o encobrimento paralelo de conflitos e crises reais designam a sua derradeira função.

4. A realidade totalitária

"Não podemos conhecer outra realidade além da realidade dos meios de massa": uma tautologia[9]. Sabemos que os meios de comunicação editam, censuram, produzem e difundem uma realidade eletrônica; que usurpam o papel de sujeito transcendental que constitui essa realidade; que atuam como um *a priori* espaço-temporal e como sistema categórico transobjetivo. Os meios de comunicação são instrumentos de imposição unilateral de modelos de percepção sensível das coisas, e englobam os valores intelectuais e normativos de interpretação do mundo que eles mesmos colocam em cena e em prática. As redes de comunicação difundem globalmente essa realidade projetada, produzida e empacotada como objetividade eletronicamente pré-consensual. A mídia é o princípio constitutivo da realidade *tout court*: seu monopólio categórico corporativo.

Mas este processo de produção industrial de realidade significa algo além do *adaequatio rei et intellectus*[10] eletronicamente cumprido. É algo maior do que o delírio sacramental *Pop* do espetáculo político e comercial elevado a realidade única e absoluta. Significa mais do que a insistência de uma realidade automaticamente produzida e indefinidamente reproduzida até o fim da história. Este absolutismo midiático impecável oculta uma série de fraudes semânticas e escamoteações intelectuais, de falsificações emocionais e reduções sensoriais unilateralmente operadas, disseminadas e transformadas em consenso através desses mesmos meios.

A produção eletrônica de realidade engendra a automação da percepção sensorial, uma trivialização complementária discursiva da experiência e o subsequente fechamento das condições formais de possibilidade de uma reflexão individual capaz de integrar memórias profundas, tradições intelectuais articuladas e formas artísticas de expressão. O mundo da tela aparece efetivamente como um sistema informativo perfeitamente fechado em si, uma realidade *prêt-à-porter* que posso assumir ou ignorar, mas em caso algum compreender em um sentido reflexivo.

A frase: "Não posso conhecer nenhuma realidade além daquela da mídia de massa" também é trivial. Os porta-vozes mais radicais da abstração moderna, de Apollinaire a Mondrian e Malevich, no entanto, tinham predicado um idealismo absoluto segundo o qual o ponto, o ângulo reto e o dinamismo das massas abstratas deveriam converter-se nos fundamentos estéticos e ontológicos de um novo cosmos industrial. Dalí formularia mais tarde o programa complementar de uma produção massiva de simulacros artísticos capazes de deslocar ou evaporar a experiência humana através de seu poder retórico, substituindo-o por meios artificiais de gratificação narcisista industrialmente controlada.

Esta fascinação pelo mundo de ficções tecnicamente produzidas e a liberação industrial de desejos artificiais atingiram nas décadas do pós-modernismo as dimensões de um verdadeiro êxtase mercantil e eletrônico multitudinário. A implosão midiática celebrou-se como a promessa cumprida de uma restauração da unidade entre o sujeito e o mundo. Por meio de suas redes infinitas podia ser contemplada a realidade virtual de uma nova comunidade universal descentralizada, desierarquizada, igualitária e perfeita. Hiper-realidade e hipertextualidade, transobjetividade eletronicamente constituída e solidariedade virtual eram alguns dos *slogans* sob os quais haviam sido convocadas a configurar-se esta consciência cósmica e a nova comunidade global dos sujeitos eletronicamente eleitos. Nas telas do espetáculo redimiam-se os conflitos da civilização capitalista, do aquecimento global à guerra nuclear; suprimia-se virtualmente a fome de milhões e desaparecia hiper-realisticamente a violência social, sem ter que revolver no tempo histórico e em um espaço real.

El Lissitzky, em seus programas suprematistas, já havia declarado a antena de rádio como eixo de uma nova era pós-histórica dominada pelas tecnologias da guerra e a organização totalitária da sociedade[11]. Goebbels proclamou o mesmo princípio vanguardista de uma transformação total da cultura. Marshall McLuhan deu um giro pragmático e banal no projeto construtivista em uma rede eletrônica universal, ao conectá-la ao novo imperialismo nuclear e global sob a invenção do satélite e do monitor de televisão. Todas as utopias da comunicação eletrônica anunciaram, de uma forma ou de outra, a ascensão de um novo reino apocalíptico através do milagre messiânico da criação, difusão e administração eletrônicas da realidade.

Na década heroica do pós-modernismo, Daniel Dayan e Elihu Katz anunciaram a conversão da práxis política em ação comunicativa concebida como projeto midiático de eventos eletrônicos em tempo real. Seu modelo eram os encontros transnacionais performatizados como representações fictícias em grande escala de neutralização de conflitos econômicos, políticos e militares. O acontecimento midiático utilizava os instrumentos narrativos do espetáculo eletrônico como meio transformador da realidade ou, para ser mais exato, como meio de negociação de interesses e poderes antagônicos. A análise de tais sociólogos revelava, passo a passo, a transição do projeto midiático ao evento eletrônico global, a partir deste até a sua conformação em um contrato legal, e do contrato à sua efetiva implementação institucional. A ação comunicativa se elevava às dimensões transcendentes de uma verdadeira razão moral kantiana no momento sublime da transfiguração dos conflitos reais da sociedade industrial na verdadeira ordem semiótica de uma paz perpétua e global virtual. E a práxis política se redefinia como projeto de uma ficção eletronicamente cumprida, a realização industrial das ideologias na era do "final das ideologias" e o reino milenarista de uma mentira universal[12].

Uma década depois revelou-se a falácia deste conceito de práxis comunicativa. Na primeira Guerra do Iraque foram usados mísseis inteligentes com cargas de urânio empobrecido dotados de um poder de contaminação letal indefinida. Mas a representação midiática transformou a realidade genocida destas armas na ficção de um conflito entre aparatos, sem mais vítimas que aquelas geradas por erros indesejáveis na interpretação automatizada de seus objetivos performáticos. Os meios de comunicação operaram eficazmente como instrumentos de falsificação e ocultamento da realidade. Assim, essa guerra converteu-se em um paradigma para as guerras do novo século não somente pela inteligência robotizada de suas armas teledirigidas, mas pela perfeita sincronização da guerra eletrônica com os sistemas de sua performatização global. O *entertainment* midiático assumiu o papel de verdadeiro aparelho de propaganda militarista. E Jean Baudrillard escreveu o *slogan* final: "A guerra não aconteceu".

Porém bastaram os posteriores incêndios de resistência suicida, uma vasta rede de estratégias paramilitares globais e os novos cenários da guerra *high tech* para que essa visão sublime dos sistemas de destruição pós-industrial fosse desmontada, e deixasse repentinamente abertas as ruínas dos campos de batalha, e uma humanidade globalmente reduzida à sobrevivência sob condições ecológicas e urbanas cada vez mais deterioradas. A realidade virtual dos meios de massa dava lugar aos cenários de uma catástrofe real.

———

"Não existe outra realidade além da realidade dos meios" é uma proposição dogmática. Identifica os dados empíricos da experiência cognitiva com a realidade produzida, empacotada e distribuída pelas redes eletrônicas, e outorga a esta irrealidade do espetáculo midiático um caráter ontológico único e absoluto. Ao mesmo tempo, elimina aquele princípio autônomo de conhecimento que, de Averroes a Adorno, constituiu-se como cerne da crítica aos preconceitos institucionalmente induzidos e aos postulados autoritariamente instaurados.

As epistemologias hiper e supermodernas camuflaram este dogmatismo lógico e ontológico dos meios de massa em nome de um relativismo generalizado. Seu princípio ditava que o papel da censura intelectual, o ocultamento de realidades, a ficionalização do acontecimento histórico e o empacotamento manipulativo da informação não são qualitativamente diferentes nas redes de comunicação corporativa em relação às linguagens cotidianas. E que toda realidade é, no fim das contas, uma construção fictícia e o resultado de estratégias narrativas labirínticas. Este relativismo não continha precisamente uma dimensão crítica, ao contrário do cepticismo moderno de Montaigne a Hume, cujo objetivo era pulverizar o dogmatismo escolástico. Seu sentido é mais afirmativo e banal: neutralizar tanto os conflitos lógicos e epistemológicos, quanto aqueles políticos e ecológicos que, em nome de um ecleticismo semiótico, a produção midiática oculta através de performances multiculturalistas e do princípio de uma tolerância dos signos indiferenciados em cuja esfera operaram os sistemas de administração total do capitalismo corporativo global com os resultados que todos conhecem.

Este relativismo eletrônico é regressivo. Sob o pretexto de uma superação do logocentrismo ilustrado, ele eliminou o seu princípio humanista de soberania ética e política, deixando ao mesmo tempo intacto o conceito tecnocêntrico de desenvolvimento, e inquestionável a cumplicidade epistemológica e linguística entre a razão tecnocientífica e a colonização pós-industrial. O construtivismo lógico deu legitimidade à produção generalizada da cultura como espetáculo e seus danos colaterais: o predomínio absoluto da administração sobre a criação, o triunfo do estereótipo sobre a reflexão, a generalização da repetição, a construção massiva do esquecimento, o empobrecimento organizado da experiência, a estupidificação progressiva da massa eletrônica global e o assédio permanente de nossa existência.

O postulado segundo o qual tudo aquilo que conhecemos somente conhecemos através dos meios de comunicação de massa é, em última instância, totalitário. Sergei Eisenstein formulou seu princípio elementar: "As leis de construção [da realidade dos signos] são simultaneamente as leis que governam seus receptores"[13]. Trata-se, certamente, de uma nova figura histórica de totalitarismo. Este já não tem que usar em primeiro lugar propagandas barulhentas, censura ostensível ou perseguição violenta das dissidências. É mais eficaz eliminar linguisticamente aquelas subestruturas sociais que podem dar-lhe um sentido. Além disso, não é necessário o novo totalitarismo midiático das velhas táticas de terror e adoutrinamento de seus predecessores históricos. Na aldeia global podem ser conseguidos resultados muito mais garantidos do que aqueles dos sistemas tecnologicamente rudimentares dos imperialismos teocráticos do século 16 ou dos totalitarismos industriais do século 20, sem a necessidade de alterar os rituais políticos e as constituições legais da democracia como espetáculo. A onipresença sedutora da informação, sua capacidade de invadir os aspectos mais íntimos da vida cotidiana e seu traiçoeiro poder subversivo sobre as linguagens e as experiências humanas definem um sistema global de dominação semiótica tão efetivo quanto naturalizado nas redes técnicas e nos formatos eletrônicos da comunicação.

Uma propaganda política destinada a dissuadir dissidências e eliminar diferenças, e o terror como instrumento comunicativo de contenção, mobilização e evaporação das massas eletrônicas foram as características elementares com as quais Hannah Arendt definiu os totalitarismos do século passado. O predomínio do militar sobre o civil definia a política total ou a pós-política moderna segundo Carl Schmitt. Na sociedade do espetáculo, ao contrário, o poder político, corporativo e militar já não precisa ser legitimado por meio da imposição compulsiva de ideologias, nem pela organização e mobilização das massas físicas, nem pelos sistemas primitivos de perseguição de intelectuais e ideias. Partidos políticos, corporações industriais, universidades e agências militares estão financeiramente ligados às corporações e aos monopólios da indústria cultural e da informação. Frequentemente compartilham os mesmos canais comunicativos, os mesmos espaços físicos e metalinguagens idênticas. Num lugar onde os meios eletrônicos se elevam à categoria de toda realidade e única realidade possível, a ânsia de poder também conflui de forma integral em uma única vontade de espetáculo e sob um mesmo princípio absoluto de redução de toda realidade a mera *performance*. Seja na devastação de santuários ecológicos para a produção corporativa de sementes transgênicas ou na redefinição da guerra nuclear com micro-ogivas de explosão subterrânea, as grandes decisões de transcendência global não requerem uma justificação ideológica. Por isso a propaganda e a perseguição de oposições estão fora de propósito. As decisões mais criminais são impostas mais eficazmente através das retóricas da sedução. Os genocídios de hoje podem ser levados a cabo mais confortavelmente sob o estandarte do multiculturalismo e dos direitos humanos. Também não são mais necessárias as mobilizações grandiosas de massas humanas. As autoestradas e redes eletrônicas mobilizam com maior habilidade a massa midiática para confiná-la livremente nos *containers* de produção e consumo, e pulverizá-la, finalmente, naqueles digitais dentro de um sistema de dominação universal estatisticamente legitimado.

5. Espetáculo

Os meios de comunicação não são um sistema de representação da realidade. Ao contrário, são uma realidade concebida, produzida e globalmente difundida como montagem. Este caráter ontológico da informação produzida e disseminada através dos canais corporativos da comunicação eletrônica define o sistema dos meios de comunicação de massa como espetáculo, ou seja, a montagem eletrônica de uma representação técnica, comercial e política transformada em valor ontológico de uma realidade por direito próprio. É o consenso técnico e corporativo da irrealidade de uma ficção como realidade objetiva e verdade universal. E a inversão absoluta do ser.

A origem do espetáculo sob essa dupla dimensão política e ontológica coincide com um sacrifício ritualmente celebrado ao longo do século 20: a dissolução da experiência, a morte da arte, o final da poesia. O messianismo revolucionário socialista, o anarquismo dadaísta, o militarismo futurista, o misticismo neoplasticista, o comunismo construtivista, e também a liturgia internacionalista do movimento moderno e pós-moderno declararam, sob motivos e matizes diferentes, mas sempre como ato fundador reiterado e ritualizado em um sentido ao mesmo tempo institucional e estético, o final e a superação da experiência estética, e o final e a morte da arte. Marinetti denunciou a arte como pornografia e reivindicou em seu lugar a mobilização das massas, tanto na pintura de cavalete quanto nos *fronts* da guerra industrial. As palavras de ordem vanguardistas contra a tradição e os museus eram declarações de guerra contra todo vínculo entre a criação humana e a memória cultural, sem a qual a reflexão artística não poderia existir. Malevich e Tatlin anunciaram a dissolução da arte e sua superação revolucionária nos programas organizativos da produção industrial soviética. De acordo com Mondrian ou

Le Corbusier a expressão artística deveria desaparecer sob o princípio de uma economia funcional das formas, a produção das máquinas e a racionalidade industrial. O *International Style* elevou este princípio a uma gramática universal de signos, formas e espaços. Da *Volkskunst* nacional-socialista à *Pop Art* neoliberal, a eliminação da arte entendida como reflexão e como expressão espiritual da condição humana elevou-se a dogma absoluto.

A retórica gesticulação dadaísta brandida pelo pós-modernismo acrescentou dimensões propagandísticas de uma "antiestética" e de uma "pós-arte" subordinadas ao marketing e às tecnologias industriais a essa dimensão sacrificial e niilista da obra de arte e do artista, e ainda acrescentou uma função performática à instrumentalização da criação. Tanto na academia quanto no museu, essa morte da arte foi conduzida como o ritual semiótico do consumo de seus cadáveres sob o grande significante de uma cultura instrumental e corporativamente redefinida como *entertainment*.

A crítica antiartística que formularam neoplasticistas, expressionistas e construtivistas na era das revoluções europeias era de todo modo mais complexa que a sua institucionalização acadêmica e museológica a partir da Segunda Guerra Mundial, seja enquanto *International Style* ou derivas trivializadas dos neopós no clima de barbárie e inconsciência que norteou o *fin-de-siècle*. A arte morria para os poetas, intelectuais e pintores do século 19 como prazer subjetivo, ligado a um autoproclamado reino da beleza e a uma figura decadente da experiência estética, ambos associados usualmente à miséria espiritual da burguesia capitalista ascendente. Este era o sentido dos ataques violentos do jovem Wagner contra uma arte corrupta e decadente. E esse também era o sentido da crítica manifestada igualmente por Nietzsche ou Brecht contra uma experiência estética que havia perdido o seu contato com as forças vitais do indivíduo e a sociedade. Aquela mesma concepção filosófica da arte que o classicismo europeu havia formulado como representação de uma ordem bela e virtuosa, clamada a definir os fins culturais sublimes da sociedade classicista, colocava-se agora imediatamente a serviço da emancipação social da existência humana que o capitalismo havia reduzido a um estado de empobrecimento e debilitação, sob uma racionalidade alienante acumulativa e as guerras como a sua derradeira consequência tecnológica e expressão espiritual. Essa foi a perspectiva socialista e revolucionária formulada tanto por Karl Marx quanto William Morris, Pier Joseph Proudhon e Bruno Taut.

Mas isso quer dizer que para socialistas como Charles Fourier e para arquitetos como Hans Poelzig, o centro da questão não era a "morte da arte" no sentido doutrinário que esse *slogan* adquiriu na cultura acadêmica e museográfica do final do século 20. O problema residia, ao contrário, em seu compromisso com a práxis social emancipadora a partir das categorias políticas de igualdade, democracia e solidariedade. Esse é o significado de *L'Atelier du peintre* de Gustave Courbet: a representação programática de uma sociedade restaurada através da mediação de uma arte revolucionária, alegoricamente representada na personagem central da composição, a musa, capaz de restituir as forças vivificadoras do erotismo, da natureza e da memória.

Para a "dialética das vanguardas", como havia sido formulada a partir das escatologias progressistas de artistas como Mondrian, Malevich ou Tarabukin, ou de poetas como Alexander Block, a questão residia, ao contrário, no fim da arte, na negação e superação da práxis artística em prol de uma racionalidade técnica e produtiva representada ao mesmo tempo pela máquina industrial e pelo estado moderno totalitário[14]. Era preciso eliminar a arte como experiência individual ligada a uma memória cultural, à reflexão cósmica e social, assim como à imaginação poética. Era preciso dissipar a experiência estética em benefício das novas estratégias de controle industrial da realidade. E enquanto pintores como Courbet ou arquitetos como Bruno Taut definiam essa práxis social a partir de uma reflexão poética sobre a unidade cósmica do ser e a crítica da sociedade capitalista, as vanguardas artísticas a identificavam com uma racionalidade geométrico-matemática, funcionalista e mecânica, livre de toda reflexão social e livre de suas memórias coletivas. As obras e os manifestos de Mondrian, Le Corbusier ou El Lissitzky são pateticamente explícitos nesse aspecto.

As vanguardas rompiam com a reflexão da realidade para instaurar uma nova práxis produtiva que ao longo do século 20 recebeu uma série de rótulos e prognósticos: a obra de arte total, a racionalidade funcional, a política como obra de arte, uma organização racional da realidade, cultura total, aldeia global... Era preciso que esta nova objetividade técnica e industrial, seja o cinema como "meio de produção de fatos" de Tziga Vertov, seja o urbanismo industrial de Le Corbusier e Ludwig Hilberseimer, fosse constituída e legitimada a partir de postulados linguísticos ligados à produção industrial, como aqueles formulados por Mondrian e Malevich, e não a experiências e conhecimentos coletivos, e muito menos memórias culturais.

A dialética das vanguardas artísticas percorre todos os sucessivos marcos do que foi uma verdadeira transformação ontológica da obra de arte. Seu primeiro momento é negativo: é a negação da obra de arte como experiência poética, como representação e crítica autônoma da realidade sob qualquer de suas formas. Esta negação adquiriu, imediatamente depois, o caráter normativo de uma nova antiarte concebida como produção mecânica, industrial e eletrônica da realidade. Sua culminação e apoteose final foi a performatização geral da sociedade, a história e o humano como espetáculo. *Kinoks*, o manifesto programático de Vertov, e *Kinopravda* e *Kinoglaz*, seus primeiros ensaios documentais, estabeleceram nesse sentido três categorias pioneiras do novo realismo industrial: a máquina de ver, a cadeia de produção da realidade e a criação de um novo sujeito[15]. As vanguardas (metáfora militar) elevaram a montagem (metáfora da indústria pesada e da produção em cadeia) a um grau de novo princípio semiológico e tecnológico, que simultaneamente eliminava a experiência e a criação "subjetivas", e as substituía por uma "fábrica de fatos", cujo objetivo explícito era a produção propagandística de uma realidade industrialmente projetada. Eisenstein radicalizou em seus manifestos e em seus filmes este programa industrial para a nova cultura sob uma dimensão transcendental. De acordo com a sua visão, o cinema já não era somente um meio de produção da nova realidade espetacular. Era principalmente uma "fábrica de atitudes e posições diante desses fatos"[16]. A montagem era transformada em potência que constitui a realidade e força configuradora da massa midiática. A arquitetura do novo idealismo industrial culminava com o projeto estético de constituição corporativa de um novo sujeito social a partir dos postulados da estética maquinista e dos elementos que constituem a propaganda totalitária.

Junto a esta proposta estética e política nasceu o ambíguo mito do artista moderno. Wassily Kandinsky o descrevia como um profeta teosófico. Piet Mondrian, Jacobus J. P. Oud ou El Lissitzky se consideravam como demiurgos criadores de um novo cosmo tecnológico. E todos eles, assim como Le Corbusier, Eisenstein ou Marinetti, enxergavam-se como agentes históricos predestinados a uma transformação radical, amparada ao mesmo tempo pelas revoluções totalitárias ligadas às grandes concentrações de poder militar e industrial. Esta divinização do artista, cineasta ou arquiteto não deixava de ser paradoxal. Por um lado, lhe instaurava, enquanto potência organizadora da civilização industrial em nome da abstração, um conceito formalista de razão e um ideal *sui generis* de progresso; e o faziam em um sentido filosoficamente familiar com o idealismo neoplatônico do renascimento, como se destaca nos manifestos de Kandinsky ou Mondrian. Em algumas ocasiões, esses artistas misturavam elementos teosóficos com uma escatologia marxista da revolução, como acontece em El Lissitzky e Malevich. Mas este mesmo artista revolucionário e demiúrgico se transformava, por outro lado, em agente subalterno de tecnologias industriais complexas, de suas epistemologias e categorias formais, e também de suas administrações políticas e financeiras. As biografias políticas de Albert Speer, Sergei Eisenstein e Le Corbusier, e os vínculos exemplares com corporações industriais e poderes totalitários que possibilitaram as suas carreiras profissionais estrelares não são um caso: constituem um modelo que se projeta sobre a história da arquitetura, do urbanismo e do cinema modernos e pós-modernos sob as funções mais prosaicas do artista-empresário em uma cultura integralmente industrializada, cujos centros pioneiros e emblemáticos foram os estúdios UFA, Goskino e Hollywood, e cujas expressões decadentes se encontram hoje em todos os âmbitos, desde a definição industrial da literatura enquanto *entertainment* até a transformação das guerras em *mixed media events*.

O espetáculo é a montagem em grande escala de uma ficção globalmente representada como sistema objetivo da realidade. Sua natureza não é instrumental, nem manipulativa, mas ontológica. Mas esta dimensão do espetáculo não é somente o resultado final dos sonhos revolucionários transformados em realidade, oriundos de uma produção estética universal e promovidos pelas vanguardas artísticas do século passado. O espetáculo é muito mais do que um "estado estético".

O sonho revolucionário deste estado estético ou da obra de arte total cristalizou-se na história cultural do século 20 como ponto de partida de um novo sistema civilizador tecnocrático e um novo poder político totalitário. Para El Lissitzky, assim como para Goebbels, o sujeito que articulava a transformação moderna da cultura já não era a vontade de um artista demiúrgico, mas aquela de uma instância racional transcendente e ontologicamente superior: a máquina, o aparelho, a organização corporativa e industrial. Ambos sustentaram a antena de rádio como grande significante de uma síntese cultural capaz de levar "as expressões reais de nosso tempo [...] até a última aldeia", em palavras deste último, e de inaugurar com isso a era cósmica que El Lissitsky anunciou sob a metáfora portentosa do "Terceiro Testamento Suprematista"[17]. Uma nova racionalidade tecnocrática, supraindividual e corporativa confluía assim em uma concepção uniforme da sociedade e um ideal totalitário que o apóstolo da "aldeia global", Marshall McLuhan, ratificou com a metáfora de um segundo córtex cerebral planetário criado a partir do satélite e do computador.

Os sistemas de comunicação eletrônica são indústrias de montagem da realidade. Mas também são sistemas técnicos de reprodução e difusão dessa realidade. E não somente estes meios reproduzem e difundem a realidade eletronicamente produzida de um modo mais ou menos efetivo e extenso, mas, precisamente, de maneira global, no sentido quantitativo de uma massa virtual de centenas de milhões de receptores eletrônicos espalhados pelo planeta. Esta globalidade por si mesma outorga uma dimensão consensual à realidade eletronicamente produzida e disseminada que por analogia às velhas concepções universalistas da teologia política cristã pode ser definida como objetiva e universal, embora a sua eficácia técnica real se baseie em objetos desconstrucionistas e sujeitos delirantes em meio a uma realidade eletrônica tão efetiva quanto descontínua, fragmentada e esquizofrênica.

A tese se repetiu continuamente como um dogma de fé: não importa que as suas imagens sejam falsas, suas categorias delirantes, e seus produtos, supérfluos. É indiferente que os meios digam que o branco é preto e o preto é branco. Da felicidade individual que a Coca-Cola proporciona até a redenção da humanidade através da *Guerra contra o mal*, qualquer besteira pode ser tomada como princípio objetivo de uma verdade absoluta, e com valor verdadeiro e universal somente pelo fato de ser difundida globalmente, e reproduzida indefinidamente pelas redes eletrônicas de comunicação. Estas possibilidades técnicas, financeiras e institucionais de difusão e indução exaustiva de *gadgets*, modelos de percepção, formas de atuação e de valores reguladores da vida humana, dão aos meios de comunicação de massa um poder nunca imaginado pelos sistemas tecnologicamente rudimentares dos totalitarismos do passado.

Embora estas condições tecnológicas de produção do "córtex cerebral planetário" sejam importantes, não são tudo. Nem tudo que é transmitido através das redes e canais de comunicação eletrônica adquire assim automaticamente o status ontológico de uma ficção universalmente real. A informação amplamente difundida nas redes de internet sobre o uso de urânio empobrecido na guerra contra o terrorismo tem o caráter de uma notícia local, uma informação marginal ou inclusive de uma interpretação tendenciosa e, eventualmente, criminosa. Pode estar endossada por instituições médicas independentes ou grupos específicos de defesa dos direitos humanos. Enquanto não for difundida e bancada pelos grandes monopólios da comunicação global, nem possua uma dimensão comercial e fetichista que permita empacotá-la e alcunhá-la como narrativa mágico-realista ou *science fiction* cinematográfica, esta informação terá somente um caráter privado e local, por mais que seja universalmente certa.

Além do mais, a informação eletrônica sobre o envenenamento irreversível de zonas urbanas e suburbanas do Iraque, Kosovo e Afeganistão bombardeadas com materiais de lixo nuclear questiona a natureza objetiva e a verdade absoluta da Guerra do Mal, e deste mesmo modo é capaz de revelar o seu caráter genocida. É precisamente neste momento que a construção semiótica do real como espetáculo pós-artístico e simulacro eletrônico conflui nas práticas de censura, falsificação ou destruição da informação próprias dos regimes totalitários tradicionais. E é neste momento que se revela uma das premissas do monopólio semiológico do espetáculo: a dissolução da experiência e a eliminação da consciência intelectual. Por isso há a necessidade de reproduzir e repetir indefinidamente, e através de virtualmente todos os sistemas e cadeias de informação, sempre as mesmas imagens, as mesmas retóricas, os mesmos produtos e a mesma irrealidade, assim como de instaurá-la como realidade única, absoluta e universal dos meios de comunicação de massa[18].

6. A existência sitiada

"Eu vi a guerra..." Sujeito incerto. Trata-se em primeiro lugar de um indivíduo sentado à frente de um monitor. Fechado entre as quatro paredes de uma célula mínima de habitação. Urbanisticamente confinado pelas redes viárias, centros comerciais e áreas de alta poluição industrial. Sua performance pessoal pública, suas ações e expectativas, e sua identidade comercial e política foram pré-configuradas estatisticamente. O principio fisiológico e intelectual que rege o seu ato de olhar é a imobilidade física total, e uma apatia perfeita emocional e mental.

A condição de isolamento psicomotor e de controle técnico sobre o seu meio, a combinação de solidão e fantasias narcisistas de onipotência, a monotonia e uniformidade de suas expressões intelectuais e sua redução a consumidor passivo podem ser comparadas a muitos modelos históricos. A configuração do sujeito racional na filosofia de Descartes é um exemplo paradigmático: a instauração da identidade lógica da soberania racional, universal e absoluta do sujeito moderno. Esta potência epistemológica absoluta do Eu cartesiano cristaliza-se no *Discours de la méthode* sob uma situação de clausura existencial. De acordo com o seu próprio relato, o filósofo viveu isolado durante oito anos em uma cidade na qual todos os aspectos lhe eram alheios, da língua aos costumes de seus habitantes, e onde as guerras e a ocupação militar intensificavam ainda mais a sua sensação de isolamento. Descartes descreve um lugar sem nome e sem história, no qual se sentia "tão solitário e afastado quanto nos desertos mais longínquos"[19].

No meio desse confinamento existencial, o sujeito cartesiano eliminava programaticamente a sua memória, detinha a sua percepção sensível da realidade, submetia as categorias da inteligência discursiva e numérica ao princípio radical de uma dúvida absoluta, e reduzia, finalmente, todas as expressões físicas, morais ou intelectuais do humano a uma condição existencial de *spectateur plutôt qu'acteur*[20]. Em suas *Méditations*, este esvaziamento sensorial, social, intelectual e ontológico da existência atingiu o·seu momento culminante em nome de uma consciência que tinha eliminado literalmente as sensações dos cinco sentidos, e anulado a própria realidade substancial do mundo, até ser estilizada num monstro epistemológico virtual carente de ouvidos e de memória, despojado de inteligência própria, submerso em um estado de angústia tátil ante a presença sensível das coisas e, no que pode ser descrito literariamente como um quadro de extirpamento psicótico, liberado de toda corporalidade[21]. Nestas condições existenciais de confinamento integral e de esvaziamento absoluto do ser, acontece a revelação fundamental do "Je pense, donc je suis"[22]: o nascimento do sujeito intelectual moderno.

O que este ascetismo epistemológico cumpria dentro do princípio normativo de separação social e exclusão racional da sensibilidade, da intuição e da memória, a arquitetura moderna levou a cabo através da produção industrial da *Machine à habiter*[23]. Seu programa estético de ação, *Le Modulor*, isola e programa integralmente as funções psicológicas e fisiológicas do novo humano em torno a um modelo de confinamento espacial cujo símbolo geométrico é o quadrado, e cuja realização arquitetônica final é o resultado de um jogo combinatório de painéis, compartimentos, divisões e malhas espaciais. As regras numéricas que regem esta combinação de espaços existenciais racionalizados foram levadas por Le Corbusier à categoria ontológica de uma "graphologie du sentiment plastique de l'individu" e de "les réactions psicho-physiologiques de chaque participant au jeu"[24]. Do mesmo modo em que a arquitetura era elevada a escritura configuradora dos *standards* e normas de vida, a *machine à habiter* corbusiana materializava o ideal cartesiano de uma razão geométrico-matemática como princípio da definição industrial de uma existência humana reclusa e reduzida às funções de produção e reprodução mecânicas[25]. As expressões desta conversão arquitetônica do novo humano são eloquentes em si: *préfabrications mondiales*, um *état de règle* universal, a *toute puissance des fabrications de série*[26], e a final industrialização da realidade dentro da unidade resultante de humanos e instrumentos[27].

Mas é precisamente dentro do *a priori* universal destas regras combinatórias e suas condições racionalmente minimizadas de sobrevivência, e sob a clausura sensorial e social imposta sobre a existência humana, que as telas de espetáculo exercem o papel necessário e efetivo de uma verdadeira extensão de seus órgãos previamente mutilados. Somente dentro das condições físicas e intelectuais de seu confinamento integral, essas telas eletrônicas desempenham a função substitutiva de verdadeiras janelas abertas ao real. E unicamente sob as regras deste confinamento, a ação comunicativa do receptor humano se transforma em categoria de ação transcendental e revelação metafísica do sentido hiper-real de um mundo realmente despojado de qualquer sentido.

As cápsulas espaciais também são sistemas de confinamento existencial. Constituem unidades tecnologicamente avançadas de sobrevivência mínima e de máxima eficácia instrumental, concebidas para condições ambientais de hostilidade extrema. As cabines de comando de instalações militares ou industriais, o compartimento clínico de cuidados intensivos ou a própria cabine do automóvel cumprem uma função elementar idêntica de isolamento como condição de um rendimento técnico máximo. São mônades industriais configuradas em torno a um princípio estético, ético e epistemológico de dominação. A falta da realidade sensorial e social, o controle tecnológico externo e virtualmente absoluto das funções biológicas ou perceptivas individuais, uma ação comunicativa reduzida aos elementos de consumo e uma hierarquia planejada de ações economicamente produtivas fecham o quadro de uma existência encapsulada em torno à realidade midiaticamente predefinida.

Talvez possamos comparar esta condição sitiada com a reclusão mística. A incomunicação social ante um ambiente hostil, o esvaziamento sensorial e emocional da existência enclausurada, e a alienação corporal ao extremo da desmembração psicótica foram as premissas epistemológicas elementares dentro das quais o místico católico celebrava a sua identificação extática com a representação de um poder absoluto. Mas a atenção intelectual dispersa, o olhar perdido e a impassibilidade emocional e intelectual do consumidor eletrônico fazem pensar em outras situações igualmente extremas: certos estados de catatonia hipnótica ou inclusive de sonambulismo, por exemplo. O fetichismo mágico-realista da notícia, seus ritmos pautados de hiperrealismo e abstração, os fluxos de informações caóticas contrapostos a repetições em série de *slogans* comerciais ou políticos culminam neste estado eletrônico de sitiamento sob efeitos que lembram um delírio surrealista de baixa intensidade. O espectador dos meios de comunicação de massa está literalmente fechado em um mundo de imagens e signos pré-fabricados. A impossibilidade técnica de formar juízos sintéticos discursivamente articulados, a suspensão total ou parcial da reflexão, a sua apatia motriz e uma indiferença e passividade morais induzidas pelo próprio meio não lhe dão outra alternativa existencial a não ser a liberdade do consumo teledirigido, a democracia como sistema de *spots* publicitários e a reprodução indefinida de seus valores que constituem uma segunda natureza performática.

Vê uma imagem. Escuta uma mensagem. Seu registro do espetáculo eletronicamente empacotado exclui uma verdadeira percepção sensível das coisas e uma compreensão intelectual do mundo.

Vê e não vê. Sabe que a Coca-Cola proporciona a felicidade. Ao mesmo tempo, não sabe disso. É um eu que não sabe se sabe ou se não sabe. Seu estado de suspensão intelectual lembra de certo modo o princípio pirrônico de uma incerteza radical. Mas está inteiramente desprovida do significado espiritual que essa suspensão do juízo tinha para os filósofos cépticos gregos, que a concebiam como um exercício de meditação.

Ante a representação da tela, esta consciência eletrônica se comporta como uma superfície lisa e desprovida de atributos. É um olho transparente. O eu intelectual e emocionalmente minimizado de um receptor eletrônico virtual. No ato transcendental de escolher uma pizza ou um presidente constitui-se ao mesmo tempo um sujeito livre de ação comunicativa e cidadão democrático, e o seu inverso: uma partícula transubjetiva movida pelos sistemas de indução eletrônica de suas formas de reconhecimento da realidade e da programação estatística de suas decisões finais. Mas o drama fundamental atravessado pela sua atuação eletrônica não reside neste duplo significado moral de uma performance livre, que ao mesmo tempo responde a estímulos programados. Não estamos diante de uma antinomia da razão pura. O conflito que esse sujeito eletrônico ideal atravessa é o simples anulamento de sua existência individual e comunitária, a redução eletrônica de seu ser à condição de consumidor passivo. O cidadão midiático é uma *tabula rasa*. Um continente vazio.

Depois de ter sequestrada a sua memória e sua experiência, esvaziada a sua consciência sobre si, e reduzida a sua sensibilidade e suas emoções às formas impostas pela propaganda política e comercial, este receptor contempla o espetáculo eletrônico como um mundo por direito próprio. Um jogo de futebol ou uma guerra o redimem sob os signos do entusiasmo em meio a uma identificação predefinida com a sua performance espectral. Em última instância, este mundo ilusório dos meios de comunicação de massa dissolve os conflitos pessoais e sociais de sua existência impassível. Nenhuma expressão humana de felicidade ou de dor pode interromper a sua voracidade insaciável de signos vazios.

Mas a condição de isolamento de mônade nas células mínimas de sobrevivência às quais a existência humana está confinada na civilização midiática, sua mistura de solidão, uniformidade e monotonia compensadas por estímulos delirantes destinados a desarticular qualquer forma de consciência e comunicação reflexivas, e a consequente indução de uma consciência individual suave, com níveis ínfimos de autonomia e graus máximos de maleabilidade, encontram um último modelo, ao mesmo tempo moral e epistemológico, nas técnicas de interrogação científica coerciva.

De acordo com o *Kubark Manual*, o clássico tratado moderno das torturas praticadas com a assistência da CIA nos anos da Guerra Fria e, posteriormente, a exposição de humanos a situações de dor extrema, seu confinamento em espaços de isolamento absoluto e a aplicação subsequente de drogas alucinógenas convergem para e coincidem com um objetivo comum derradeiro: a privação sensorial do corpo humano, e a desarticulação química e neurológica de todo processo de reconhecimento autônomo do real. Seus autores anônimos descrevem para este propósito um instrumento ideal, criado pelo *National Institute of Mental Health*[28], que consiste em um tanque de água e uma máscara respiratória que permite submergir o corpo humano e isolá-lo integralmente de qualquer estímulo sensorial que não sejam aqueles administrados exclusivamente por seus carrascos. Em um período que oscila entre 12 e 36 horas, as vítimas expostas a esta situação entram em um estado psicótico de ansiedade que culmina com um quadro de alucinações. O significado ao mesmo tempo científico e político deste procedimento define este tratado sob duas categorias complementares. Uma é a regressão psíquica a um estado pré-consciente no qual o ser humano já não é capaz de reconhecer a realidade e muito menos articular uma ação voluntária. Por sua vez, esta perda total da consciência de si culmina na conversão da vítima, com o objetivo de reorganizar os esquemas e valores de sua percepção intelectual e emocional do real, e transformar consequentemente a sua estrutura e identidade psíquicas[29].

Em todos estes modelos, tanto na cápsula epistemológica de Descartes quanto nas células racionalizadas de sobrevivência de Le Corbusier e nos sistemas vigentes de tortura, os processos técnicos de eliminação da experiência sensorial e do reconhecimento intelectual e emocional da realidade culminam na constituição de uma nova consciência e de um novo tipo humano que o pensamento moderno e pós-moderno formulou dentro de uma série inesgotável de metáforas, desde a morte do homem e do Eu literário de Marinetti e Dalí, até a constituição dos híbridos pós-humanos que fizeram com que filmes como *Metropolis* de Thea von Harbou e Fritz Lang, e os *Terminators* de Hollywood ficassem famosos.

Entretanto, trata-se de algo que vai além da eliminação da experiência e da regressão da existência humana. E além de uma colonização eletrônica ou tortura epistemológica da consciência sitiada e sua redução ontológica à categoria de identidade dúctil e submissa. Esta transformação subjetiva responde, ao mesmo tempo, a uma mutação do social, a uma alteração do tempo histórico e a uma nova constituição geral da civilização.

7. A subversão niilista

A desrealização do mundo contingente, a sua transubstanciação em realidade semioticamente empacotada, a banalização das linguagens e a eliminação da experiência são momentos interligados. Definem a subestrutura ontológica da ação comunicativa eletrônica. São o *a priori* da constituição performática da realidade. Mas estes processos definem algo a mais do que a transformação do mundo em espetáculo e a evaporação eletrônica da experiência individual. Os meios eletrônicos de comunicação são instrumentos da subversão niilista do ser. A partir de três pontos de vista, esta maquinação midiática pode ser reconstruída: o primeiro se desdobra da concepção arcaica do sacrifício ritual; o segundo é proporcionado por sua conversão sacramental; o terceiro modelo é econômico: a volatilização monetária do ser.

No holocausto, a vítima sacrificial reduz o seu ser a nada. Literalmente o fogo do *holokaustos* grego reduzia a vítima propiciatória, que normalmente eram animais e frutos, a cinzas. Esta aniquilação absoluta do ser contingente é o princípio que constitui a realidade que o transcende, seja um fetiche absoluto, ou um poder único e universal. Mais exatamente, a renúncia ao existente é a condição ritual do reconhecimento absoluto de sua representação no altar pagão, em sua subsequente racionalização sacramental ou no sistema milagroso da tela global.

Esta transformação do ser adquiriu uma série de atributos e nomes diferentes ao longo da história moderna. A Contrarreforma formulou seus princípios elementares: a mortificação da carne, a renúncia aos sentidos e a suspensão da vontade, e através de todo corolário positivo, a obediência absoluta a uma autoridade divinizada. A cultura moderna sublimou este fundamento sacrificial de renúncia e autoridade nas categorias racionais de uma organização da produção integralmente desumanizada, e um progresso biológico e culturalmente destrutivo. A sociedade do espetáculo celebra o mesmo princípio através da evaporação estatística de milhões de humanos deslocados, submetidos a condições de fome e agonia, e finalmente eliminados por conta de sua carência de função econômica. A celebração sacrificial da morte como heroísmo e transcendência é também o princípio elementar das guerras de hoje e amanhã.

O processo eletrônico de aniquilação do real é também um ritual de transubstanciação do "sangue e carne" em uma realidade volátil. Os significados filosóficos desta inversão do ser haviam sido formulados pelo teatro barroco europeu em seus dois grandes títulos programáticos: o "grande teatro mundo" e a "vida é sonho". Somente o espetáculo era real. Somente era real a *mise-en-scène* à qual deus e seus atores seculares se submetiam em relação ao seu poder total. O barroco não concebia outra realidade além da *machina mundi*, o artifício, a tramoia e a fraude mecânica: tratava-se daquela mesma categoria degradada do real que o esteticismo de fim de século exigiu como realidade virtual e celebrou *urbi et orbi* como sistema universal de simulacros.

Para que a ficção do espetáculo adquira a dimensão ontológica desta realidade absoluta não bastam, entretanto, nem a perfeição técnica do equipamento de produção, nem o virtuosismo linguístico da tramoia. É indispensável ao mesmo tempo reduzir a realidade contingente e cotidiana do espectador que contempla a representação a partir do camarote do teatro ou a partir do interior da célula mínima de habitação, a um grau de empobrecimento material e espiritual, e submetê-lo ao poder dissuasivo da angústia, da culpa e do desespero. A ficção barroca somente podia chegar a ser absolutamente real na medida em que se apresentava como transubstanciação sacramental de uma vida material e simbolicamente degradada. A contrapartida do espetáculo era e é a contração anti-humanista da existência humana.

A evaporação e a ficcionalização do real, e a subsequente transubstanciação sacramental das imagens glorificadas de um poder divinizado no ser único e absoluto que define a estética do chamado barroco, têm como derradeira consequência a desvalorização semiológica da consciência humana à irrealidade de um sonho. O anti-humanismo cristão proclamou extensivamente esta deflação do humano com metáforas conhecidas de prisioneiros da carne, escravos dos sentidos e dominados por seus próprios delírios. O espetáculo moderno aumenta e expande este mesmo pós-humanismo no marketing da existência enquanto carência, através da indução infomercial da angústia, da culpa e do isolamento, e sob o postulado geral de uma privacidade colada às estratégias de crédito, dívida e sequestro financeiros que regulam o sistema de consumo mercantil de massas. E, assim como no catolicismo, as prisões do pecado e os pesares da angústia somente poderiam ser redimidos na consumação transcendental do corpo e a carne sacrificiais, também a existência confinada por uma carência interna, assediada pela angústia comercial e perseguida pela dívida externa, somente pode atingir a sua verdadeira salvação política e existencial nos mistérios sacramentais do consumo, nos delírios psicodélicos da comunicação eletrônica e na transubstanciação da existência em valores intangíveis do espetáculo.

A última consequência desta subversão niilista e redenção espetacular do ser é a uniformização de suas diferenças e a neutralização de seus conflitos. O rei não era rei nos autos sacramentais do barroco, nem o proletariado mundial é refém de um sistema de exploração violenta para a aldeia global. Tudo e todos, assim como nos *malls* suburbanos e nas telas de televisão, se diluem em discursos e signos, escrituras ou construções no mapa semiótico da disposição divina universal ou no destino providencial do mercado livre global. Esta conversão da memória cultural e do cosmo em discurso, e da existência humana e dos valores comunitários em um sistema de signos, a desrealização sistemática do mundo humano e a neutralização permanente de seus conflitos através de sua conversão digital na irrealidade de *spots* publicitários, *slogans* propagandísticos e pacotes comerciais, tudo isso é o que define o niilismo do espetáculo.

O terceiro modelo desta inversão niilista do ser se dá pela constituição racional do dinheiro, ou seja, o valor de troca. Marx utilizou a metáfora teológica obscura da transubstanciação sacramental da matéria em uma representação divina real para explicar a transformação de um objeto produzido pela mão humana, do universo de relações sociais e das formas do conhecimento da natureza que se entrelaçam em torno a esse objeto, em um valor numérico de troca. E descreveu esta transformação metafísica de um objeto real em dinheiro, ou do trabalho humano em capital como "fetichismo da mercadoria", uma alusão aos animais sacrificados pelo povo judeu em seu passado. Mas a teoria crítica de Marx esclarecia ao mesmo tempo esta transubstanciação pseudo-mágica ou sacrificial do referente real, na ordem sublime dos simulacros, a partir do ponto de vista de suas consequências ontológicas e sociais: a degradação da natureza a uma realidade morta e das relações sociais a uma objetividade petrificada, a coerção das necessidades e desejos, a disciplina instrumental do corpo, e as expressões de debilitação, miséria e mortificação que têm acompanhado a história das massas colonizadas e do proletariado industrial. O mistério transcendente que oculta a transubstanciação do ser em valor numérico e do humano em objeto é *das Christentum, mit seinem Kultus des abstrakten Menschen*: o culto cristão a um humano abstrato, o culto capitalista de um humano separado da natureza, sociedade e sua história, a sublimação político-econômica de um sujeito humano fantasmagórico de produção e consumo[30].

No início do século 20, Georg Simmel radicalizou esta visão histórica de esvaziamento e quebra da existência humana, coisificação das formas sociais e decadência da cultura dentro do que chamou *Objektivität der Lebensverfassung* – a objetividade da constituição vital na civilização industrial[31]. Seus sintomas eram o empobrecimento da experiência individual e o esvaziamento dos vínculos éticos da comunidade e, por cima de tudo isso, a configuração de um novo tipo humano: o homem sem atributos, ou seja, uma personalidade neurótica gerada no seio da metrópole industrial que havia subordinado vitoriosa e viciosamente a sua existência a um princípio monetário de cálculo e racionalidade. Simmel reconstruiu um verdadeiro processo de colonização da memória individual e coletiva, das formas da sensibilidade e das emoções que num momento haviam criado o coração ético e estético das culturas europeias, dentro de um princípio anônimo de racionalidade funcional e interesse monetário que se revelava tanto nas relações amorosas e na vida familiar, quanto nas expressões intelectuais e artísticas.

O conceito de espetáculo, alcunhado em 1967 por Guy Debord, sintetiza estas duas dimensões, ontológica e social, da teoria crítica moderna. Por um lado, o espetáculo é o cumprimento integral da transubstanciação e investimento capitalista do ser no sentido definido pela crítica do fetichismo da mercadoria de Marx. Por outro, é o resultado de sua expansão ao mesmo tempo tecnológica e econômica, e de sua colonização de todos os aspectos da vida humana. Nele se cristalizam os valores regressivos do sacrifício, e as categorias associadas à culpa e à renúncia do próprio ser. E nele acontece a subordinação da existência aos imperativos da economia mercantil entendida em sua forma mais abstrata e racionalizada: a economia política dos signos. Dentro desta dupla dimensão, ao mesmo tempo semiológica e ontológica, econômica e existencial, o espetáculo se erege sobre as ruínas do social e da política como expressão derradeira do final da história e das cinzas do humano: "O espetáculo é o momento em que a mercadoria chega a ocupar a totalidade da vida social [...]. A ideologia, [...] despotismo do fragmento que se impõe como pseudossaber de um todo fixo, visão totalitária, é agora obtida no espetáculo imobilizado da não história. O seu êxito é ao mesmo tempo sua dissolução no conjunto da sociedade"[32].

As vanguardas artísticas formularam o conceito: a obra de arte como um sistema de signos. A máquina industrial repetiu infinitamente a sua produção como segunda natureza artificial, sistemática e global. Os valores maquinistas desta escatologia tecnocêntrica não entravam em conflito, mas se complementavam com a emancipação semiológica dos signos irracionais e com as *parole in libertà*. E com a desordem de fluxos paranoicos e signos esquizofrênicos no sistema de produção industrial de simulacros. Eisenstein e Dalí demonstraram a possibilidade de uma síntese de tecnologias avançadas da reprodução hiper-realista com a decomposição metonímica ou morfêmica das linguagens e uma ficcionalização irracional do real. Desde os objetos surrealistas até a concentração e mobilização urbanística das massas industriais tudo deveria se cristalizar em torno a este duplo princípio. El Lissitzky anteviu uma visão profética: a antena de rádio seria o meio que permitiria estabelecer a unidade sublime de uma arte concebida como produção semiótica de uma segunda natureza e agente de uma nova transcendência pós-histórica: a antena "que difunde lampejos de energia criativa pelo mundo [...] permite que nos livremos das correntes que nos prendem à terra e nos elevemos por cima dela"[33]. Goebbels celebrou o rádio como princípio criador do "estilo de uma época"[34]. Sob os mesmos constituintes tecnológicos, militares e econômicos, McLuhan anunciou o nascimento de uma nova era global. A aurora do século 21 resplandece sob a sua luz transfiguradora.

capítulo 2
VIOLÊNCIA INFINITA

1. O reino do silêncio

Os sobreviventes das situações de violência extrema que ocorreram ao longo das guerras e genocídios do século 20 testemunharam, em muitas ocasiões, a dificuldade de narrar a sua experiência. Nos campos de concentração e extermínio, nas cidades aniquiladas por bombardeios massivos ou bombas nucleares e nos santuários ecológicos das florestas tropicais invadidos com armas bioquímicas, o horror vivido ia além do que a linguagem comum poderia expressar.

Há experiências de angústia e terror que se cristalizam nas metáforas do abismo, do nada e da perda de sentido do todo, e que em suas últimas consequências ultrapassam a fronteira do explicável. Experiências de uma realidade na qual as palavras perdem seu significado. Õta Yŏko, sobrevivente de Hiroshima e autora de *Cidade de cadáveres*, relatava a dupla constelação de uma memória indelével do holocausto e, ao mesmo tempo, a incapacidade de dar uma forma literária à sua visão da destruição e agonia nucleares. Nos interrogatórios militares, a publicação de seu testemunho poético foi proibida e ela foi cominada a esquecer a sua experiência. Sua resposta foi unívoca: "Não posso esquecer... mesmo que não possa publicar, tenho que escrever". Mas no momento de relatar a sua experiência, Õta tinha que renunciar à forma narrativa porque "para o público que desconhece a natureza da bomba de urânio, estes fatos devem parecer falsos"[1].

O terror total arranca as palavras de seu ser. Transforma-as em signos sem referente. Palavras vazias. "Em um mundo perdido, em um tempo perdido," como escreveu Töge Sankichi em seus *Poemas da bomba atômica*[2]. Sua verdade é a impossibilidade de dar um sentido ao existente. É o silêncio da palavra.

"Enunciar o extremo horror através do silêncio" tem sido um tema central muitas vezes lembrado na poesia de Paul Celan e na teoria estética de Theodor W. Adorno em relação direta à *Shoah* judia[3]. Somente o silêncio das palavras pode expressar o significado verdadeiro de um horror que implode o seu sentido. Akiya Yutaka, poeta sobrevivente de Hiroshima, escreveu:

Tudo em que acredito

são as palavras dentro do silêncio,

palavras repletas de perigo[4].

Além destes, devem ser mencionados outros aspectos importantes dos relatos destas situações extremas de violência. Masuji Ibuse e Shohei Imamura exprimiram uma percepção elementar na experiência de *Ground Zero Hiroshima*: a de ser e sentir-se cobaias de experimentos em mãos de laboratórios desconhecidos e poderes inacessíveis. Esta consciência nasceu em Hiroshima e Nagasaki diante da evidência de que os autores intelectuais das bombas de urânio não sabiam quais seriam os seus efeitos e, por outro lado, a atitude das equipes médicas do exército de ocupação que examinavam as vítimas da radiação nuclear não para aliviar a sua agonia, mas para classificá-las. O genocídio enquanto *medical matter*[5] e a desumanização da ciência na era industrial se revelavam tão drasticamente nos campos da morte das cidades japonesas quanto nos campos de concentração e extermínio europeus[6]. Ambas as catástrofes mostraram uma mesma indiferença das instituições e dos aparatos de desenvolvimento científico e tecnoindustrial diante de suas consequências desumanizadoras.

Existe uma terceira circunstância que se repete também em todos os relatos de Hiroshima e Nagasaki: suas vítimas, assim como nos campos de concentração e extermínio, e nos genocídios coloniais, são incontáveis e inumeráveis. Nelas se cumpre literalmente o significado grego de *holokauston*: a cremação total da vítima sacrificial até as cinzas.

Entretanto, a maioria das mortes de Hiroshima e Nagasaki não foram consequência das explosões nucleares, mas a subsequente exposição à sua radiação letal. Por isso as vítimas do holocausto nuclear não são somente os seus mortos, mas em primeiro lugar os seus sobreviventes. Estes não podiam e nem podem ser contabilizados, porque as metástases cancerígenas, as lesões genéticas e os danos biológicos da radiação nuclear se expandem em um espaço e tempo indefinido e ilimitado.

A natureza ao mesmo tempo invisível e ilimitada da morte é uma característica central da guerra nuclear e biológica contemporânea. Ela não somente compreende os milhões de humanos exterminados sem rastro nas sucessivas conflagrações de nosso tempo. Ela também inclui uma massa humana imprecisa para a qual a poluição ambiental, a destruição irreversível dos hábitats ecológicos, a radiação nuclear ou a exposição a agentes bioquímicos letais condenam a uma longa agonia integrada à vida.

Esta dimensão de uma morte anterior e interior à vida, esta inversão metafísica radical do ser é também o momento supremo e o significado transcendental em todos os relatos de sobreviventes das contínuas estratégias de concentração e extermínio, dos *campos de reconcentración* da Cuba colonial aos *gulags* soviéticos. É o triunfo do nada, como foi chamado por José Martí[7].

É a expressão derradeira e radical do niilismo moderno: a devastação em grande escala, a morte e o silêncio. Morte como a verdade radical da existência. E limite do sentido. O extremo existencial do nada e o vazio como condição de nosso tempo vivido.

O nada se instala no ser. E em nossas palavras, o silêncio:

> Um nada
> éramos nós, somos nós, seguiremos
> sendo, florescentes...[8]

2. O poder e a morte

O nada, se assim queremos chamar esta negação do ser no seio da própria existência ou, com outras palavras, a reflexão negativa do ser ou niilismo absoluto, é o princípio teológico, moral, epistemológico e político sobre o qual se funda a soberania da consciência moderna.

Tanto em sua expressão mística (a mortificação cristã do espírito e da carne), como em sua formulação epistemológica (a suspensão céptica do ser como fundamento ontológico do *logos* tecnocientífico e civilizador) e em sua construção política (o Leviatã ou o princípio mítico da morte como terror que constitui o poder político do Estado e a lei), a dissolução do humano existente no processo geral da negação do ser, define o fundamento metafísico do puro ser, infinito e absoluto, da consciência soberana. O misticismo contrarreformista o interpretou como a anulação do ser físico e social, e abolição da imaginação e das emoções, em prol da unidade eclesiasticamente sancionada da alma e ser transcendente. A filosofia política o concebeu como dissolução dos vínculos naturais e comunitários do humano, de sua sujeição e subjetivação dentro da violência transcendente do estado absoluto. A filosofia científica o representou como processo de negação epistemológica da memória, da imaginação e da sensibilidade, e de purificação racional da consciência hegemônica.

Hegel descreveu a situação extrema de um duelo de morte como metáfora da constituição do estado soberano. Seu fundamento era aquela negação absoluta capaz de fazer tremer interiormente o ser. "Angst un sein ganzes Wesen" é a sua definição rigorosa: uma angústia existencial que não se refere a nenhum perigo ou ameaça específicos porque engloba a totalidade do ser. Para a existência humana individual esta angústia absoluta significava "in sich selbst zittern... sich innerlich auflösen" – tremer interiormente até a completa dissolução interior. De um ponto de vista ontológico, a experiência subjetiva deste "temor e tremor" constitutivos do sistema da civilização equivale a "das absolute Flüssigwerden alles Bestehens"– a fluidificação de tudo que subsiste. Hegel descreve com uma severidade inigualável a última consequência existencial desta angústia: a transformação da vida em meio à morte, e do ser em meio ao não ser[9].

Mas o "poder do negativo" subsequente a esta negação e subversão do ser, esta redução da existência a mera sobrevivência, é ao mesmo tempo, para Hegel, o mesmo que para a epistemologia científica moderna, um início absoluto. Nele se funda a energia pura do pensar. Este poder da angústia diante da dissolução do ser é ao mesmo tempo o princípio que constitui o sujeito moderno, tanto epistemológica, como moral e politicamente. Igualmente importante, constitui aquela "força mágica" que permite que o entendimento humano se instale além da imediatez da natureza e do ser. A morte é, enfim, o princípio da transcendência, a energia espiritual que incita o trabalho, fomenta a cultura, impulsiona o progresso e dá vigor ao poder maravilhoso da razão. Hegel declara: "Não aquela vida que se aterroriza diante da morte e que meramente foge da devastação, mas aquela que suporta a morte e nela se mantém, e que é a vida do espírito. Este só conquista a sua verdade na medida em que reencontra a si mesmo na absoluta laceração"[10].

Existem dois momentos reveladores no desenvolvimento do projeto das bombas atômicas de Hiroshima e Nagasaki que manifestam com uma claridade que cega este niilismo inerente à constituição mística, filosófica e política da razão moderna. Melhor dito, existem duas circunstâncias que demonstram este poder monstruoso da morte ("die ungeheure Macht des Negativen"), como a força da razão "que contempla face a face o negativo e permanece nele." Duas situações transcendentais porque revelam o significado puro do terror e da destruição totais como fundamento militar e metafísico da soberania nuclear absoluta na era do imperialismo global.

O primeiro destes momentos é a formulação hipotética do potencial destrutivo do urânio enriquecido e seu possível uso como bomba de consequências aniquiladoras, que não podiam ser comparadas às estratégias até então conhecidas pela guerra total. O passo seguinte é a associação desta definição tecnocientífica de uma potência de devastação incomensurável a um conceito político de hegemonia militar planetária[11]. Estas duas dimensões complementares de nossa era nuclear foram representadas respectivamente por Albert Einstein e Bertrand Russell: o primeiro com a revelação da bomba atômica enquanto possibilidade científica; o segundo, através da legitimação filosófica e política de seu uso efetivo.

No dia 2 de agosto de 1939, Einstein escreveu uma carta de duas páginas ao presidente dos Estados Unidos da América Franklin D. Roosevelt. Seu enunciado era simples: a desintegração nuclear da matéria liberava grande quantidade de energia, e o poder desta energia poderia ser usado para elaborar um novo tipo de bomba com um poder devastador sem precedentes na história militar. Era a primeira formulação oficial do projeto de destruição nuclear como possibilidade técnica. "Apreciado Senhor: [...] é possível provocar uma reação em cadeia em uma grande massa de urânio, através da qual seria gerada uma enorme quantidade de energia e grande quantidade de elementos novos similares ao rádio. [...] O novo fenômeno também poderia levar à construção de bombas e é concebível – embora menos certo – que será possível construir por este meio bombas extremamente potentes.[...] Entretanto, tais bombas podem resultar muito pesadas para serem transportadas por via aérea"[12].

Três anos depois do lançamento destas bombas nucleares sobre Hiroshima e Nagasaki, em 1948, Bertrand Russell expôs a seguinte conclusão sobre o seu poder destrutivo, metaforicamente neutralizado sob o eufemismo de *scientific warfare*[13]: "Somente existem três modos de evitar a continuação da guerra de tipo científico. O primeiro é a extinção do gênero humano; o segundo é reverter a barbárie; o terceiro é a criação de um governo único com o monopólio da força armada. [...] Nos resta considerar a terceira solução, ou seja, a da criação de uma força armada única suficientemente poderosa para patrulhar o mundo inteiro e manter os impulsos anárquicos do *homo sapiens* sob controle"[14].

Einstein expôs tecnicamente o potencial destrutivo de uma hipotética guerra nuclear que Russell relacionou explicitamente a um projeto político de um estado global. O primeiro formulou em termos perfeitamente triviais os efeitos radioativos da nova arma. A única restrição que essa bomba hipotética gerava para Einstein era o seu excesso de peso para o transporte aéreo. Ao contrário, a interpretação filosófica das consequências políticas da guerra nuclear expostas por Russell não era intranscedente. Em sua palestra, o filósofo relativizou por um lado os efeitos letais em Hiroshima e Nagasaki, com o argumento de que seu potencial destrutivo era somente quantitativamente maior do que os bombardeios aéreos massivos de cidades e humanos sob a categoria de guerra convencional. Por outro lado, deve-se a Russell a primeira formulação na história do pensamento teológico e filosófico do conceito de eliminação de toda a humanidade –"the extinction of the human race" (o *Apocalipse* de João contemplava a extinção de um terço dela, e o Leviatã de

Hobbes se sujeitava às limitações de um deus mortal). Finalmente, Russell levou esta possibilidade à premissa mais alta de um silogismo terrorífico cuja conclusão lógica era e é a constituição de um superpoder nuclear mundial.

Nas cidades sacrificiais de Hiroshima e Nagasaki, a destruição absoluta do ser foi elevada a um princípio que constitui uma hegemonia universal e absoluta. Mas também a ameaça do holocausto da humanidade situou a nova e ainda virtual superpotência nuclear em uma posição filosoficamente superior ao conceito de estado totalitário formulado de Thomas Hobbes a Carl Schmitt. O novo sistema de dominação partia da premissa de uma sociedade civil habilitada, através da propaganda, a uma guerra total como meio de conservação de uma supremacia global; e de uma massa humana planetária disposta a perecer, como consequência desta violência militar e dos processos concomitantes, no espólio econômico, destruição ecológica e degradação social.

"Não aquela vida que se aterroriza diante da morte e que meramente foge da devastação, mas aquela que suporta a morte e nela se mantém", a condição sacrificial que elevou a herói o cristão das cruzadas, eleva também o sujeito da dominação imperialista na era nuclear. O nada absoluto é elevado, junto a ele, ao grau de soberania universal. A angústia radical, que abraça a totalidade do existente, e o tremor interno, que dissolve os laços da consciência com o ser e aniquila tudo que é subsistente, se revelam como a sua consequência ontológica e espiritual derradeira.

Deste ponto de vista histórico, o holocausto nuclear de toda a humanidade não significa algo novo que não tivesse sido formulado como conceito fundacional nas origens que constituem a civilização cristã, capitalista e tecnocientífica. O que é verdadeiramente novo nesse *scientific warfare* não reside no princípio de aniquilação total que o norteia, nem em sua invocação apocalíptica da destruição absoluta como fundamento de uma hegemonia universal. O que é novo é o desenvolvimento de suas armas, a acumulação planetária de resíduos de alta toxicidade que seus processos de produção engendram e a disseminação incontrolada de seus efeitos letais diretos e indiretos. Novos são os sistemas de vigilância, controle totalitário e corrupção que rodeiam o sistema planetário de destruição nuclear. E também é nova a condição de uma humanidade confrontada com o limite terminal de sua sobrevivência[15].

3. O *logos* da colonização

A dialética de aniquilação total e supremacia global somente se cumpriu integralmente na situação colonial. Sua condição conceitual, um inimigo absoluto e irreconciliável, definido religiosa, étnica e militarmente ao mesmo tempo como alteridade radical e um nada absoluto, cristalizou-se ao longo do tempo em uma série indefinida de metáforas funestas. Mouro impiedoso, índio diabólico e negro animal eram os títulos legitimários do imperialismo ocidental em suas origens teocráticas. Na época ilustrada e pós-ilustrada, essas categorias teológicas foram deslocadas aos significantes de povos tribais, indivíduos sem estado, sujeitos subalternos ou *tout simplement les autres*[16].

As duas grandes construções ocidentais de soberania colonial, a teocrática primeiramente e a sua secularização moderna mais tarde, passaram por dois processos paralelos. Seu invariável ponto de partida sempre foi a anulação das culturas e organizações sociais dos povos e nações militarmente conquistados. A destruição total da cultura inca sob o imperialismo cristão do século 16 é perfeitamente equiparável, nesse sentido, à aniquilação das culturas do Oriente Médio dentro das estratégias da guerra global. A destruição biológica, econômica e simbólica da autonomia de seus povos, a eliminação de suas memórias, a consequente hibridação sexual, política e religiosa de suas culturas e, como remate final, a racionalização etnocida do trabalho escravo e semiescravo da massa humana, resultante deste processo de desintegração, concluem tantos outros capítulos da teologia, teoria jurídica e economia política do processo colonial. Os campos de concentração criados pelo colonialismo europeu na África do século 19 e as maquias do colonialismo corporativo contemporâneo definem estratégias idênticas em relação a seus fins desintegradores da cultura e sociedade, e ao caráter genocida de seus processos produtivos.

Em sua denominação feudal e teocrática, assim como em sua versão moderna e pós-moderna, a razão colonial se cristaliza, em primeiro lugar, como um sistema de violação dos vínculos espirituais do humano com a natureza e com o cosmo; e, em segundo lugar, como o conjunto das práticas de supressão das formas históricas de produção e reprodução dos povos dominados. Esta extirpação violenta de formas de vida, conhecimentos e deuses se legitimou teologicamente em nome da redenção transcendente e se ratificou ao longo dos últimos cinco séculos com práticas criminais de perseguição e eliminação de deuses, sacerdotes, livros e tradições orais. O colonialismo ilustrado moderno prolongou este processo com práticas complementares de aculturação e hibridismo linguísticos, e as sucessivas estratégias de sincretismos culturais e modernizações institucionais.

O princípio geral sobre o qual este processo está fundado é a violência. Suas formas e conteúdos variados – desde o estupro sistemático de mulheres até a perseguição e extermínio de líderes espirituais – remontam a uma potência mítica, cuja fórmula apostólica é *orge arnion*: a cólera divina, a vontade furiosa, o desejo imperativo de castigo e vingança do cordeiro sagrado de sete chifres e sete olhos, cuja força suprema faria com que todos os reis da terra fugissem, segundo o *Apocalipse* de João[17]. Sua versão racional e secular é o Leviatã, que Hobbes descreveu analogamente como *deus mortalis*, a "totalidade mítica de deus, humano, animal e máquina" em cujo terror se instaura o poder do Estado e a lei[18]. Sob os conceitos cristãos de guerra santa e guerra justa, esta violência colonial adotou os rituais explícitos de uma guerra divina e uma destruição sacrificial atravessada por uma vontade cristológica de dominação imperial: eliminar todos os povos históricos, suas culturas e seus valores espirituais como condição absoluta da construção da Jerusalém celestial. Suas formas contemporâneas se santificam na representação de uma ordem civilizadora única e global, e suas dimensões arcaicas sacrificiais se celebram em nome de um progresso ou desenvolvimento efetivamente concebidos como transcendência reciclada. Em todo caso, trata-se de uma violência autônoma e autossuficiente: uma violência concebida como a condição que constitui toda lei universal ou global.

Sobre as ruínas de povos e culturas milenários reduzidas a um efetivo estado de natureza foi erguido o sistema teológico, jurídico e epistemológico da civilização universal. Esta recebeu ao longo da história do colonialismo uma variedade de títulos diferentes. Do *orbis christianus*, à versão eclesiástica do *orbis romanus* que distinguiu o projeto imperial de Otão I e Carlos Magno, até o conceito jurídico e secular de *totus orbis* no qual Francisco de Vitória definiu secularmente o império de Carlos V, e a partir deste com as diferentes interpretações de uma ordem jurídica, política e econômica universal formuladas desde John Locke até Hegel, aos discursos da globalização da era pós-industrial, estende-se em um *continuum* histórico um mesmo *logos* civilizador e o mesmo espírito sangrento da história universal.

As teorias do colonialismo se preocuparam principalmente em estabelecer as diferenças jurídicas e econômicas que distinguem as suas formas arcaicas de suas figuras modernas: uma etapa fundacional caracterizada por estratégias feudais de expropriação territorial e escravização massiva da população autóctone, e por conta de sua economia fundamentalmente extrativista; e um colonialismo moderno subsequente baseado em sofisticados sistemas financeiros, laços de dependência tecnocientífica e redes complexas de dependência administrativa e intelectual. Estas teorias do colonialismo se preocuparam, além disso, em estabelecer as diferenças entre o imperialismo feudal da monarquia hispânica, e um colonialismo holandês e britânico cristalizado em torno ao desenvolvimento capitalista e comercial, e a uma administração relativamente descentralizada. E se contentaram, finalmente, em contraste, com um *ius gentium* romano, concebido como um sistema jurídico universal que permitia subordinar os poderes locais e a economia escrava aos interesses hegemônicos imperiais, com as teorias jurídicas e filosóficas de direito civil e tolerância que regularam o poder colonial europeu desde Francisco de Vitória e John Locke[19]. Às vezes estas diferenças inclusive foram sublimadas em classificações categóricas de um colonialismo bom e mau. Mas o que não foi feito é a reconstrução dos termos da continuidade histórica, tanto discursiva, como militar e política, que vincula o colonialismo imperial da Roma cristã, o imperialismo cristão da monarquia hispânica e o colonialismo das potências industriais modernas.

Em 1532, na cidade andina de Cajamarca, houve o primeiro encontro histórico entre o conquistador Francisco Pizarro e o imperador inca Atahualpa. Diversas crônicas da época, assim como cantigas populares que existem até hoje, demonstram o trauma profundo que aquele evento fundacional do poder colonial moderno representou para os povos originários das Américas. Todos os relatos coincidem sobre o caráter celebrador daquele evento, com nobres, cortesões, princesas e dançarinas como protagonistas, e adornos de ouro e prata, e plumas de aves sagradas como decoração. Segundo esses testemunhos, um sacerdote do exército se aproximou do imperador inca e, por meio de um tradutor improvisado, enunciou os três princípios fundamentais do imperialismo cristão. Primeiramente invocou a autoridade e o poder universais, nos âmbitos espiritual e secular, do papa e do imperador. Em seguida, exaltou a missão dos conquistadores como mensageiros apostólicos da autoridade divina, que consistia em destruir templos, proibir cultos e eliminar conhecimentos. Finalmente o sacerdote impôs, sob ameaça de guerra, o reconhecimento do papa e do imperador como únicos e legítimos senhores e donos absolutos de seu reino, além da ratificação deste reconhecimento mediante a entrega imediata de todo o ouro e prata do império (o sistema econômico e jurídico baseado na perpetuação do sacrifício sob a violência sagrada de um poder transcendente e absoluto).

Girolamo Benzoni, um viajante italiano do século 16, descreveu com as seguintes palavras esta situação colonial: "Mostrou-lhe a luz de Deus, que criou tudo a partir do nada, e disse o princípio de Adão e Eva, e que como Jesus Cristo desceu do céu e se encarnou no ventre virginal, e depois morreu na cruz, e ressuscitou para redimir o gênero humano, e após subir ao céu, afirmou a ressurreição dos mortos e a vida de Pedro, seu primeiro Vicário, e mostrou a autoridade dos pontífices, seus sucessores; e finalmente o poder do Imperador, e Rei da Espanha, Monarca do Mundo, e concluiu que deveria, consequentemente, ser amigo e tributário, submetendo-se à Divina lei e religião cristã, abandonando os falsos deuses, e se não o fizesse, a guerra o obrigaria a fazê-lo"[20].

O evento de Cajamarca coloca em cena um ritual preciso. São três princípios. Primeiro, a violência como meio de eliminação de memórias e línguas, de destruição de cosmologias e formas de vida. Segundo, o soberano tinha que "se transformar em amigo e tributário": tinha que se reconhecer enquanto sujeito vassalo ("sujeito sujeitado" foi o conceito tautológico criado para este propósito por Bartolomé de Las Casas) através de um sacrifício simbólico, que na regra geral consistia em ouro, mulheres e outros objetos preciosos. Ambos os momentos, a eliminação das formas de vida próprias e a sujeição ao poder colonizador, erguiam os pilares da nova ordem espiritual: as *mitas*[21] e as *encomiendas*[22], resultando no despojamento e na mobilização da massa humana submetida no caminho de um sistema de produção etnocida militarmente racionalizado[23].

A figura mais arcaica do sujeito colonizador era ao mesmo tempo um soldado-missionário e um missionário-soldado. Como soldado cristão representava a autoridade absoluta da Igreja[24]. Essa foi a definição do sacerdote que estabeleceu Ignácio de Loyola de forma canônica para a sua Companhia Militar de Jesus. Como missionário-soldado, entretanto, o sujeito colonizador já não se satisfaz com a consagração do *deus ex machina* do poder imperial em relação à violência de suas armas. A sua incumbência consistia mais na conversão da violência externa em opressão e humilhação, sua transubstanciação em remorso e angústia internas, e sua expressão social sob as formas mais humilhantes de servilismo e obediência, que finalmente era sublimada no respeito supersticioso e nas múltiplas formas de adoração sacrílega da autoridade e do poder coloniais. Depois de interiorizada, o passo seguinte era a redenção daquela culpa através da dívida sacrificial na qual se erguia a identidade moral e jurídica do colonizador.

Bartolomé de Las Casas, com seu desejo ressentido de converter os índios da América em sujeitos subalternos nos quais pudessem ser impressos os valores cristãos como em uma tábua de cera, e Juan Ginés de Sepúlveda, com a sua legitimação teológica fanática de seu extermínio, expropriação e escravização como meio de salvação de suas almas, são paradigmas éticos e políticos desse colonialismo apostólico. Mas no século 17, com o surgimento dos colonialismos franceses, holandeses e britânicos, seu espírito, seu *logos* e sua gramática podiam dar-se por vencidos. As novas formas históricas de dominação global já não giravam em torno à transcendência, mas aos valores seculares da produtividade e o progresso. Seus apologistas, como Hugo Grotius, desejavam as guerras coloniais com o mesmo fanatismo que Ginés de Sepúlveda um século antes. Mas estas já não precisavam ser legitimadas em nome da salvação eterna das almas, mas de uma expansão capitalista secular. As diferenças filosóficas, jurídicas e econômicas que distinguem o colonialismo financeiro das *East India Companies* da Holanda e Grã-Bretanha em respeito aos valores do colonialismo teocrático e feudal dos Pizarros e Cortés são patentes. Porém a sua contiguidade e continuidade não são, por conta disso, menos esclarecedoras. A brutalidade genocida de ambas as expressões imperiais não é, nesse aspecto, um argumento de menor importância. Em última instância, os índios, que podiam ser expropriados e espoliados segundo Ginés de Sepúlveda por encontrar-se em estado de pecado mortal, também o podiam ser, segundo Locke, na medida em que suas terras não davam o mesmo rendimento econômico que a Inglaterra. E a autoproclamada superioridade do universalismo redentor com respeito às cosmologias dos incas justificava a legislação do colonialismo cristão com a mesma necessidade categórica que a universalidade da razão empírica e produtivista da ciência baconiana exibia a sua potência tecnológica e econômica arrogante diante dos *idola* afirmados pelos conhecimentos locais[25].

Mas os colonialismos teocrático e empírico-crítico não somente se assemelham em relação às suas consequências, mas também em suas premissas. É verdade que Bacon punha em xeque a autoridade da escolástica com a mesma veemência com a qual a filosofia de Locke refutava as aventuras de saque colonial. E seu *Novum Organum* instaura um método empírico e crítico de conhecimento científico. Mas a importância histórica da *Instauratio Magna* de Bacon não se deve em primeiro lugar à pureza de sua legitimação racional, mas à identidade "scientia = potentia = productio" que a subordina[26]. O mesmo sacrifício do humano através da entrega e sujeição ao poder absoluto do monarca cristão, que a teologia da conquista exigia em nome da redenção universal da cruz, a antropologia empírico-criticista o racionalizava sob um princípio universal de produtividade científica e poder capitalista. A própria redução do ser a um mero instrumento da redenção eterna era sublimado epistemologicamente como subordinação do existente à dominação científico-técnica. E a culpa original que os missionários coloniais transformaram em princípio de sujeição e subjetivação universais se traduziu pelo colonialismo moderno como categoria secular da dívida externa.

O mesmo denominador comum que vincula o conceito do índio como *tabula rasa* de Bartolomé de Las Casas com as estratégias pós-coloniais de sujeitos subalternos, revela a afinidade lógica entre o *ius gentium* de Francisco de Vitória e o princípio de tolerância de Locke, e também revela uma equivalência fundamental entre os santos valores da guerra justa contra os índios formulada por Ginés de Sepúlveda e os enunciados da guerra global contra o Mal. O processo de secularização dos poderes institucionais que demonstra esta transição do velho colonialismo teocrático, representado pelas bulas papais, ao moderno colonialismo capitalista, representado pelos empréstimos dos bancos mundiais, não deve ocultar as cumplicidades próximas que envolvem ambas as figuras históricas do imperialismo ocidental com constelações complexas, como foram as do colonialismo francês na África, o colonialismo britânico na Índia ou o colonialismo norte-americano na Ásia, nos quais as estratégias de violência primitiva foram hibridizadas com os sistemas racionais de controle corporativo dos mercados, e onde os valores da democracia e dos direitos humanos legitimaram sistemas políticos criminais dentro de um quadro geral estigmatizado pelo genocídio e pela opressão[27].

Hegel e Nietzsche lançaram uma chave fundamental para compreender esta dialética de violência e colonização. Ambos outorgaram ao duelo primitivo e à guerra moderna um papel precisamente transcendental na criação originária do Estado, na constituição das leis e na organização do conhecimento e do trabalho. Ambos trataram a culpa como potência constituinte dos valores morais e da formação cultural da consciência humana. Ambos mostraram o princípio de violência, destruição e dominação subjacente a esta marcha sangrenta do espírito da história. Mesmo ambos o tendo feito a partir de perspectivas filosóficas opostas.

Hegel particularmente destacou o significado racional da violência na separação da consciência e da vida, na imposição das relações humanas de submissão e obediência, na renúncia absoluta do ser, a partir das quais se gerou um universo moral e político complexo de hierarquias, deveres e serviços cristalizados no sistema do progresso histórico da humanidade. Nietzsche deduziu o caráter regressivo desse mesmo processo.

A consciência desta regressão humana somente se radicalizou a partir das experiências modernas dos totalitarismos, dos genocídios industriais e das catástrofes ecológicas industrialmente induzidas. O fracasso das esperanças históricas ligadas à expansão colonial dessa civilização universal esvaziou de todo sentido o terror e tremor que as percorreu ao longo de sua história.

4. Violência indefinida

Kant foi o arquiteto conceitual de um plebiscito entre as nações, convocado para se cristalizar juridicamente, na forma de uma lei racional, universal e eterna: a paz perpétua. Sua argumentação era simples. A razão prática pura, a faculdade intelectual de formular leis universais podia e devia fundar o sistema moral e jurídico que garantisse a paz eterna, e tinha que o fazer sob um postulado racional de necessidade. Este postulado da razão prática era verdadeiro, universal e absoluto. Em seu nome, poderia e deveria ser condenado racionalmente o seu oposto: a imoralidade, a injustiça e a infâmia inerentes à declaração unilateral de uma guerra global e indefinida, e a todas aquelas pessoas e instituições que tenham se convertido em cúmplices de seu escárnio midiático e de seus novos crimes contra a humanidade.

Mas a filosofia de Kant, como toda filosofia crítica, sempre esteve atravessada por um diálogo e uma tensão entre o metafísico e o empírico, entre a razão pura e a história real, entre o conceito formal de paz perpétua e a propagação efetiva de conflitos e guerras ao longo da história moderna. Em sua visão ideal da história da humanidade não se ocultava o choque real existente entre a universalidade das categorias morais racionais, por um lado, e as instituições políticas, as tecnologias militares e os interesses hegemônicos opostos, por outro. Kant partia da suposição, além do mais irrefutável, de que uma vontade moral racional em si não podia fazer com que um plebiscito entre nações chegasse à categoria de paz perpétua, tendo em vista que as mediações institucionais e seus interesses opostos acabariam, cedo ou tarde, corrompendo os seus fins universais e verdadeiros. A solução política e filosófica a este dilema histórico era oferecida, de acordo com a sua visão, pelos próprios sujeitos políticos em jogo. Seus interesses contrários, de fato, os compelem ao antagonismo e à guerra. Mas o caráter progressivamente destrutivo de suas armas também entraria em conflito com o seu próprio instinto de preservação. Este interesse pela própria sobrevivência juntamente com a conservação da soberania política era e é aquilo que garantiria finalmente o estabelecimento de um plebiscito ou de uma trégua entre os poderes beligerantes. A expressão desta unidade transcendental de interesse econômico e de soberania sob um princípio geral de sobrevivência é o que Kant definiu como *Handelsgeist*, o espírito do comércio, cujo princípio de atuação suplantava, desse modo, o antigo significado harmonizador de Eros. Em última instância, o demônio capitalista fecharia harmoniosamente o ciclo letal de competição e guerra entre as nações, subjugando os interesses econômicos e políticos que estivessem em conflito com as leis racionais e compulsivas: os *Zwangsgesetze*[28].

Para a filosofia liberal de Kant, adotar em última instância o meio desta lei imperativa e assumir como sua condição antropológica implícita a redução constitucional da sociedade civil e a sujeição da existência individual a um princípio de sobrevivência não deixava de ser um paradoxo. Por outro lado, estas leis coercivas poderiam ser tanto constituídas contratualmente através de um sistema democrático, como ser impostas de modo autoritário sob um poder absoluto, e isso não alterava o seu significado fundamental enquanto leis coercivas nem modificava o seu postulado de sobrevivência como condição geral de soberania política. Porém esta contradição óbvia passou desapercebida, em nome de um mal menor pelo qual ela deveria passar, se quisesse abraçar a esperança hipotética de um equilíbrio virtualmente pacífico entre nações beligerantes.

Não é preciso insistir que, tanto as filosofias do classicismo alemão quanto o liberalismo prolongaram, de uma forma ou de outra, esta linha elementar de pensamento. Hegel viu na construção da civilização, como grande obra de arte, o sentido de um sistema político e social harmônico em cujo centro resplandecia a razão absoluta, não obstante as guerras, revoluções e crimes que semeavam a sua passagem violenta pela história. O liberalismo político e filosófico tem fundado até hoje o seu postulado, sempre enganador, de um futuro equilíbrio internacional sobre este mesmo princípio regulador de um progresso racional, milagrosamente encarnado nas leis do mercado. O positivismo colocou as dimensões éticas, estéticas e religiosas desse progresso pacífico da humanidade dentro da mesma chave liberal. Somente o socialismo revolucionário deu um passo adiante que pode ser considerado como a última consequência desse idealismo político, mas, ao mesmo tempo, representava também a ruptura com a sua tradição.

O socialismo desentranhava aquele mesmo *Handelsgeist* no qual o liberalismo baseava a hipotética força harmonizadora dos conflitos sociais, ou seja, a lógica acumuladora do capital, como uma força socialmente opressiva, cuja última consequência era a exploração crescente do gênero humano, a conflitividade social como sua sequela necessária e, finalmente, as guerras. A crítica socialista do século 19 revelava aquele "espírito do comércio" como alienação humana, coisificação cultural e empobrecimento social. Este era o mesmo socialismo que, no limiar das crises sociais e políticas que inauguraram o século 20, tinha prognosticado uma nova era de guerras e genocídios industriais sem precedentes na história da humanidade. Mas tratava-se também de um socialismo revolucionário. Seus porta-vozes foram Lenin, Trotski, Mao Tsé-tung, Lumumba e Che Guevara. E pressupunha uma estratégia política revolucionária que, em face de uma crescente exploração social, os colonialismos modernos e as guerras contínuas, chegaria a controlar as consequências negativas daquele *Handelsgeist* do capitalismo liberal dentro dos mesmos *Zwangsgesetze* que Kant já havia anunciado formalmente. E que agora se materializavam nas leis e instituições da ditadura do proletariado, e em uma organização política totalitária.

A arquitetura conceitual da paz perpétua de Kant e do liberalismo fechou os olhos diante de três circunstâncias de importância fundamental. Primeiramente concebeu a ordem jurídica internacional da paz perfeita como uma lei caída do céu e ignorou a origem histórica real dos corpos legislativos universais a partir das guerras de espólio e de uma série de sistemas políticos absolutistas que deixaram como legado uma tradição incontrovertível de violência, despotismo e corrupção. O liberalismo também ignorou que os grandes sistemas jurídicos reguladores do estado de direito, o *ius gentium* romano, o direito das gentes hispânico ou o direito civil moderno não se configuraram como uma alternativa à destruição, aos genocídios e à escravidão humana que acompanharam o imperialismo romano, o colonialismo espanhol ou britânico, até o estado nuclear moderno. Estes corpos legais foram e são na realidade o instrumento jurídico de regulação de sua expansão territorial, da vassalagem de povos e nações, e ainda do espólio de suas riquezas. São sistemas legislativos que têm o papel de sistema de legitimação ao mesmo tempo política e moral. E esse liberalismo ignorou, finalmente, que, sob o céu sublime de seus fins morais, as leis da terra não se impõem para conter, controlar e domesticar a violência, mas para outorgar-lhe um sentido transcendente, para transformá-la em violência estabelecida pela lei e para perpetuá-la indefinidamente.

Esta crítica foi proposta, além disso, ao longo da discussão em torno ao estado revolucionário e totalitário moderno. Para Georges Sorel, Vladimir Lenin ou Carl Schmitt não era a lei, mas a sua suspensão e reformulação dentro do princípio originário de violência, por meio de guerras, revoluções sociais ou o estado de exceção, o que constituía a soberania política e suas expressões legais e institucionais, sejam chamadas de República dos sovietes, Estado totalitário ou Estado constitucional democrático. Esta é a perspectiva política que parte de Hobbes, e que no começo do século 21 tem sido proposta novamente por conta das estratégias da guerra global indefinida.

Mas o problema proposto por essa violência constituinte não se limita à simples definição de soberania. E precisamente foi este o limite da teoria da violência de Sorel, Lenin ou Schmitt. Ante as novas guerras coloniais de nosso século, o problema reside, de fato, em o que fazer com uma soberania que já ninguém pode esperar que seja, como ainda pretendia fazê-lo Kant, o espetáculo sublime de um progresso indefinido da razão moral, e ainda, como também sonhava Hegel, o plano providencial da história como teatro de um espírito redentor da humanidade. A questão é saber que significado pode ter uma violência global na era da guerra nuclear e bioquímica, quando a fração quantitativamente mais significativa da humanidade está submetida a condições econômicas e ecológicas de extinção que garantem um futuro próximo de consequências catastróficas.

A filosofia da violência de Nietzsche e de Freud trouxe à tona argumentos importantes a esse respeito. Nietzsche reconstruiu genealogicamente a ordem da lei a partir de uma violência constituinte, a subsequente imposição coercitiva de um princípio moral e político de dívida, e sua posterior interiorização e legitimação dentro do postulado de uma culpa universal e absoluta. Mas, além disso, apontou a sua última consequência: o ressentimento e a decadência, o triunfo do poder cínico e despido, e finalmente o imperialismo e os genocídios como seu último grito. A economia destrutiva de culpa e a violência foram também os problemas que preocuparam Freud nos últimos anos de sua vida. Mas o dilema que Freud via, e ao qual não pôde dar uma resposta, era que a culpabilidade imposta pelas instâncias morais aumentaria em proporção direta às restrições cada vez mais severas que o sistema da civilização impunha à existência humana. Uma culpabilidade maior significava, entretanto, mais renúncias instintivas. Com esse incremento da culpa e renúncia intensificava-se também a infelicidade, o mal-estar na cultura e, como última consequência, a desintegração e a agressividade sociais. E, no fim das contas, aquela mesma *Zwangsgesetze*, aquelas coerções sociais que segundo a utopia liberal kantiana deveriam pôr fim aos conflitos e às guerras, revelava-se agora, tanto do ponto de vista da dinâmica instintiva de Freud como da genealogia da moral de Nietzsche, como ponto de partida de uma decadência progressiva e de um mal-estar cultural, e de uma crescente violência e destrutividade. Ninguém deveria esquecer, nesse sentido, os prognósticos de genocídios, escárnio e horror que tanto Nietzsche como Freud anunciaram à nossa era histórica.

A violência do mundo contemporâneo somente pode ser compreendida, em menor e maior escala, a partir da perspectiva intelectual que esses pensadores apontaram. Trata-se, em primeiro lugar, de uma violência inerente tanto aos sistemas normativos de culpa e repressão, como aos sistemas industriais de desenvolvimento das armas, e às redes midiáticas que difundem e induzem as fantasias de frustração e agressividade. Trata-se, em uma palavra, da violência que constitui a lei e de uma violência inerente à ordem da civilização. Mas, em segundo lugar, nos confrontamos com os efeitos massivos dessa violência constituinte sob a forma de conflitos sociais, de desintegração cultural, de caos e destruição. Na confluência da violência constituinte e da violência constituída, no ponto de colisão entre a ordem moral e tecnológica da civilização, e a violência social e biológica gerada, abre-se uma terceira dimensão: o progresso infinito da violência. Um dos aspectos centrais da violência que não foi proposto nem por Kant em sua utopia da paz eterna, nem pelo positivismo, nem pelo liberalismo com o seu olhar fixado nos ideais de um progresso geral da humanidade, e tampouco pelo socialismo, com a sua pretensão de um governo racional da sociedade que daria fim às guerras, é precisamente o desenvolvimento e a disseminação indefinidos desta violência.

Guerra total, revolução permanente e guerra global são as metáforas que sucessivamente expressaram essa dimensão civilizadora da violência no mundo contemporâneo. A guerra total definia o fundamento de um conceito totalitário de hegemonia em escala planetária. A luta de classes e a guerra social indefinida se cristalizaram como seu necessário complemento ao longo de uma série de conceitos estratégicos que compreendem desde a guerra de partidários e de guerrilha até o terrorismo contemporâneo. E o desenvolvimento tecnológico da guerra em duas frentes, com a intensificação da capacidade letal de suas armas e uma crescente mobilidade de seus exércitos no espaço global, é materializado no início do século 21 como a continuação e apoteose desse processo letal. Seus signos visionários estão à vista de todos: acumulação e disseminação global de ogivas nucleares; desenvolvimento, experimentação e armazenamento de armas químicas e biológicas; a conquista do espaço como meio de domínio militar planetário; e seus danos colaterais, ou seja, a contaminação planetária com materiais radiativos e tóxicos químicos, uma crescente degradação social, controles civis totalitários, e uma crescente militarização dos discursos políticos e da organização do conhecimento.

O sonho ilustrado da paz perpétua se fundava no equilíbrio precário entre um princípio de soberania originado na violência, na conquista e no espólio, e um instinto de conservação clamado a preservar em última instância a vida como meio de realizar aquela soberania. Este equilíbrio entre violência e sobrevivência impeliram milhões de humanos à agonia e à morte. Quando este conflito envolvia povos e culturas colonizados, esta dialética de soberania e sobrevivência perpetuou os genocídios, e a destruição ecológica e cultural.

Noam Chomsky expôs a sua consequência derradeira: "Hoje em dia o perigo atingiu o nível de ameaça à sobrevivência da humanidade. [...] O princípio básico é que a hegemonia é mais importante do que a sobrevivência"[29].

5. Hegemonia e sobrevivência

A diferença mais importante entre a interpretação da violência de Freud e as filosofias da violência de Hobbes ou de Hegel reside em seu ponto de partida: Eros. A palavra Eros sugere uma interpretação mítica da alma humana e do cosmo e, consequentemente, uma concepção pré-científica do ser. Eros, certamente, percorre a história cultural de Oriente a Ocidente como uma de suas mais belas lendas. Nas histórias das sucessivas encarnações de Buda e no misticismo sufi, nos poemas místicos de *Gitagovinda de Jayadeva*, na tradição platônica, hermética e cabalística, nos contos das *Mil e uma noites,* e na poesia e arte do renascimento europeu, Eros foi deus e demônio, fonte de inspiração mística e extasiante, mistério poético do amor humano e princípio harmônico de conservação do ser.

Freud retomou esse princípio místico, metafísico e poético de uma tradição filosófica dentro da qual o platonismo de Leonardo da Vinci ou Marsilio Ficino não é necessariamente a principal expressão. A teoria de uma unidade do mundo sustentada por uma energia espiritual, ao mesmo tempo erótica e cosmológica, é fundamental no *Cântico dos cânticos*, e também, de forma muito particular, na espiritualidade da cabala. Na cosmogonia e na filosofia de Judá Abravanel, este Eros bíblico e cabalístico constrói uma das visões mais modernas do universo renascentista europeu, anunciada por muitos elementos da astronomia de Copérnico, segundo esta fora compreendida por Giordano Bruno ou Johannes Kepler. De acordo com o filósofo sefardita, Eros une um homem e uma mulher através dos vínculos do amor espiritual, intelectual e físico. Esta união engloba em uma unidade indivisível o prazer na beleza, o desejo sexual e a procriação, e também compreende o conhecimento intelectual até seus níveis mais elevados, ou seja, a união com aquilo que é divino. Ao mesmo tempo, esta unidade do humano existente com o ser incorpora em si mesma a harmonia do cosmos. Eros é aquele princípio físico e metafísico que, como também havia pensado o atomismo grego e latino, preserva a harmonia do ser através de todas as suas diferenças e conflitos.

Este mesmo Eros místico e filosófico, que constitui um dos centros espirituais mais importantes do chamado renascimento europeu, é o princípio energético a partir do qual Freud desenvolveu a sua teoria do inconsciente e da consciência. Porém, em 1930, em seu ensaio *Das Unbehagen in der Kultur*,

Freud parece assombrar-se pela primeira vez ante a existência efetiva de estruturas de dominação violenta em uma cultura industrial altamente desenvolvida, porém atravessada por uma série de cataclismas. Primeiramente foram as revoluções lideradas pelo proletariado industrial em toda a Europa, signo unívoco do trauma social e cultural que significou a expansão do capitalismo no início do século. Juntamente com as revoluções sociais lideradas por intelectuais como Leon Trotski ou Rosa Luxemburgo, expandiu-se o fascismo internacional, alimentado pela indústria pesada associada à máquina militar. Esta situação era completada por um processo de degradação e desarticulação sociais que culminou com os diferentes genocídios compreendidos entre as guerras mundiais.

Nesta agitada constelação histórica, Freud descobriu um princípio subjetivo de dominação, definiu o Eu como representante de um poder ao mesmo tempo repressivo, neurótico e autodestrutivo, e construiu consequentemente a hipótese de uma situação social e política na qual os humanos já não estariam unidos cosmicamente entre si sob o poder unificador de Eros, mas sob um princípio de violência. Diante deste "Schrecken des letzten Weltkrieges", diante do horror das últimas guerras, Freud expôs os limites do poder de Eros na organização física e psíquica da existência individual e na configuração da cultura humana. E, diante da iminência de genocídios e guerras novos e mais cruéis, formulou a hipótese de uma "tendência à agressão"[30].

Esta *Aggressionsneigung*[31] foi objeto de uma substantivação posterior como força originária de destruição. A atribuição dos conflitos sociais da sociedade capitalista e das guerras industriais ao deus

Thanatos não era algo novo na tradição moral cristã desde Paulo e Agostinho, para quem também um princípio absoluto do mal habita no mais profundo da alma humana. E certamente não era alheio às filosofias totalitárias de Hobbes ou Lenin. É importante notar, entretanto, que a teoria psicanalítica não elevou esta agressividade do *homo sapiens* à categoria de um princípio absoluto. Em primeiro lugar, Freud definiu esta agressividade social e individual do mundo moderno como uma "tendência," não como um destino. Esta *Aggressionsneigung* foi concebida, além disso, como uma energia sexual derivada. É o resultado de uma série de modificações da existência e da subjetivação humanas e de sua energia vital mediadas pela culpa e pelo castigo, e pela repressão e negação do desejo sexual em todas as suas expressões físicas e espirituais.

A interpretação psicanalítica da violência de Freud se opõe à teoria do estado e da história inaugurada pelas filosofias de Hobbes ou de Hegel, que culminam no superestado nuclear do século 21. Para ser mais exato, revela o seu inverso. O Leviatã de Hobbes transformava o terror em princípio que constitui a soberania e a lei, e o sistema histórico da civilização. Seu poder monstruoso era uma metáfora da máquina burocrática, fria e letal do estado moderno. As dimensões míticas do "temor e tremor" divino estavam ligadas ao sacrifício e à sacralização do Estado. Era precisamente sobre esta sacralização sacrificial do terror que a arte moderna se debatia constantemente. Francisco de Goya evocou o horror do Estado ilustrado através de outro monstro: o deus Saturno que devora seus filhos. Fritz Lang denunciou o mesmo princípio de dominação violenta com imagens de um Moloch que devorava o proletariado da metrópole industrial. Ante esta visão mitificadora e catártica do horror da civilização, Freud construiu uma teoria do trauma, vinculou-a posteriormente à sua análise da repressão instintiva, relacionou-a finalmente à constituição da organização neurótica da personalidade moderna e, portanto, revelou a sua transformação terminal em uma força individual e social autodestrutiva.

Sublinhamos que Freud relaciona esta tendência à agressão, que no final de seu ensaio ele chama de "Instinto de Morte," com os "Instintos do Eu" e com o narcisismo. E dissemos que Freud relaciona este Instinto de Morte com a catexia (*Besetzung*) libidinosa do Eu. O modelo clínico do qual Freud partia para demonstrar a existência desta força negativa é o sadismo. Um sadismo que Freud define, ao mesmo tempo, como uma libido que inclina (*umbiegen*) o seu sentido a uma destruição do objeto erótico "cuja satisfação está ligada a um grau extraordinariamente alto de prazer narcisista, na medida em que mostra ao Eu a realização de seus velhos desejos de onipotência"[32]. Finalmente, nas últimas páginas de seu ensaio sobre a crise da cultura moderna, Freud admite não somente a existência de um instinto primário de morte, mas inclusive representa, *grosso modo*, um duelo mitológico de titãs entre esse Thanatos e Eros.

Permito-me acrescentar mais um comentário à plêiade de interpretações que se sucederam sobre a natureza deste deus, monstro ou princípio pulsátil que encarna a morte, representa a violência e induz ao terror. Minha primeira consideração sobre isso é que explicar a violência civilizadora como expressão de um deus Thanatos com uma força e vontade primordiais de destruição, ou ainda como a expressão de uma tendência "retorcida" e derivada do impulso sexual não é, no fim das contas, uma disjuntiva relevante. Não é, ao menos, o momento de considerar a concentração tecnológica, política e financeira de poder destrutivo que acompanhou a implosão global da civilização industrial. A disjuntiva entre uma força primeira ou derivada da destruição ou autodestruição humana tampouco é relevante do ponto de vista do "mal-estar" de milhões de humanos, os quais este desenvolvimento capitalista global acabou privando de meios de sobrevivência[33]. O deus Thanatos, sua concreção política no monstro Leviatã ou sua expressão civilizadora como o terrível ídolo Moloch, a agressividade gerada a partir das fantasias infantis de onipotência alimentadas pela identificação narcisista com o poder destrutivo do aparelho do Estado, e as megamáquinas militares contemporâneas e, por outro lado, a agressividade provocada pela frustração, a consciência de culpa e o desespero devem ser considerados como aspectos complementares de um mesmo processo civilizador cuja violência eventualmente nos conduz a um suicídio coletivo.

A disjuntiva entre um "instinto" agressivo ou uma agressividade derivada da culpa e da frustração é irrelevante, porque ambas as dimensões da violência considerada como destino pulsátil e histórico não questionam aquela concepção harmônica do ser que formulou a tradição filosófica platônica e hermética de Eros desenvolvida por Judá Abravanel, Giovanni Pico della Mirandola ou Giordano Bruno. As guerras, a violência destrutiva, a perseguição e os conflitos não eram algo que estes filósofos, vítimas do racismo, da intolerância religiosa, da perseguição e do crime organizado pudessem ignorar. Mas essa violência irracional era absorvida na unidade erótica do ser em um cosmo espiritual ligado às sabedorias mais antigas do Egito e da Babilônia, das escolas pitagóricas e talmúdicas, da cabala e do misticismo sufi. Na teoria da sexualidade de Freud, Eros também absorve estas forças destrutivas, embora ocasionalmente também possa sucumbir a sua potência aniquiladora.

É importante notar, por outro lado, um outro aspecto muito mais significativo da teoria da cultura de Freud, e que normalmente é deixado de lado: a sua análise da culpa. É, no final, a culpa radical e universal o que precisamente define o motivo central de seu ensaio, ou seja, *das Unbehagen*, o sentimento e a consciência do mal-estar cultural moderno. Esta teoria crítica da culpa articula-se em torno a três momentos. Primeiramente: o gozo erótico da destruição está ligado à consciência subjetiva. Está mais exatamente ligado a suas fantasias de onipotência e, consequentemente, ao desejo de soberania e poder. Em segundo lugar, este gozo autoritário e destrutivo, e as fantasias de onipotência que o envolvem, está estruturalmente vinculado aos ideais do Eu, o que a psicanálise chamava de Eu ideal ou Super-eu, e que na realidade se confunde com as normas morais e políticas do sujeito soberano segundo foram definidas, por exemplo, pela doutrina moral de um Loyola ou pela filosofia da razão prática de Kant. Isto quer dizer que os instintos sádicos de destruição se relacionam com a constituição do poder em suas dimensões morais e políticas de supremacia e obediência, de controle e punição, e identidade segundo foram definidos por expoentes essenciais do pensamento ocidental.

É esclarecedor lembrar neste ponto a filosofia da história de Hegel. E Hegel é importante sobre este ponto porque revela o nexo existente entre a vontade de morte, a culpa e a configuração de uma inclinação ou instinto retorcido de morte e a marcha do espírito ao longo da história universal. É dele a reconstrução da sequência de eventos ao mesmo tempo espirituais e políticos que desencadeia a culpa absoluta e originária, resulta na obediência e na renúncia através do arrependimento e do castigo, para culminar provisoriamente na alienação do próprio ser. Hegel descreve, além disso, uma situação terminal de degradação moral e instrumental do existente humano à expressão mínima de sobrevivência sob o poder soberano de uma vontade absoluta de morte. Entretanto, a dialética do senhor e do servo que a fenomenologia de Hegel transforma em razão absoluta contemplava esta sequência negativa de culpa, repressão e serviço precisamente como o ponto de partida do progresso da civilização em direção ao reino sublime do espírito. É precisamente esta quimera que coloca em crise a teoria crítica moderna e mais especialmente a análise da culpa de Nietzsche e Freud.

Fundamentalmente, a culpa percorre na psicanálise de Freud os mesmos momentos que na genealogia da moral de Nietzsche. Ela nasce, em primeiro lugar, a partir "da angústia à agressão da autoridade externa". Posteriormente é interiorizada enquanto angústia a uma agressão interna da própria consciência. Finalmente se cristaliza na renúncia instintiva. Os passos que o sacerdote cristão dá como princípio de autoridade sagrada que impõe a renúncia em nome de uma dívida originária, com a sua subsequente interiorização enquanto má consciência, para terminar com a deposição e subordinação dos instintos vitais a serviço do que Nietzsche chamava de instintos débeis (as forças regressivas do engano, da hipocrisia, do rancor, do ódio, da traição e, definitivamente, da morte). O que Freud acrescenta a este processo de renúncia e culpa é um ciclo subsequente de maiores agressões contra a autoridade interna e externa, que ao mesmo tempo despertam novas culpas, agressões renovadas e demandas sucessivas de renúncia instintiva. E Freud expõe, como conclusão final, a hipótese de uma regressão ilimitada da cultura sob o signo de um controle crescente da autoridade, exigências sempre mais severas de renúncia instintiva e o progresso indefinido da agressividade. Este é o terceiro momento, que fecha a análise da culpa de Freud, e que determina seu lugar na teoria crítica da civilização capitalista. O mesmo processo regressivo havia sido chamado por Nietzsche de debilitação dos instintos vitais e decadência cultural.

Para as teorias do estado totalitário, de Thomas Hobbes a Carl Schmitt, a instauração da morte, a angústia e o horror no interior da vida eram o princípio constitutivo de autonomia da consciência racional, da soberania política, da universalidade da lei. Este mesmo princípio negativo, esta violência, constitui a consciência e a razão política, e, consequentemente, invisível a partir de sua própria constituição subjetiva e jurídica. O misterioso poder da morte é inefável. É um limite, um vazio. Dentro do princípio transcendente de uma razão histórica identificada com a negação nuclear e biológica da sobrevivência, este nada ou este misterioso vazio ficou patente nas empresas financeiras de violência ecológica e genocida; na depressão corporativa de nações completas; em uma escalada militar planetária; na evaporação espetacular da existência; na constituição pós-humana de um ser para a morte.

capítulo 3
FUTURO SEM PASSADO

1. A destruição das memórias

Viajar pelas cidades históricas europeias é enfrentar a extrema ambiguidade da experiência moderna do passado. Em todos os lugares, os monumentos da memória resplandecem com as novas cores deslumbrantes. As grandes cidades históricas exibem com orgulho arquiteturas nobres reconstruídas, velhas ruas pitorescamente restauradas, centros antigos completamente recuperados. Os monumentos do passado demandam uma atenção mais intensa que a nossa realidade presente. Edifícios antigos que já acolheram dezenas de gerações e que foram testemunhas de grandes e pequenos acontecimentos foram perfeitamente saneados, como se nada tivesse acontecido sob o seu telhado. São projetados os seus velhos interiores com a adstringência asséptica do design minimalista e os sistemas tecnológicos avançados da construção funcional moderna. As experiências humanas foram vividas, e as estruturas sólidas imersas no tempo permanecem como se a sua restauração, renovação e saneamento pós-históricos as tivessem transplantado a um lugar fora do tempo ou a um presente eterno.

Nos afrescos e jardins do renascimento, as ruínas exaltavam um passado idealizado como autoridade moral. O romanticismo as celebrava como testemunha de um tempo histórico submerso na natureza e literalmente devorado por ela, em um ciclo de perpetuação infinita da vida. Sua reabilitação arquitetônica pós-moderna, enquanto espaço de entretenimento, integra o passado na felicidade projetada de um presente perfeitamente esvaziado de acordo com as normas éticas e estéticas do consumo industrial. A conversão dos lugares da memória dentro dos formatos comerciais de banalização estética e intelectual dão as costas para aquela visão negativa da história dos artistas e intelectuais que foram testemunhas das guerras e genocídios contemporâneos: a história como um mar de ruínas; a natureza destruída; o grito de angústia; o anjo da história que abre as suas asas para o futuro, que com o rosto virado para trás contempla campos de destruição sem fim; paisagens de nossa era histórica, paisagens de morte e silêncio.

Os escombros físicos das últimas guerras foram varridos das cidades europeias, suas feridas morais quase cicatrizaram e a angústia ante o poder tecnológico de uma civilização totalmente militarizada deu lugar à renovação esteticista da história sob os signos sorridentes programados das *Disneylands*. As performances museográficas e os *tours* turísticos oferecem uma visão do passado elaborada, multimidiática e multicultural, democrática, eclética ou híbrida, sem qualidades nem conflitos. Desde os eventos eletrônicos da memória, até os CD-ROM interativos, a exposição da história perdeu a determinação heroica e sublime sob a qual se encobriam os totalitarismos passados. Adquiriu a acessibilidade imediata de uma comodidade supérflua, trivial e descartável.

Celebra-se um escritor convertido, perseguido pela Inquisição. Classifica-se a sua linhagem.

Organizam-se as fontes de suas influências literárias. Porém, as vicissitudes de sua obra desaparecem na esterilidade da recopilação unificada de informação eletrônica. É volatilizada a força revulsiva de seu humanismo, de sua crítica social, de sua sensibilidade renovadora. As dificuldades religiosas e políticas que atravessaram a sua vida e as censuras e perseguições que sofreu se dissolvem dentro do sofisticado formalismo de seu valor expositivo e comercial. Os conflitos são afastados por uma sucessão de simulacros fascinantes sem nenhuma significação: imagens de edições originais, alguma fotografia de sua cidade natal, algum retrato gravado duvidoso ou atribuído, e algum objeto artesanal da época restaurado compensam, a título de fetichismo objetual autentificado do passado, uma memória homologada e morta.

A imagem votiva de um culto totêmico antigo é encaixada dentro de um design hipertecnológico. Ela é isolada. A apresentação museológica e a reprodução técnica restringem o olhar aos aspectos mais formais de sua composição e afinam, ao mesmo tempo, as suas dimensões simbólicas, seu mistério expressivo e sua profundidade mística. O passado é integrado a uma modernidade redefinida como pluralidade híbrida de tempos e memórias históricas com semântica uniformizada, academicismo esterilizado, e classificação e exibição burocráticas. Com os efeitos esplendorosos do design, a contiguidade museográfica de tempos e culturas radicalmente diferentes neutraliza suas distâncias históricas, assim como as diferenças simbólicas que as distinguem e separam. As cruzes coloniais são exibidas nos mesmos espaços museográficos que as estatuetas de jade dos antigos sacerdotes zapotecas, torturados e assassinados em nome das primeiras. Concilia-se de modo performático a tensão semântica entre um e outro universo cultual e cultural. Os conflitos humanos que a alimentam são desativados. As presenças profundas, unidas magicamente à natureza e ao universo cósmico de culturas milenárias, são transferidos a sistemas semióticos de referentes vazios e entregues a seus jogos formalistas. Banaliza-se a memória. Esta é transformada em espetáculo. Anula-se a memória.

Mas a sua neutralização como design arquitetônico ou monumento eletrônico coexiste com os processos globais de seu desarraigamento e eliminação. Frequentemente se complementam. A contiguidade das estratégias de ocupação militar e reconstrução arquitetônica, de seus respectivos objetivos culturais, seus centros de administração política e financeira desmascaram a destruição e reconstrução da memória como momentos sucessivos de um mesmo processo de remodelação civilizadora em grande escala. A devastação do centro histórico de Varsóvia ou Tóquio durante a última Guerra Mundial não era um objetivo militar nem sequer econômico. Sua única função era aniquilar memórias culturais e formas históricas de vida. A destruição das bibliotecas islâmicas de Sarajevo e Bagdá coroaram o significado civilizador das guerras globais do novo milênio como cruzadas contra memórias culturais.

Um jornal de São Paulo revelou recentemente a cessão de autorizações oficiais do governo brasileiro a equipes científicas subsidiadas por indústrias farmacêuticas multinacionais. O objetivo destas missões etnobiológicas era a criação de bancos de informação genética a partir de tribos remotas que durante gerações, talvez durante séculos, sobreviveram sem contato com a raça branca ou com outras culturas tribais da região. Seus cientistas extraíram provas sanguíneas e cutâneas dos membros destas comunidades amazônicas, sem nenhum desejo nem compensações além da própria invasão indesejável. Terminado o trabalho de substração de memória genética, os nativos foram abandonados ao seu destino. Mas o que acontece desde as origens coloniais em relação a este tipo de contatos das culturas amazônicas com a civilização global é a abertura do contágio viral, de efeitos letais massivos. A pirataria genética e a eliminação biológica das culturas mais antigas do planeta cruzam os seus caminhos[1].

Vandana Shiva descreveu os efeitos culturais e sociais da penetração da indústria farmacêutica internacional na Índia. Sua expansão em comunidades tropicais começa normalmente com a localização e armazenamento de informação científica sobre plantas medicinais e processos curativos regionais, ligados a tradições orais e, frequentemente, a saberes xamânicos em vias de extinção. No passo seguinte são produzidas industrialmente as réplicas farmacológicas de determinadas substâncias quimicamente isoladas de tais plantas e processos curativos. Em último lugar, estes sucedâneos industriais são introduzidos naqueles mesmos contextos regionais nos quais se obteve a sua informação original.

A implantação comercial dos produtos farmacológicos significa o abandono automático dos saberes e práticas medicinais tradicionais. Mas o desaparecimento destes métodos tradicionais de cura comunitária, em nome da autoproclamada universalidade das tecnologias industriais, quebra o sistema de práticas e valores que permitem a integração destas culturas. A médio prazo, a sua consequência é o desastre social, o que revela a irresponsabilidade organizada em setores muito amplos da produção tecnocientífica moderna e das instituições acadêmicas corporativas. Este modelo da indústria farmacológica é reiterado, em uma escala talvez ainda mais letal, pela indústria genética e de transplantes de órgãos humanos. Igualmente importante é o efeito direto e imediato que estas práticas científico-industriais têm nas culturas tradicionais. Shiva demonstrou que as consequências da comercialização de sucedâneos farmacológicos para o tratamento de doenças tropicais comuns são o seu encarecimento, seu acesso social restringido e, como se isso não fosse suficiente, seu caráter terapêutico pouco específico e uma ineficácia comprovada, com efeitos letais em regiões, além do mais, submetidas a um espólio brutal de seus recursos naturais[2].

A destruição industrial de culturas históricas e ecossistemas na zona tropical do planeta, que até pouco tempo era definida como um paraíso real habitado por povos e deuses milenares, adquire muitas vezes proporções apocalípticas: as zonas petrolíferas do México, Colômbia e Equador são um modelo. A promoção corporativa de exércitos privados, os tráficos ilegais e as guerras locais, os consequentes deslocamentos massivos da população indígena e a ocupação corporativa das terras desalojadas são modelos básicos que se reproduzem dentro das mesmas administrações globais na África, Ásia e América Latina. Seu símbolo são os campos de refugiados, uma versão atualizada dos velhos campos de concentração que o colonialismo espanhol e inglês criou na América e na África, em cujas condições mínimas de sobrevivência, de desintegração comunitária e violência são eliminados sistematicamente línguas, conhecimentos culturais e formas de vida. Os programas globais de proteção das culturas coadjuvam com este processo material de desintegração na mesma medida em que o ocultam dentro da representação concertada da boa vontade que os administra.

Essa contiguidade e essa cumplicidade entre destruição e transformação das memórias culturais encontram na concepção moderna do museu a sua expressão programática. Os museus metropolitanos não se configuraram como aquilo que seu nome presume, ou seja, um lugar de musas e memórias. Surgiram na verdade como armazéns de troféus. Seu trabalho de curadoria e restauração, desde o renascimento europeu até a Segunda Guerra Mundial, esteve diretamente ligado ao trabalho militar dos saques. Estes saques foram precisamente uma consequência da expansão colonial destes poderes metropolitanos. Na verdade, constituem a sua premissa geral, pois é inerente ao conceito de colonialismo a destruição dos cultos e culturas do colonizado. Dentro desta função surgiram a etnografia, a arqueologia e a antropologia como uma máquina científica e um sistema de codificação das mesmas culturas que se submetiam à dominação imperial. Está claro que a acumulação de tesouros sagrados e de testemunhos das culturas mais remotas da humanidade não constitui a única função do museu moderno. A racionalidade espacial clara de sua arquitetura colocava e coloca em cena as normas e hierarquias de seu acervo de acordo com um conceito homogêneo e linear de um tempo histórico único e exclusivo, secularmente definido como progresso de uma razão universal. Suas cúpulas coroam suas coleções de artefatos de memória e conhecimento como representação simbólica de seu poder. No seu eixo cósmico, as expressões mais sublimes da arte ocidental são transformadas em cânon absoluto. Escadarias e vestíbulos transformam seus cenários no lugar de um culto secular.

A concepção arquitetônica e museográfica dos Museus Vaticanos é o modelo arcaico sobre o qual os museus das metrópoles modernas se baseiam. Deuses e objetos de culto de virtualmente todas as religiões do planeta, códices e documentos de espiritualidades antigas, livros e testemunhos secretos encontram em suas salas e arquivos um refúgio inexpugnável. Alguns de seus tesouros mais visíveis, como o Laocoonte, são o resultado de um rigoroso trabalho arqueológico de descobrimento e restauração. Entre seus objetos artísticos, conta com obras-primas do renascimento europeu criadas especialmente sob o patrocínio papal como representação monumental dos valores filosóficos e teológicos da Igreja cristã. Mas desde os seus deuses antigos até seus instrumentos xamânicos, ou inclusive os documentos de filósofos e místicos condenados por seus próprios tribunais, estes tesouros da humanidade não se apresentam em seus espaços labirínticos enquanto memórias abertas de seu passado.

Dizer que ninguém sabe de fato o que estes museus realmente acolhem nesse sentido é irrelevante, pois o significado profundo de seus acervos não reside em sua função documental e testemunhal, mas em seu valor sacrificial. Os objetos dos cultos e memórias culturais que acolhem são os troféus de uma teologia política triunfante, signos visíveis da expansão universal e do poder global da Igreja. As mãos que um dia resgataram edições corânicas ou códices astecas para depositá-los no refúgio seguro desses museus eram as mesmas que atiçavam as fogueiras da Inquisição para arrancá-los. Por isso a característica dominante desta museografia é a sua opacidade; e também o princípio que resguarda estes acervos são o segredo e a inacessibilidade. Estes museus não preservam as memórias da humanidade, mas a sua destruição efetiva ao longo da expansão do Ocidente.

A homologia entre museu e mausoléu se revela aqui em toda a sua crueza. O Panteão Romano é o símbolo profundo da arquitetura de São Pedro. É também o seu segredo hermenêutico. Mas os museus não são mausoléus somente porque seus espaços e símbolos arquitetônicos representam os valores funerários do poder e da morte. São mausoléus porque os artefatos que exibem foram arrancados de seus lugares de culto reais, onde a sua presença espiritual sustentava as memórias comunitárias e as formas de vida dos povos históricos. Os museus são mausoléus porque as mesmas categorias epistemológicas e espaciais que regem o armazenamento, a classificação e a exposição de seus tesouros supõem a suplantação de seu valor cultual e comunitário por um significado acumulativo e um valor expositivo.

Certamente nossos museus contemporâneos suprimiram e superaram triunfalmente os símbolos vetustos de cúpulas, capitéis e obeliscos, e eliminaram com sucesso os arcaicos significados imperiais que aqueles denotavam. Novas estruturas industriais, espaços funcionais e luminosos, e a estética minimalista dos designs hipertecnológicos que os substituem colocam em cena um princípio racional de objetividade clínica. Suas naves cruciformes já não reproduzem a organização sacra da basílica romana, mas a concepção presidiária do panóptico moderno e do *mall* pós-moderno. Sua curadoria tampouco responde, ao contrário do que acontecia no museu metropolitano da era colonial clássica, a uma vontade acumulativa. O que distingue o museu pós-moderno já não é o seu acervo nem o seu trabalho de conservação e armazenamento. Não é por acaso que esta nova orientação museográfica coincida com a extinção praticamente completa das memórias culturais dos povos históricos. Quando já não sobra nada para colecionar, o museu se transforma na representação de si mesmo: duplicação especular da volatilização das memórias do passado e das experiências do presente no espetáculo de uma memória integralmente projetada.

Há muito tempo que estes novos museus declinaram da representação dos valores eternos da beleza ou da verdade. Isso ocorreu em benefício de um igualamento integral de seus objetos em seu valor expositivo e mercantil. Uma exposição de motocicletas ou um desfile de modelos podem compartilhar os mesmos espaços que um retrato de Rembrandt ou a deusa de uma nação ameríndia desaparecida. Na realidade, os intercâmbios semânticos entre os valores culturais e intelectuais dos ícones dos cultos e as culturas históricas e o fetichismo mercantil, e entre os valores sublimes do museu como acumulação de troféus e os significados banais do hipermercado, devem ser promovidos institucionalmente, como de fato se promovem a partir de museus e universidades globais. No fim das contas, o objetivo destas instituições é principalmente prevenir e neutralizar qualquer reflexão artística e intelectual que questione o princípio de repetição, desmemória e estupidez que regem *urbi et orbi* as indústrias culturais.

No sentido programático defendido por Marinetti, a morte da arte significava a destituição de toda experiência da realidade que não assumisse os valores morais e políticos do estado total, as chaves epistemológicas de um poder tecnoindustrial, as estratégias militares políticas de uma mobilização total da sociedade e os postulados de uma nova civilização totalitária. Não deveria ser necessário sublinhar que esta destituição da experiência sempre visou de modo especial aquelas manifestações intelectuais e artísticas que questionaram a legitimidade dos modelos epistemológicos e políticos dominantes do século 20, do realismo socialista ao *Volkskunst* fascista e à *Pop Art* neoliberal. O *International Style* proposto depois da Segunda Guerra Mundial sobre as ruínas dos fascismos europeus não significou a transgressão desta regra. Na declaração que constituía um novo "estilo internacional", o que era revolucionário era a nova função normativa que o museu assumia enquanto instância de legitimação e propagação das linguagens formais globais e a subsequente inauguração de uma *age of uniformity* (Orwell). Com estas linguagens globais, o museu pós-moderno celebrava a partir de 1932 o triunfo absoluto do formalismo linguístico sobre a experiência criadora e a experimentação artística, e a superioridade institucional das linguagens globais sobre as memórias culturais locais e regionais, ao longo de uma produção interminável de *artworks as packages*[3].

No sistema museográfico do espetáculo pós-moderno, a morte da arte continua sendo uma condição *sine qua non* programada. Mas a nova antiestética já não é patrocinada por encontros futuristas ou fascistas. Sua legitimação é mais efetiva com uma retórica dadaísta, da qual foram desativados previamente os seus momentos mais rebeldes. Nas exposições de George Grosz e Raul Hausmann em Berlim, e nos escândalos de Flávio de Carvalho em São Paulo, o riso dionisíaco alentava uma crítica inconfundível aos valores mais retrógrados da cultura dominante. Ao contrário, nas latas de tomate e caixas de detergentes de Andy Warhol, nos encontramos com um humor recatado que já não tem a menor graça porque não questiona nada. Em última instância consagra a realidade em seu aspecto midiático mais trivial, mais pobre de espírito e politicamente mais corrupto.

2. Futuro sem passado

Os ideários universais e globais ligados à história da civilização ocidental – formulados pelo cristianismo medieval como unificação do orbe sob uma fé e uma lei únicas, refundidos mais tarde pela Ilustração europeia enquanto subordinação de todas as culturas humanas dentro de uma única razão tecnocientífica – mantiveram uma relação abertamente conflitiva com as culturas históricas e suas memórias. A categoria teológica e jurídica de *orbis christianus* que inaugurou a expansão colonial europeia, e suas reformulações industriais e pós-industriais sob os *slogans* de racionalização, modernização ou globalização nortearam um processo contínuo de desintegração de conhecimentos e cultos, de tradições artísticas, línguas e formas de vida das culturas mais antigas da humanidade. Essa eliminação de línguas, deuses e conhecimentos se representa em muitos casos como um fenômeno natural. Entretanto, ao longo da história do Ocidente, foi sistematizada teologicamente e programada política e militarmente. Em muitas ocasiões foi legitimada com promessas transcendentes que variavam entre a redenção da humanidade no além e o igualamento civilizador de todos os povos, assim como seus extremos complementares. Desde as destruições de Granada e Tenochtitlán, com as quais se inicia a era moderna, as estratégias de globalização cristã propuseram claramente o objetivo derradeiro de erradicar completamente os legados históricos, os cultos religiosos e os conhecimentos ligados à reprodução das culturas dominadas pelas monarquias europeias. As bulas papais visavam o afundamento sistemático das memórias simbólicas, sem as quais nenhum povo pode preservar suas formas de vida. Sob a sua direção foram queimados códices e livros sagrados, bibliotecas e templos foram derrubados, assim como foram destruídos línguas e deuses. Não existe um consenso sobre o número de culturas complexas dotadas de organizações políticas, estruturadas em forma de sistemas monárquicos ou inclusive impérios em escala regional e continental, com línguas, conhecimentos e tradições artísticas, e sistemas religiosos elaborados por volta de 1492. Em suas aproximações numéricas, os historiadores divergem em cifras de até dois dígitos. Mas não é difícil chegar a um acordo sobre o que, cinco séculos mais tarde, subsiste delas.

Quatro modelos epistemológicos permitem reconstruir estas estratégias de eliminação cultural. O primeiro é proporcionado pela *Gramática de la lengua castellana* de Antonio de Nebrija. Publicada em agosto de 1492, esta obra foi encomendada e apresentada pela monarquia católica espanhola como coroação da conquista do Reino de Granada, a destruição da cultura hispano-islâmica e a expulsão dos hispano-judeus. Nebrija definiu a sua *Gramática* ao mesmo tempo enquanto expressão e instrumento da expansão cristã ao longo da cruzada contra o Islã, assim como de duas novas rotas coloniais atlânticas. O segundo modelo de destruição da diversidade cultural é proporcionado pelo *Novum Organum* de Francis Bacon. O fundador da ciência moderna também propôs uma racionalização linguística. Mas o fez sobre a base da chamada teoria empírico-crítica do conhecimento e, portanto, não se contentou em descartar determinadas vozes ou construções gramaticais consideradas impuras, como Nebrija, mas exigiu a sua erradicação geral em favor de axiomas e categorias lógicas puras. O terceiro modelo deve ser lembrado logo após o fundador da ciência moderna, enquanto fundador do conceito moderno de progresso: Marie-Jean-Antoine-Nicolas de Caritat, marquês de Condorcet. O quarto modelo de colonização das linguagens e das memórias é proporcionado pelas vanguardas artísticas modernas.

Nebrija escreveu: "Depois de repurgar a religião cristã [...], depois dos inimigos de nossa fé vencidos por guerra e força de armas [...], depois da justiça e execução das leis que nos unem [...], depois que vossa Alteza colocasse sob seu domínio muitos povos bárbaros e nações de línguas peregrinas [...] portanto através desta minha Arte poderiam vir ao conhecimento dela, como agora nós aprendemos a arte da gramática latina para aprender o latim"[4].

O sistema gramatical da língua dominante se instalava junto às estratégias políticas de subjugação militar, a subordinação jurídica e a submissão religiosa dos povos ao longo da construção militar e jurídica da monarquia cristã universal. Seu objetivo final era a eliminação das "dicções bárbaras... e peregrinas", ou seja, a purificação daquelas palavras e construções gramaticais que revelassem um passado islâmico ou hebreu, além da subordinação das línguas conquistadas sob as normas gramaticais do castelhano[5]. Gramática como *logos* colonizador: um formidável sistema racional de destruição hermenêutica e eliminação interna dos conhecimentos e representações simbólicas das culturas dominadas; e de eliminação linguística de sua soberania moral e perpetuação de sua dependência política.

O segundo modelo histórico de subordinação e eliminação das memórias linguísticas e culturais é oferecido pelo *Novum Organum*[6]. A importância desta obra não se deve somente à sua fundação epistemológica da ciência moderna. Já no seu frontispício anuncia iconograficamente a identificação desta nova episteme científica com os empreendimentos econômicos de exploração e expansão coloniais. Em seu centro aparecem as colunas de Hércules: símbolo do limite geográfico, cosmográfico e político do mundo antigo. Duas caravelas irrompem com as suas proas aquelas fronteiras mitológicas. É uma cena que relembra as viagens da literatura clássica, e revela o desejo tanto de aventuras quanto de acumulação de riquezas. A legenda ao pé da gravura diz: "Multi pertransibunt & augebitur scientia". É uma citação do livro de Daniel: "Muitos passarão, a ciência avançará..." Mas o profeta tinha formulado o princípio de uma sabedoria religiosa e cosmológica, a ciência do Livro. Bacon reduziu este conceito de saber a uma ciência acumulativa, subsidiária ao mesmo tempo de paradigmas lógico-matemáticos de conhecimento e de um princípio de rentabilidade financeira ligado às empresas de expansão colonial.

A *Instauratio magna* erigiu uma nova ciência baseada na repetição indefinida, cujo último significado é a produtividade econômica (*productio*) e a soberania (*potentia*). Desenvolvimento industrial e expansão comercial, e domínio político sobre os oceanos e os continentes recém-descobertos se cristalizaram no horizonte de sua filosofia do conhecimento como os signos historicamente distintivos da nova ciência indutiva. Dentro desta unidade epistemologicamente sancionada de exploração territorial, dominação tecnológica e conhecimento produtivo, o *Novum Organum* criou uma barreira absoluta entre a universalidade científica e os conhecimentos da memória, sejam religiosos ou filosóficos. O passado coincidia com o reino da noite, o preconceito e o erro. "Eles não tinham uma história de mil anos que merecesse o nome de história, senão fábulas e rumores da antiguidade" – afirmava Bacon sobre a Grécia antiga. "A humanidade foi impedida de obter progresso na ciência por conta dos encantamentos de uma reverência à antiguidade" – formulava altivamente. A nova epistemologia científica confundia memória com superstição e a reduzia a dogmatismo[7].

A universalidade geopolítica e epistemológica da razão tecnocientífica fundou-se em uma linguagem pura de suas dimensões semânticas, dos conhecimentos culturalmente herdados e das formas de vida associados a eles. Deveriam ser eliminados, com a linguagem comum, os rastros da memória. O princípio de adstringência epistemológica, que Bacon inaugurou com a sua crítica dos *idola,* era uma carta branca para a sua erradicação em nome da expansão do capitalismo colonial europeu e da secularização do universalismo redentor cristão, dentro do que constitui epistemológica e politicamente o progresso moderno. Este progresso fazia coincidir, ninguém sabe direito como, com a prosperidade de todos os humanos, a paz das nações e o triunfo da liberdade. Mas Condorcet, o mais radical de seus defensores, via algo a mais no horizonte deste futuro aperfeiçoamento social, intelectual e moral da humanidade. No zênite de um tempo histórico ascendente se abriria uma sociedade harmônica assim como uma flor. O fundamento deste amanhecer resplandescente da futura humanidade era uma nova linguagem universal.

A nova língua geral de todos os povos não era uma *mathesis universalis*: não era uma semiologia universal matemática independente da conversa cotidiana dos humanos. É fato que Condorcet pensava em um sistema sintático racionalizado conforme um modelo científico, mas este deveria ter ao mesmo tempo uma impregnação social clara. A nova linguagem universal seria um híbrido das línguas históricas dos povos e suas memórias e, por outro lado, da episteme científica. Condorcet a chamou de um sistema "que exprime através de signos, sejam objetos reais, sejam coleções muito específicas, que, compostos por ideias simples e gerais, são sempre os mesmos, ou podem se formar igualmente dentro do entendimento de todos os homens"[8].

A filosofia do progresso de Condorcet culminava na conversão de toda a humanidade em um sistema universal de signos e simulacros. O alcance desta utopia somente pode ser apreciado às portas do século 21. Aquela transformação semiótica de toda a humanidade em um único código linguístico mediante a criação de um novo sistema de signos e "objetos reais" coincide com a forma histórica do progresso em nossa sociedade industrial tardia: compreende o final dos discursos, da arte e do social; engloba um processo geral de evaporação da experiência individual e da realidade; anuncia a sua suplantação progressiva pelos signos, tempos e espaços administrados do espetáculo global.

São célebres as passagens do *Discours de la méthode* nas quais Descartes desqualifica a memória, ao lado da experiência sensorial e dos saberes dogmáticos, como fontes válidas do conhecimento. O Eu cartesiano não possui, por definição, um passado. Na concepção política do liberalismo e na idade do socialismo, a inserção da existência humana na história foi igualmente volátil. Marx anunciou uma humanidade nova que romperia com as correntes do passado. Ante a crise da civilização assinalada pelos totalitarismos europeus e pela Guerra Mundial, Husserl propunha o retorno a um princípio puro, um começo simples de certidões absolutas, sobre o qual pudesse estabelecer a reorganização do sistema racional do mundo. Em suas *Cartesische Meditationen*[9], assim como nos programas neoplasticistas de Mondrian, ou nas visões futuristas de cidades de aço e luz de Scheerbart, proclamava-se um grau zero da história e um conhecimento absoluto, fosse dentro do princípio de uma pureza epistemológica ou de uma organização geométrica e matemática do espaço e do tempo sociais.

As estratégias de supressão e superação das memórias culturais alcançaram a sua expressão mais profunda e efetiva no projeto civilizador formulado pelas vanguardas artísticas do século passado. Sua ruptura com a ordem tradicional da representação e experiência estéticas; sua criação de uma nova linguagem formal abstrata, vazia de experiência e de memória; sua ampliação do conceito de criação artística à categoria de produção técnica de uma nova realidade total pressupunham programaticamente a evaporação do passado. Os futuristas proclamaram uma ação incendiária contra os museus. Le Corbusier declarou uma guerra urbanística, cujo propósito era a demolição dos centros históricos das capitais europeias. Mondrian ou Léger aclamaram a guerra industrial como meio de liquidação das tradições e das memórias culturais.

A globalização das vanguardas a partir da Segunda Guerra Mundial transformou o movimento moderno em uma vasta maquinária linguística responsável pela eliminação das culturas vernáculas, a dissolução das linguagens históricas, e a desarticulação dos conhecimentos artesanais e artísticos irredutíveis às normas estéticas e econômicas da produção industrial. Como explicar este vasto processo de esvaziamento e aniquilação enquanto em nossa era já contemplamos com uma indiferença lúcida a desaparição das culturas históricas mais antigas e sofisticadas da humanidade? Devemos aceitar essa desaparição das culturas históricas, de culturas constituídas a partir de memórias milenárias, como um processo de erosão natural?

3. A memória das origens

Os *wahiradas*, anciãos que preservam a memória do povo amazônico dos xavantes, contam com um verdadeiro acervo de lendas sobre a criação do mundo, como acontece em todas as culturas históricas. Trata-se de narrações simples que recolhem aspectos da vida cotidiana de suas aldeias, mas cujos episódios adquirem uma dimensão épica na medida em que norteiam a criação do céu e da terra, a origem das formas e normas de vida de suas comunidades. Em seus testemunhos, esses *wahiradas* sublinham que suas lendas não são relatadas somente para ensiná-las e guardá-las na memória. Não são ficções. São relatos sagrados. São mitos. Seus símbolos e personagens, suas ações e seus deuses estão intricadamente unidos a rituais e formas de vida comunitários. Através deles constitui-se uma unidade ontológica indissolúvel entre os deuses, o cosmo e a comunidade de um povo. O sentido específico dessas lendas – esses rituais e esses saberes – é precisamente a formação (*Bildung*) da comunidade humana na ordem cósmica desta criação. Seu significado consiste em preservar o ser deste mundo, que ao mesmo tempo se confunde com as suas origens divinas. Nas palavras destes anciãos xavantes: "Nós somos o povo verdadeiro. Nós mantemos o espírito da criação".

O ritual é o meio pelo qual esta memória integra as formas de vida da comunidade com o cosmo. Por isso é uma memória sagrada. Estes ritos ativam um processo de iniciação coletiva através do qual os indivíduos da comunidade se transformam em verdadeiros membros conscientes de uma forma de vida e de uma unidade do ser, em um sentido comparável ao conceito hindu de *dharma* ou à definição de ética de Spinoza. Esta integração, ou melhor, um aspecto central da mesma, acontece quando os jovens adquirem um grau de maturidade considerado idôneo pelos mais anciãos. Nesse momento são recluídos durante vários dias e semanas em uma maloca específica para esses rituais, chamada *Hó*. As cerimônias que acontecem nesse espaço sagrado reiteram a situação originária dos "mensageiros" que comunicaram aos primeiros xavantes os mistérios da origem do mundo, para que estes jovens os ouvissem, gravassem em suas memórias e os transformassem em tradição e norma de vida. No *Hó*, os jovens cantam e dançam, escutam as palavras e as lendas relatadas por seus padrinhos, passam pelo ritual da perfuração das orelhas e se submetem a lutas rituais. Quando os iniciados, ou *wapté*, finalizam esses encontros, recebem o nome de *ritéiwa* e se consideram aptos ao matrimônio e às funções adultas da comunidade[10].

É paradoxal que precisamente estas culturas históricas, que vivem em contato íntimo com as origens mais remotas da humanidade, reativando periodicamente esse estado originário em suas festas religiosas e em suas expressões artísticas como meio de preservação de sua norma de vida, tenham sido classificadas tanto por missionários cristãos quanto por filósofos modernos como povos carentes de história e de lei. Porém é ainda mais significativo o fato de seus xamãs e anciãos reprovarem reiteradamente o homem ocidental, o cristão e o branco, por darem as costas à criação divina do ser, esquecer a origem do cosmo e ignorar os primeiros passos da cultura humana. É revelador o fato de que esses xamãs e homens sábios recriminem a civilização ocidental por não saber respeitar os povos que possuem a lei da tradição, não saber respeitar os povos que possuem a memória de suas origens e, consequentemente, "não saber quem eles são"[11].

Sabemos as expressões teológicas e jurídicas que o Ocidente levou a essas culturas históricas ao longo de sua expansão colonial; primeiro foram as bulas papais do renascimento e, mais tarde, as estratégias das corporações industriais e militares globais. Os missionários condenaram tanto seus deuses quanto seus demônios e quebraram a unidade sagrada de sua comunidade histórica com o ser sob o princípio de uma culpa originária. O literato colonial e o funcionário pós-colonial sentenciaram a continuação de suas formas de vida como errôneas, irracionais ou irrelevantes, fosse em nome da salvação eterna ou do progresso secular moderno. E os átomos individuais resultantes da desintegração destas comunidades se redefinem subsequentemente como sujeitos jurídicos virtuais de uns direitos humanos igualmente voláteis, que além disso nunca deixaram de ser brutalmente avassalados. Finalmente, o conquistador de ontem ou a unidade paramilitar de hoje faz o restante, que quer dizer desalojar de suas terras estas comunidades violadas, em nome do desenvolvimento e da modernização. As diferenças semânticas que podem ser estabelecidas entre o "direito de gentes" formulado por Vitória e a moderna teoria colonial secular e capitalista de Grotius; ou entre a defesa do índio como alma cristã por parte da teologia da libertação de Las Casas e sua redefinição pós-colonialista como sujeito subalterno são irrelevantes do ponto de vista de suas consequências finais, isto é, a destruição de suas memórias e a dissolução da unidade sagrada de suas formas de vida.

O multiculturalismo rompe o *continuum* deste processo desintegrador sobre a tênue superfície das coisas culturais. Sem dúvida alguma, a secularidade e o diálogo entre religiões e comunidades diferentes foi a chave de períodos de esplendor cultural e político ao longo da história dos povos. O imperador mogol Muhammad Akbar ainda é lembrado na Índia hoje em dia por ter defendido a tolerância entre a diversidade de religiões que conviviam em um vasto território que fazia fronteira com a Pérsia, Afeganistão e China, no mesmo século 16 em que a Europa cristã se dedicava às guerras de religião contra pagãos e protestantes, judeus e muçulmanos, com o balanço do maior genocídio da história da humanidade. O califado de Córdoba teve o seu apogeu no século 12 sob um regime de diálogo entre muçulmanos, judeus e cristãos. Grandes obras da literatura europeia, como as de Ibn'Arabi, Ramon Llull ou Judá Abravanel são o resultado direto e indireto desse encontro espiritual entre culturas, religiões e línguas diversas. Mas uma coisa são estes exemplos históricos de encontros, diálogo e intercâmbios simbólicos e materiais, e outra é o multiculturalismo semiótico da sociedade do espetáculo. E não se pode equiparar o intercâmbio de conhecimentos, artefatos e línguas dos povos amazônicos até a chegada do colonialismo moderno com a propaganda da mestiçagem e hibridismo destes mesmos poderes coloniais ou pós-coloniais. A questão fundamental é o que se entende como cultura. No momento em que ela é definida como um sistema performático ou um objeto administrativo, com total independência de formas específicas de produção e reprodução social, assim como dos valores éticos e metafísicos ligados à vida dos povos, nesse mesmo momento a defesa de sua diversidade adquire necessariamente o mesmo caráter espetacular e volátil que também distinguia as doutrinas de tolerância do colonialismo liberal de Locke. É o que permite declarar guerras em nome da diversidade multicultural e solapar sob a sua bandeira semiológica os processos reais de destruição de memórias e desmantelamento comunitário[12].

Para o colonialismo clássico, a questão fundamental residia em saber se os povos conquistados tinham ou não história e formas próprias de vida. A representação de povos e nações inteiras sem memória e sem lei foi a grande fraude teológica que legitimou a sua aniquilação. Para o imperialismo contemporâneo, a questão fundamental é defender um conceito de cultura separado das formas ou normas de vida. Uma vez transformado em sistema de signos, objetos semióticos, ícones e performances, as memórias, os valores, as formas de percepção do real e a unidade ontológica das visões do cosmo e as formas de vida que constituem o centro espiritual de toda cultura se esquartejam com maior eficácia que sob a espada heroica dos conquistadores arcaicos das Índias. O problema reside em dois conceitos radicalmente diferentes de história, cultura e lei. Os povos históricos, um conceito que inclui os chamados povos primitivos, mas também sistemas culturais e sociais complexos, como podem ser o hindu ou o judeu, são aqueles cujas leis – em um sentido não somente jurídico, mas ético, religioso, cosmológico e metafísico – distinguem-se pela integração do passado, do presente e do futuro em uma unidade ontológica que compreende a totalidade das expressões e atividades humanas. Esses povos históricos são precisamente povos na mesma medida em que se constituem a partir dessa integração do passado, do presente e do futuro em uma unidade indissolúvel.

O Ocidente, ou mais exatamente, a civilização cristã, assim como o seu universalismo redentor e racional, nascem, ao contrário, a partir de uma ruptura radical com o seu próprio passado judeu e pagão. Esta negação e desarticulação de tradições e memórias significa, em primeiro lugar, a ruptura da ordem harmônica do ser a partir de uma culpa mítica originária, o subsequente castigo primordial da humanidade, um desterro sem retorno do ser e a fuga interminável a uma transcendência tão vazia em suas formulações doutrinárias da "cidade de deus", quanto em suas refundações secularizadas dentro do ideal teleológico de um progresso universal da humanidade ou sua ressacralização psicodélica nos paraísos virtuais da internet.

A teologia política de Paulo revela dois postulados fundacionais desse processo negativo: a aparição do ser absoluto através do sacrifício e da transcendência do ser, e a revelação da liberdade absoluta através do abandono da lei. *Romanos* 6:11: "Assim também vocês devem se considerar mortos para o pecado (*nekros hamartia*); mas, por estarem unidos com Cristo Jesus, devem se considerar vivos para Deus". As leis, os costumes, as memórias ligadas às formas de vida, a própria língua e os próprios profetas, os cinco nomes de Deus, a origem do ser: essa é para Paulo a linhagem infame das origens biológicas e espirituais de um povo sagrado. Como escreveu Nietzsche: a natureza, os segredos eróticos das origens, a árvore mística da vida no centro do Éden – tudo isso não preocupava a Paulo, nem a João, nem a Mateus, nem aos outros apóstolos testamentários, e muito menos aos seus herdeiros. O tema que obcecava Paulo, o grande dilema no qual se originava o cristianismo, era a ruptura, colocar um fim ao passado, à memória, à unidade do povo de Israel e de todos os povos. O que desejava era suprimir e superar (*aufheben*) a *Torah* até o extremo de identificá-la com a "morte no pecado". *Romanos* 7:5-6: "De fato, quando estávamos na carne, as paixões pecaminosas despertadas pela lei operavam em nossos membros, a fim de frutificarmos para a morte (*karpophoreo thanatos*)".

Karl Löwith escreveu: "Os cristãos não são um povo histórico. Sua congregação em todo o mundo funda-se somente na fé. De acordo com a sua concepção cristã, a história, que é o tempo linear da salvação, já não está ligada a um povo específico: se internacionalizou porque se individualizou"[13]. Nietzsche expressou-o de forma mais contundente. O cristianismo tergiversou a história, difamou-a e desfigurou-a, e destruiu sistematicamente as memórias dos povos históricos – escrevia ele. Ninguém invocou mais insistentemente o "assim está escrito" que seus sacerdotes. Ninguém foi mais arbitrário que eles na interpretação da Bíblia. São somente virtuosos "na arte de ler mal". E este mesmo Nietzsche se perguntava: O que pode ser esperado de uma religião que desde as suas origens "tentou arrancar o *Antigo Testamento* de sob os pés dos judeus"[14]?

Mas o objetivo da crítica de Nietzsche não era somente a teologia de Paulo; era a "Historie". E esta crítica da história historiográfica não tentava legitimar o esquecimento, mas impugnar uma memória separada do ser e de salvar a disjunção entre a memória histórica e as formas de vida. Por isso Nietzsche atacava também a construção historicista do passado dentro do postulado ascético da objetividade científica e da indiferença vital, e dentro do critério virtuoso da impotência prática que aquela amparava metodologicamente. Por isso comparou a ciência da história com o eunuco que vigia a castidade do harém e com um conhecimento vazio de ser. Nietzsche também questionou a subsequente redução historicista do presente à irrealidade de um momento vazio e a uma ciência positivista da história clamada a volatilizar o ser aqui e agora no devir de um processo que o transcende como sua verdade absoluta. E foi ele quem refutou a última consequência dessa negação niilista da memória como fundamento do ser: um futuro sem memória. Nietzsche opõe a esta transcendência sem memória da *Historie* a unidade indissolúvel do passado e do presente, a plenitude de um ser histórico e supra-histórico, para o qual "o mundo é a cada instante uma realidade acabada que alcançou em si o seu próprio fim"[15].

São históricas as culturas constituídas a partir da tradição. São históricas as culturas que renovam as suas formas de vida e seu presente tanto quanto o seu futuro, a partir de seu conhecimento do passado e das origens do ser. São históricas as culturas que concebem a criação do novo a partir da união de passado, presente e futuro. Nesse sentido, pode ser compreendido o significado do "recital e ritual" que nas celebrações judias comemoram o êxodo do Egito ou a entrega da lei em Sinai, e que preserva ao mesmo tempo a memória do povo e seus vínculos comunitários com a natureza[16]. Nesse mesmo sentido, pode ser definida a cultura hindu como uma forma de vida histórica que se constitui em torno ao centro perpétuo da concepção metafísica e cosmológica dos *Vedas*[17].

O Ocidente não é uma cultura histórica. É uma antitradição. Seu fundamento é uma concepção negativa do ser resultante da dupla separação do mundo natural e do mundo histórico. Por isso é impossível uma definição histórica de seu conceito. Por isso o ocidental não sabe de onde vem e nem o que é historicamente, segundo a reiterada crítica que os xamãs das Américas fazem sobre os homens brancos. O Ocidente não pode ser chamado de herança judia porque o princípio do *kyrios kristos* que o constitui, ou seja, do messias personalizado e identificado com um poder secular, é antijudeu[18]. Não se origina na Grécia, porque o pensamento de Paulo se opôs radicalmente ao conceito grego do ser. Sua expulsão reiterada das comunidades hebreias de Israel constitui, nesse sentido, uma passagem tão significativa em sua biografia errática quanto a permanente refutação de sua predicação invariavelmente suscitada nas elites intelectuais helenísticas.

Mas somente um sistema civilizatório que não está fundado em uma lei comunitária, emanada a partir de um povo histórico; e somente uma civilização que não esteja arraigada no ser; somente uma civilização fundada no desarraigo da lei e do ser poderia erguer-se como potência autoproclamada e absoluta de negação, destruição e hibridação de virtualmente todos os povos, todas as memórias e todos os deuses da terra. Somente a consciência desgraçada que desenterrou de si mesma o seu presente e seu passado; que fugiu das origens da natureza e do ser, e se separou de seu povo pode atirar-se integramente em direção a um futuro transcendente e ontologicamente vazio. Somente uma civilização fundada na negação niilista do ser podia instaurar um poder absoluto sobre a totalidade da existência. Este é o princípio negativo que define o Ocidente como civilização católica no sentido do *katholikos* grego, ou seja, uma civilização por definição universal ou global[19].

A história do último século deixou em si um rastro indubitável desse amplo processo de devastação, negação e esvaziamento em grande escala.

O colonialismo europeu destruiu na medida de suas capacidades técnicas as culturas milenárias do Oriente. As nações da África e América Latina foram sujeitas a espólios e genocídios sucessivos. Após duas sucessivas guerras massivas, a Europa eliminou de seu território tudo o que lembrava o Islã, as comunidades judias ou a cultura cigana. As bombas nucleares sobre Hiroshima e Nagasaki coroaram uma ação aniquiladora dos centros sagrados da cultura nipônica. Sob a bandeira da Guerra Fria, foram arrasadas as culturas da Coreia, logo Vietnã, e finalmente Laos e Camboja. Junto à ação desintegradora das invasões eram acrescidas muitas vezes medidas jurídicas e econômicas destinadas a eliminar as tradições religiosas dessas nações, como denunciou Edward Conze[20]. Enquanto o império soviético liquidava em um processo incessante as culturas islâmicas dentro e fora de suas fronteiras, a China comunista fazia o mesmo com a cultura tibetana, erradicando brutalmente os seus templos, seus conhecimentos e suas expressões artísticas até a sua completa extinção. Quando desponta o novo século, a mesma lógica destrutiva conquistou a Chechênia, o Iraque e o Afeganistão, a Somália...

Nenhuma mão visível será detentora desde processo aniquilador. Recobrindo-se sob as bandeiras mais díspares, da mestiçagem cristã ao hibridismo neoliberal, e da modernização capitalista à socialização comunista, acaba revelando a sua natureza mais profunda. Este processo não será interrompido porque as suas condições de realização são as mesmas que constituem a ordem interna da civilização. As suas orgias de sangue e destruição mais cruéis nunca alteraram a sua boa consciência. Ao contrário, hoje é acompanhado por uma vasta campanha acadêmica, museográfica, burocrática e industrial de recuperação, restauração e manipulação do passado. Bibliografias intermináveis e luxuosos catálogos, crônicas jornalísticas, romances históricos, exposições artísticas incontáveis e parques temáticos são testemunhas de uma cultura pós-moderna entregue ao passado, envolvida em descobrimentos daquilo mais remoto, sedenta de testemunhos da antiguidade, embriagada de história. A crítica de Nietzsche à modernidade como uma consciência sem ser, como niilismo e vazio, e seu desmascaramento do *Dasein*[21] como um *Gewesensein*[22], do existente enquanto o que já foi, parece cumprir-se na cultura global de nosso século como um dogma de fé. Por todos os lados, os monumentos do passado reivindicam uma atenção mais intensa que a nossa própria realidade presente. As grandes capitais históricas exibem as suas nobres arquiteturas reconstruídas, velhas ruas pitorescamente restauradas, centros antigos completamente saneados. Os meios de comunicação e a indústria cultural e turística transformam os lugares da memória em objeto universal de culto.

Entre a recuperação do passado enquanto discurso científico, como *Historie*, a sua subsequente banalização como ficção narrativa e *entertainment*, ou a sua manipulação e produção industriais como simulacros da memória e, por outro lado, os reais processos de destruição de culturas, línguas e formas de vida, não somente existe uma relação paradoxal de contiguidade; ambos os processos são cúmplices e complementários. As imagens de um passado museologicamente comodificado[23] conservam a boa consciência do sujeito sem memória. Ocultam, ao mesmo tempo, seu processo real de eliminação.

capítulo 4
SITUAÇÕES

A condição sitiada

I

As três últimas palavras de *Der Process* de Franz Kafka revelam uma situação humana extrema: Joseph K. recebe os dois funcionários que o assassinarão em nome da lei. Recebe-os vestido de preto e com o gesto de quem espera uma visita não anunciada, "enquanto calçava as suas novas luvas brancas". Logo se deixa ser arrastado por esses sujeitos, acotovelando-se e comprimido ombro a ombro pelas ruas de lugar algum. Entre as observações que K. faz ao longo desse último caminho até o seu abatimento final, dois me chamaram a atenção. Primeiramente, atiçado por uma fúria rebelde, K. pergunta aos seus carrascos, a partir de uma distância aristocrática intransponível: "An welchen Theater spielen Sie?" (Em que teatro os senhores atuam?)[1].

Ao longo do romance, K. refuta o princípio sacrificial que constitui a lei. Rebateu a sua culpabilidade contra os seus juízes corruptos, guardiães e sacerdotes. Mas no momento decisivo não opõe resistência a uma vontade que nem ele nem ninguém pode entender, e que nos é imposta com uma violência absurda e impiedosa. Em vez de rebelar-se contra um final que é inevitável, o que K. faz é questionar o espetáculo que não somente o legitima, mas que constitui ontologicamente o poder inerente a seu *logos*. Os burocratas que irão executá-lo e que executarão, ao mesmo tempo, essa consciência final da humanidade não são nada mais que, do seu ponto de vista reflexivo, "atores subalternos" em um mundo construído como uma rede infinita e impenetrável de signos, representações e agentes subalternos.

Joseph K., o sujeito transcendente na era histórica de sua queda, é arrastado violentamente pelos policiais até o lugar de sua execução. Mas os incidentes que se interpõem em seu caminho o fazem conceber uma última alternativa à sua existência ameaçada. O fazem pensar em uma espécie de esperança derradeira. K. diz a si mesmo: "a única coisa que posso fazer agora é conservar... *den ruhig einteilenden Verstand* (o raciocínio analítico sereno)". E logo em seguida, completa: "me consentiram... *mir selber das Notwendige zu sagen* (dizer a mim mesmo aquilo que é necessário)"[2].

Este *logos* da necessidade, o sangrento espírito da história, atravessa ao longo de seu percurso uma série de obstáculos metafísicos e políticos capitais. Um deles é a constituição da lei a partir da culpa e suas metáforas: a perseguição e o horror do ser, a visão sinistra, a tortura, a corrupção dos poderes institucionais e a morte sacrificial. O passo seguinte de Kafka em seus romances é a análise da desintegração humana na sociedade industrial, uma visão dos espaços labirínticos e vazios do poder político, a descrição de homens reduzidos à irrealidade de fantasmas esquecidos no nada e de mulheres transformadas em objeto de humilhação e exploração sexual. Há ainda um momento posterior para considerar nestes parágrafos finais do romance de Kafka que talvez seja o fundamental: a solidão e a angústia da consciência alienada do ser, que ao mesmo tempo é uma consciência dotada de uma distância reflexiva e de uma delicada potência analítica sobre este ser alienado, pervertido e danificado. Um terceiro momento é a angústia e a solidão da consciência rebelde que diz não ao não ser, até o seu último suspiro.

As últimas palavras que Joseph K. pronuncia em seu último suspiro, enquanto os dois funcionários fincam uma faca em seu coração, rodando-a duas vezes, são significativas: "Wie ein Hund!" (Como um cão!).

Wie-ein-Hund define a condição terminal do sujeito histórico e de nossa existência danificada[3].

2

A condição cristã primitiva, programaticamente postulada pela teologia política de Paulo e Agostinho, foi cumprida *urbi et orbi*. Trata-se do confinamento metafísico, eletrônico e geográfico de um indivíduo que rompeu seus vínculos de sangue e espírito com as comunidades históricas dos povos; uma consciência humana não configurada nem a partir de sua memória reflexiva e comunitariamente compartilhada, nem de sua unidade com o cosmo, nem da experiência sagrada do ser, naquele sentido que tinha nas tradições cosmológicas orientais, na espiritualidade judia ou no universo filosófico e mitológico da Grécia. A interioridade pura constituída a partir de uma culpa irracional absoluta, cujo mistério vazio se manteve durante dois milênios sob a custódia impenetrável da luz na razão; um subjetivismo moral que enclausura a sua identidade espiritual em torno à dominação agressiva da natureza: o poder fundado em uma dívida universal, um racionalismo funcionalista e um princípio sagrado de dominação absoluta sublimada em um ideal de interioridade transcendente e pura. Esta constituição espiritual atingiu seu ápice na evolução do tempo histórico.

Não se trata exatamente da *mort de l'homme*[4] porque não está relacionado somente com o marco limitado da crise do paradigma transcendental ou positivista da razão tecnocientífica e instrumental na idade dos genocídios industriais. O problema em questão é a transcendência cristã, a identidade messiânica e sacrificial da alma infinita e de uma construção niilista do ser sob o grande significante do pecado que constitui a nossa humanidade extraviada.

Joseph K. e K., o agrimensor de *O castelo*, foram a reconstrução literária mais perfeita deste ideal cristão de consciência culpável e vazia no momento histórico em que era desmontado internamente. Podem ser lembradas algumas de suas características mais extremas. Os K. de Kafka representam claramente um humano desgarrado de todo vínculo comunitário e que sente muita falta da natureza. Seu signo primordial é a culpa em um sentido radical, agostiniano e luterano da palavra. Representam a consciência da angústia diante da falta de sentido dos discursos e do ser. São a visão de um vazio interno absoluto, no qual não reside a menor esperança. Suas tentativas reiteradas de integrar-se em um sistema cuja lei e cujo poder são transcendentes terminam fracassando fatalmente porque as suas mediações desconstrutivas e barreiras burocráticas são atravessadas por uma energia espiritual negativa, cuja última consequência é a aniquilação cognitiva da consciência, e sua dissolução moral e psicológica. Mas os K. de Kafka são também existências rebeldes que resistem a este destino apocalíptico, porque desde o princípio o reconhecem como uma profecia niilista e também falsa em seus fundamentos metafísicos e comunitários, embora ela não o seja em relação às consequências nefastas do seu engano. E como reconhecem a sua falsidade e resistem contra ela, buscam desesperadamente uma reconstituição da natureza e da comunidade perdidas. Mesmo que sempre acabem fracassando completamente. Todos estes K. de Kafka, que somos nós, tentam encontrar um último refúgio de seu ser dividido em um princípio profundo do feminino, associado às forças espirituais da criação, com uma sabedoria ancestral ligada à sobrevivência e com a resistência da vida ao poder da morte, apesar de todos estes K. acabarem naufragando nas águas desta aspiração final.

O individualismo niilista moderno não é somente a síntese da ruptura de São Paulo com a comunidade da lei, as memórias do sagrado e a violência moral de Santo Agostinho contra o corpo, a sexualidade, a natureza e o ser. O individualismo niilista moderno ou pós-moderno não é somente a expressão simples da subversão cristã do ser. Tampouco somos somente os K. de Kafka.

3
Também podemos considerar cumprida a expressão secularizada deste niilismo moral e metafísico da culpa em sua reformulação racional *more geometrico*[5]. Todos nós também somos consciências cartesianas. É preciso fazer uma observação importante a este respeito. Este *Je pense* cartesiano não foi somente sujeito de um discurso nem somente o eu constituído em um sistema semiótico que rege a sorte humana. Como demonstrado primeiramente por Hegel em sua fenomenologia da consciência racional e Freud em sua dinâmica da repressão ins-

tintiva, esse Eu é o produto final de um processo existencial de ascese[6] e negação das capacidades intelectuais e criativas da existência humana. O sujeito racional construído *more geometrico* por Descartes é o resultado da debilitação de seus sentidos, da paralisia de sua memória, da desativação da imaginação e da suspensão de sua capacidade reflexiva. Este *Je* paradigmaticamente moderno é a identidade tautológica de uma inteligência sistêmica como em um Eu que ao longo de seu processo de iniciação lógica e burocrática descarta primeiramente a sua memória e logo anula a sua imaginação, para desativar logo em seguida a sua natureza interna corpórea e reduzir finalmente a própria função da consciência à ação linguística minimalista de um enunciado tautológico: "cogito ergo sum"[7] – princípio constituinte da consciência vazia.

No mais, esta construção clara do sujeito lógico não é uma invenção cartesiana. Deve ser considerada como o resultado de uma longa genealogia da consciência mística cristã a partir do princípio moral da culpa e das práticas físicas da mortificação, dissolução de todos os vínculos intelectuais, sentimentais e sexuais com a comunidade, a natureza e o cosmo, e da negação sacrificial da própria existência: até a constituição geométrica e linguística de um vazio "castelo interior", por sua vez uma falsificação de seu sentido espiritual originário da cabala ibérica. A mesma constituição iniciática deste sujeito racional e ascético foi institucionalizada pelos "exercícios espirituais" de Ignácio de Loyola, nos quais a humilhação moral, a mutilação sensorial e a subordinação intelectual erguem, sob a primazia política da obediência absoluta, o poder sagrado do sujeito intelectual moderno.

O *Discours de la méthode* ainda conserva algo desses relatos místicos. Seu "Je pense", cujas aventuras e viagens este tratado descreve extensamente com um tom patético, somente se cristaliza em sua pureza sublime depois de uma iniciação longa e penosa, em cujo ápice concebe a representação intelectual de um Deus absoluto a partir de uma identidade lógica postulada do pensamento e do ser. Fazendo um giro que segue os passos dos rituais fundacionais da alma e da autoridade absolutas de Loyola, o discurso do método deve então tomar partido a favor do autodesprezo, aceitar a ansiedade que acompanha a delusão do existente e submeter-se por igual ao despojamento dos sentidos e à abdução do corpo; deve ser mortificado, além disso, com a dúvida absoluta sobre o arrependimento de seus "incontáveis erros" do passado, que também devem ser corrigidos pela razão transcendental.

Esta identidade racional, que na história da filosofia moderna se estende até Husserl e seus últimos discípulos, assume também a obediência absoluta às leis estabelecidas e aos dogmas da doutrina cristã da Igreja, que o filósofo aprendeu no colégio de jesuítas de La Flèche. Mas as aventuras desse *Je* não acabam por aqui. Depois de um enredo literário dramático, o filósofo manifesta fatalmente, sob a figura retórica do caminhante solitário que desaparece na frondosidade de um bosque – outra metáfora iniciática –, sua vontade firme de levar até "o fim" o processo de redução semiótica da realidade, e de converter-se em espectador de um mundo construído como unidade intelectual abstrata, em vez de ator imerso nas contingências do existente[8]. Somente quando for cumprida a redução semiótica do mundo a uma realidade de aparências, e de sua experiência a um princípio silogístico de identidade, pode-se instaurar então o sujeito moderno.

Samuel Beckett está para este subjetivismo racionalista de Descartes, assim como Kafka está para a doutrina da culpa de Agostinho. Uma de suas personagens literárias, Molloy, este também um herói errante, encontra-se perdido em um bosque do qual não pode sair, o mesmo que o *Je pense* de Descartes. Molloy é, além disso, um corpo desmembrado e sem órgãos, exceto aqueles mínimos instrumentos que lhe servem para se arrastar pelo chão. Como todas as personagens literárias de Beckett, comporta-se como um sujeito racional puro que se desloca pelo espaço sem atributos. Seus movimentos físicos são torpes e desolados, no momento em que seus volumes corpóreos não se encontram simplesmente retidos dentro de cápsulas incomunicadas fora de toda constelação social reconhecível. Esta incorporeidade também é cartesiana. Um princípio radical de incerteza atravessa todos os seus atos e todos os seus pensamentos. E como o *Je* cartesiano, Molloy também ignora o seu lugar no tempo e no espaço. O protagonista de Beckett nem sequer consegue identificar onde morava a sua mãe e onde se encontrava a origem de seu ser. Mas isso não o impede de executar uma *ars combinatoria* simplíssima, que consistia na passagem de três ou quatro pedras de um bolso ao outro de suas calças esfarrapadas. É mais uma de suas funções racionais cartesianas[9].

4

Não se trata da "morte do humano". A agonia existencial desesperada descrita por Kafka estava atravessada, ao mesmo tempo, por uma rebeldia profunda contra esta morte. Sua concepção da vida, da sociedade e do poder, sua visão da humanidade (*Menschentum*) era conflitiva, dinâmica e dialética. Em nenhum caso caía na repetição positivista da evaporação histórica de um sujeito racional moderno que, de todo modo, em Descartes, Kant ou Husserl, já havia nascido morto: como sujeito vazio do *logos* da dominação universal, do verbo ascético e de uma concepção sacrificial do poder de uma razão instrumental. O que se encontra no pensamento de Kafka, e o que está ausente nos paradoxos de Borges ou na interpretação positivista da ilustração instaurada por Foucault, é uma espiritualidade que tem muito pouco a ver com o *Je* de Descartes ou a unidade transcendental da apercepção que constitui a *Selbstbewusstsein*[10] de Kant. As duas grandes metáforas explícitas que seus romances revelam são a lei e o castelo. Na tradição judia, estes são os símbolos de uma força espiritual que emana, respectivamente, da comunidade histórica, de suas memórias orais e escritas. Na cabala, o castelo simboliza o poder supremo do divino. De um ponto de vista histórico, foram estes, e não a filosofia transcendental de Kant ou o positivismo francês, os grandes fundamentos espirituais do humanismo moderno que definiram a filosofia de Judá Abravanel, a poética de um Miguel de Cervantes ou a cosmologia de Giordano Bruno. A visão de Kafka é radical precisamente porque propõe a crise moderna a partir deste horizonte histórico profundo.

Por outro lado, a "morte do humano" e os subsequentes pós-humanismos e pós-narrativas que ela desencadeou não somente nos liberaram ambiguamente de uma razão humanista. Sua propagação através da indústria cultural e da máquina acadêmica acabou nos separando na qualidade de *collateral damage*[11] das filosofias republicanas e revolucionárias, do *ethos* anticolonial, e de todos aqueles momentos éticos e educativos que, para intelectuais como Jean-Jacques Rousseau ou Ralph W. Emerson, tinham um significado, sobretudo, a crítica do absolutismo, o rechaço das tutelas eclesiásticas e a celebração das expressões mais sublimes da inteligência humana. A propaganda escolástica da morte do humano e de todas as outras defunções sucedâneas da arte à filosofia e da poesia à política, foi cúmplice ativo e passivo de outra ordem mais contundente. Quando Filippo Tommaso Marinetti lançou pela primeira vez este *slogan* às portas da Primeira Guerra Mundial, o seu significado político estava explícito e ostensível: tratava-se da eliminação dos últimos obstáculos morais e políticos que pudessem erguer qualquer forma de resistência intelectual ou artística ao avanço da indústria pesada, ao poder absoluto do aparelho totalitário do Estado, ao destino fatal do desenvolvimento armamentista e à expansão da máquina colonial genocida. Somente hoje podemos compreender o alcance de sua proclamação da morte do homem no "Manifesto estético" do futurismo: "Glória às cinzas irredentas do homem, que retornam à vida nos canhões"[12].

A questão não é a morte do humano, mas a existência danificada. Uma existência biológica, política e mediaticamente manipulada, hibridizada, torturada. Esta é também a dimensão intelectual da análise da alienação (*Entfremdung*) e do delírio (*Verrücktheit*) expostos por, entre outros, Beckett e Kafka. São estas obras, como entendidas por Adorno ou Anders, as que revelam os momentos mais profundos das crises humanas geradas pelas sucessivas catástrofes civilizatórias de nosso tempo histórico.

Três sonhos

26 de maio de 2001

... Estou em um escritório em Manhattan. Espaço de dimensões amplas e anonimato hipermoderno. Com uma ampla vista sobre os arranha-céus circundantes do distrito financeiro. É a hora de saída, e meus colegas parecem estar febrilmente concentrados em seu trabalho. O ambiente é tenso. Alguém anuncia a explosão de uma bomba atômica. Ou talvez a notícia ressoa no espaço através dos megafones. O incidente não aconteceu aqui, porque a bomba não danificou o edifício em que estou, e das janelas não se vê nenhum sinal que pudesse indicar a proximidade de uma catástrofe. Sei que sou um sobrevivente. Mas ninguém dá sinais de reconhecer a situação de emergência que supõe uma explosão dessas características. Sente-se um silêncio tenso. Parece evidente que a explosão aconteceu em uma área próxima em termos relativos. Sinto-me profundamente inquieto. Não tenho, entretanto, nenhuma certeza. Me pergunto se é real aquilo que estou vivendo. Mas ninguém reage. O que fazer? Ou que medidas tomar para proteger-me da radiação? Tenho uma sensação de aturdimento. Estou consciente da gravidade da situação e sinto uma necessidade urgente de dizer algo a alguém. E, no entanto, me sinto incapaz de comunicar o meu estado de ansiedade a nenhum dos indivíduos circundantes.

Homens e mulheres percorrem o espaço como se nada estivesse acontecendo. Essa indiferença me faz sentir o meu isolamento de forma mais intensa, o que aumenta ainda mais a minha ansiedade e me paralisa. De súbito aparece um rosto conhecido. Alguém com quem devo ter tido alguma relação profissional dentro das normas de impessoalidade e indiferença próprias de uma universidade corporativa. Ela me apressava para sair com um gesto visivelmente nervoso, e me lembra sobre um encontro para um almoço de negócios sobre o qual eu deveria estar previamente avisado. A mistura de despreocupação de suas palavras com a sua agitação visível por conta do atraso exacerba a minha insegurança. Decido seguir mecanicamente seus passos até o elevador.

28 de maio de 2001

Estou na plateia de um teatro com uma colega que não conheço. O edifício é um arranha-céu pós-moderno, cujo pátio interno abre-se diagonalmente à avenida transformando-se em fachada e delimita o espaço triangular de um *lobby* suficientemente amplo para dispor de um cenário e várias fileiras de poltronas em um dos lados. Pelos corredores e no assoalho entram e saem pessoas em direções aparentemente absurdas. Esta ambiguidade de um espaço ao mesmo tempo interno e externo, e o movimento browniano dos indivíduos me causa ansiedade. Não sei realmente por que vim, nem posso imaginar que estes subalternos que se deslocam pelos corredores sejam espectadores da obra que se está representando ou representará. Também não sei por que razão estou sentado junto a essa pessoa que está ao meu lado. O cenário não é exatamente um cenário. É a extensão do plano da parede do pátio interno que se incorpora como falsa fachada. Este cenário se reduz a uma plataforma. Está completamente vazio. Entretanto, os seis ou sete espectadores que posso contar nas fileiras de poltronas mantêm uma atitude atenta e inclusive tensa, como se a representação já tivesse começado ou estivesse a ponto de começar de forma iminente. Passaram-se longos minutos neste estado de tensão. Talvez quinze minutos. Talvez mais. E não acontece nada. Esta espera começa a deixar-me impaciente. Estou visivelmente nervoso e quero fazer algo. Me pergunto se eu deveria levantar-me neste mesmo instante e sair do recinto do *lobby*. Mas não quero fazê-lo sem antes manifestar o meu protesto. Na realidade não posso conter o desejo de expressar a minha discórdia. Levanto a voz. Em um momento dado, exclamo em voz alta, de modo que todos possam me ouvir: "Aqui não há nada para ver! Isto é um absurdo!" Minhas palavras ressoam no vazio de um espaço que parece não ter limites. Certamente a minha reação impulsiva é excessiva. Talvez inclusive possa ser percebida como agressiva. Este sentimento intensifica ainda mais o meu estado de ansiedade. Sinto-me realmente perturbado. Neste mesmo instante, um homem de meia idade e aspecto indeterminado, mas que representa um grau relativamente alto na escala corporativa, gira-se em minha direção com um olhar inexpressivo. "Faça o favor de não interromper a representação, sir!" exclama com um gesto de superioridade. "Estamos diante de uma obra transcendental. É a representação do nada." Mais ou menos são essas as suas palavras.

5 de março de 2005

Chego a uma zona urbana industrial. Tudo parece devastado. Talvez sejam as ruínas do centro velho da cidade de que já não posso lembrar. Na verdade não sei onde estou. As imagens que sou capaz de discernir são desfocadas. Há viadutos elevados e grandes massas arquitetônicas em ruínas. As tonalidades dominantes são cinzas e ocres. Poderia ser Tóquio depois dos bombardeios. Mas grupos de feridos deambulam como uma massa densa e caótica que me lembra as aglomerações impenetráveis dos bairros centrais de Délhi. Por todos os lados, escombros, fumaça e mortos. Poderia também ser Bagdá, Grozny, Cabul... Percorro os descampados em um automóvel sem nenhum propósito aparente. Não sei onde estou nem por que vim. Creio que acompanho a mulher que dirige o volante e que percorremos vagarosamente as ruas em busca de alguma coisa. Ela é jovem, tem olhos asiáticos e sua presença é atraente. Mas não tenho nenhuma relação definida com ela e na realidade nem a conheço. Simplesmente estou sentado ao seu lado. Há cadáveres mutilados sobre os escombros. Corpos agonizantes como se tivessem sofrido uma explosão por ataques militares ou terroristas. Não é horror o que eu sinto. Meu estado pode ser mais bem definido com a palavra estupefação. Não sei o que sou, nem onde estou, nem para onde me leva a mulher que dirige o automóvel, à qual tampouco posso reconhecer. De certo modo me sinto protegido no automóvel blindado. Mas a perturbação me atordoa e experimento um estado que beira a alucinação. Ela descreve friamente as situações e os lugares que encontramos no nosso caminho com a expressão de dureza profunda que a sensualidade de suas feições enaltece. Os corpos mutilados dos sobreviventes se desfazem como se tivessem em seu interior um parasita que os devorasse lentamente. Nem no rosto, nem na voz da moça percebo a menor expressão de dor. Parece estar esperando alguma coisa pior nos dias que virão. Não sei aonde ela me leva. Talvez eu faça parte de um grupo de refugiados. Ou seja jornalista. Os sobreviventes se arrastam como cães entre os escombros. Entretanto, seus movimentos são rotineiros, como se a paisagem de escombros fosse algo familiar que não lhes produzisse nenhum assombro. Poderiam ser cidadãos normais que se dirigem ao trabalho depois da catástrofe. Todos sabem que estão contaminados por algo, talvez uma substância química ou uma bactéria de laboratório e que suas vidas acabarão em breve...

O Leviatã nuclear

I

É paradoxal que o projeto da primeira bomba nuclear fosse realizado intelectualmente dentro de um grupo de cientistas persuadidos a produzir a última e a única arma que poderia acabar com o sistema militar e industrial nacional-socialista. É paradoxal o seu convencimento em criar a única e última arma que poderia salvar os valores humanistas universais representados pela ciência moderna. O aparato imperialista do nazismo acabava legitimando, em nome deste humanismo científico, um instrumento de aniquilação total da humanidade e também das novas formas de totalitarismo que ele engendrava, por conta de sua própria natureza técnica.

Também é paradoxal que fosse precisamente Albert Einstein que comunicasse, em uma carta pessoal ao presidente Roosevelt, a urgência de produzir uma bomba de fissão nuclear, com a consciência de não saber quais seriam as consequências que a sua radiação poderia ter para a sobrevivência humana[13]. Paradoxal porque, até 1934, Einstein havia sido um intelectual pacifista que unia o sentido ético da ciência moderna à condenação dos patriotismos e políticas armamentistas. E também porque em vários artigos políticos ele tinha advertido, como ninguém o havia feito anteriormente, sobre o perigo que as tecnologias avançadas de destruição e as corporações industriais geradas à sua volta pudessem cristalizar financeira, ideológica e politicamente em um novo imperialismo[14].

A biografia do esquecido Joseph Rotblat revela este mesmo conflito intelectual em um âmbito institucional. Rotblat era físico nuclear e professor na Universidade de Varsóvia. No começo de 1939, fugiu no último trem que saía da Polônia no início de sua ocupação militar. Sua esposa, com quem deveria encontrar-se um dia mais tarde, desapareceu em mãos do exército nazista. No mesmo ano, em Liverpool, Rotblat realizou o primeiro experimento de fissão nuclear com o qual demonstrava a possibilidade técnica da nova bomba. Mais tarde, os governos da Inglaterra e Estados Unidos uniram esforços para a sua produção industrial no *Manhattan District Project*. Em 1944, Rotblat se encontrava em Los Álamos, na etapa final de seu desenvolvimento.

Seu temor ainda era de que o aparato industrial e militar do nacional-socialismo pudesse ser feito com a nova arma. "Precisávamos da bomba para evitar o seu uso", afirmou mais tarde[15]. Porém, após poucos meses trabalhando em Los Álamos, descobriu que a Alemanha não realizava e nem se propunha a produção de uma bomba nuclear. Esta suspeita havia sido promovida pela administração norte-americana para impulsionar a corrida tecnológica de sua produção. E esta nem era a questão principal. No final de 1944, a Alemanha estava militarmente derrotada. O que restava era ver a sua devastação terminal. Rotblat compreendeu que a nova arma genocida, mais implacável que os exércitos do nacional-socialismo, poderia converter-se em um instrumento imperialista em si mesma. Progressivamente revelava-se que o seu objetivo real não era a Alemanha, nem sequer o Japão, também devastado pelos *zone bombings*, mas a União Soviética.

Este giro do *Manhattan Project* somente era uma surpresa para seus engenheiros. É provável que seus executivos militares já tivessem concebido este objetivo em 1939. Era, de todo modo, inquestionável que, depois de destruído o poder nacional-socialista, o comunismo constituía um perigo ainda maior, tendo em vista que o seu internacionalismo revolucionário impugnava os fundamentos jurídicos e éticos da democracia capitalista da América e erguia uma poderosa barreira moral e política à sua vontade de expansão.

Entretanto, não é este o problema principal. Importante é revelar a disjunção radical que a nova situação engendrava para a consciência do cientista e para a ciência moderna. O genocídio nuclear de Hiroshima e Nagasaki havia dividido e rescindido a unidade de conhecimento, produtividade econômica e soberania humana: o valor supremo da ciência moderna desde a *Instauratio magna* de Francis Bacon. Uma revolução radical paradigmática acabava de ocorrer. O significado sagrado da emancipação por meio da ciência era trocado agora por uma angústia histórica e consciência de culpa do cientista. "Os físicos que contribuíram para a criação da arma mais formidável e perigosa também estão atormentados por um sentimento de responsabilidade, para não dizer culpa", pronunciou o próprio Einstein no aniversário de Alfred Nobel, celebrado em Nova York quatro meses depois do lançamento das bombas. E adicionou: "O temor cresceu espantosamente desde o final da guerra"[16].

2

A realização do *Manhattan Project* atravessou uma série de etapas técnicas e administrativas entre a sua primeira formulação conceitual e sua definitiva utilização militar. Seus pioneiros, Frédéric Joliot, Enrico Fermi e Leo Szilard, usufruíam o privilégio de uma distância intelectual em relação ao projeto militar da bomba. Essa distância lhes permitia um olhar reflexivo sobre as suas consequências. No caso de Szilard abriu inclusive a possibilidade de levar a cabo uma resistência política contra seus próprios resultados, a partir da consciência reflexiva da ciência. Mas a situação institucional dos engenheiros que, em uma etapa subsequente, mediaram intelectualmente entre as categorias experimentais da fissão nuclear e as tecnologias industriais de produção de uma "practical military weapon"[17] era muito diferente. Sua subordinação obrigatória à disciplina e à jurisdição militares já não deixava espaço para a articulação de uma consciência independente. A reflexão do cientista podia e pode estar confinada, no melhor dos casos, ao âmbito de uma moral privada e nas comunicações científicas departamentalizadas. Na pior das consequências, o conflito entre a sua consciência moral e a administração militar-industrial derivava em um delito disciplinar ou em um crime de Estado[18].

Rotblat foi um dos cientistas destacados nesta segunda etapa de produção da bomba. Ante o programa de sua realização, a sua atitude ética tinha sido transparente. A brutalidade militar do totalitarismo nacional-socialista legitimava o projeto de uma arma total. Mas quando se revelou o objetivo genocida real de sua execução, Rotblat decidiu declinar de sua participação. Sua decisão exemplar revela, de todo modo, uma situação institucional confusa. Rotblat buscou deter um projeto científico cujos fins militares derradeiros ele não podia controlar nem justificar, mas a única alternativa real ao seu alcance era a deserção. Esta é a segunda figura de dissociação da ciência moderna: a sua deserção de si mesma, última possibilidade de defender uma autonomia moral com o custo de sua degradação institucional ou de sua criminalização política.

O formalismo epistemológico e a departamentalização acadêmica impedem hoje a reflexão sobre esse conflito entre teoria e práxis tecnocientífica, que percorre a crise do pensamento moderno do século 20 desde a fenomenologia até a teoria crítica. O decreto subsequente do último dos grandes discursos exerceu a função complementar de enterrar a memória dessa tradição reflexiva. Isso se dá em nome de um conceito neoliberal de progresso que coincide com o *laissez faire* de uma ciência neofuturista com a emancipação neossurrealista do sujeito pós-humano. Os códigos de disciplina profissional corporativa outorgam finalmente a essa ruptura da consciência científica o título de segunda natureza. Esta é a última consequência do conflito inaugurado pela criação da primeira bomba nuclear.

Porém, ainda existiu uma terceira etapa de definição estritamente administrativa na história do *Manhattan Project*. Esta nova constelação foi representada por Robert Oppenheimer, seu diretor executivo, o cientista identificado abertamente com a lógica militar e administrador de tecnologias letais livre de qualquer tipo de consciência sobre a catástrofe humana e ecológica que suas decisões pudessem engendrar. Oppenheimer é o protótipo do sujeito moderno que administra funcionalmente o significado produtivo da tecnociência. Identificado com o poder militar e estatal que a conduz, a sua premissa moral é a indiferença mais completa em relação às suas consequências ecológicas e humanas. Foi atribuído a ele o comentário "Brighter than a thousand suns", enquanto contemplava a primeira explosão nuclear experimental realizada no Novo México. Tratava-se de uma metáfora com a qual o *Bhagavad Gita* descreve o poder do deus Krishna, mais brilhante que mil sóis. Real ou atribuída, esta frase e a ocasião na qual foi citada revelam duas características básicas da administração da guerra nuclear: a sua exaltação como poder sublime da ciência e o delírio paranoico de uma dominação cósmica que necessariamente o acompanha. O reverso deste delírio também foi exposto por Oppenheimer, de acordo com o testemunho de Rotblat, em uma carta a Fermi: "Creio que não deveríamos executar um plano a não ser que possamos envenenar comida suficiente para matar meio milhão de pessoas"[19].

Sob o princípio dessa frieza epistemologicamente sancionada, a produção industrial e militar das primeiras bombas nucleares não se distingue da racionalidade que definia a pesquisa fisiológica nos campos de extermínio nacional-socialistas ou da subsequente guerra biológica contra a população indígena e o ecossistema da Amazônia, administrada pelas corporações transnacionais da indústria química, alimentária e petrolífera. Estes dois últimos exemplos são relevantes como paradigmas fundamentais do progresso tecnocientífico moderno ou pós-moderno.

Finalmente é necessário lembrar um quarto estado do *Manhattan Project*: a grande massa de trabalhadores técnicos distribuídos nas escalas médias e inferiores de seu processo de produção. É o último escalão da tecnociência no qual a sua subordinação a interesses financeiros e políticos opacos, sua departamentalização e fragmentação institucionais, seu cinismo administrativo, sua quarentena social e sua perfeita irresponsabilidade moral adquirem um grau lógica e logisticamente exemplar, tratando-se seja de bombas nucleares, seja de experimentos de crescimento econômico de efeitos sociais devastadores. O mesmo paradigma entre uma ciência incapaz de assumir reflexivamente o conflito entre seu próprio desenvolvimento e os interesses corporativos ou militares que o financiam se revela nos problemas derivados do aquecimento global ou na destruição de sistemas de produção agrícola local sob os efeitos da implantação de espécies geneticamente manipuladas[20].

Estas etapas virtuais da tecnociência pós-humana designam outras tantas facetas de uma consciência científica dividida entre seu poder tecnológico e seu significado metafísico, ecológico e humano. Uma esquizofrenia normalizada de forma institucional sob a bandeira da desconstrução científica em microssaberes autônomos, paradigmas híbridos e sujeitos parciais de um campo de pesquisa que integra, sob a bandeira de uma ciência integralmente irresponsável e despolitizada, os laboratórios universitários, a administração política e um sistema industrial complexo que não distingue o civil do militar. Menciono este rosto oculto dos pioneiros da guerra nuclear como sintoma de uma consciência institucionalmente fraturada e civilizacionalmente cega. Robert Jungk escreveu: "... a indústria atômica, uma biologia que ataca a natureza, a psicologia pragmática, todas elas abandonaram a verdade e se converteram em instrumentos da escravidão..."[21].

Também nesse sentido Einstein foi um pioneiro. Nos anos seguintes à destruição de Hiroshima e Nagasaki não deixou de distanciar-se do projeto nuclear e de recusar a sua culpabilidade com uma distinção entre ciência pura e engenharia, que a sua própria carta a Roosevelt desmentia ostensivamente: "Eu somente achava que era teoricamente possível. [...] Eu não trabalho nesse campo"[22]. Com essa separação, anunciava-se uma nova era pós-antropocêntrica da ciência. E um conceito desumano de progresso tecnoindustrial.

3

Em sua utopia *Nova Atlantis*, Bacon identificou a acumulação científica e a soberania humana que constituem o conceito moderno de progresso. A redefinição posterior desse progresso linear a partir de uma perspectiva dialética e revolucionária ou no horizonte das descontinuidades e rupturas paradigmáticas da história das ciências não afetou substancialmente os valores ligados a esta figura histórica do conhecimento. O pós-modernismo chegou inclusive mais longe. A crise da epistemologia científica, na era da guerra nuclear e do aquecimento global, seria o resultado de um conflito entre seus fins emancipatórios e as estratégias do complexo militar e industrial. A eficiência técnica e as políticas de *research funding*[23] seriam as próteses pragmáticas sobrepostas às epistemes científicas puras e seus jogos formais autoproclamados liberadores. Constituiriam uma tectônica axiomática não estrutural, algo como um arcabouço que poderia subverter a liberdade intrínseca à episteme científica através dos caminhos tortuosos de burocracias cegas e interesses conspícuos, mas que não afetam a sua constituição transcendental pura. Muito menos questionam a sua responsabilidade histórica. Na medida em que se descontava o caráter extrínseco dessa subordinação institucional das ciências à produtividade econômica e seu controle político ou militar, o problema de desenvolvimentos científicos de consequências devastadoras poderia ser resolvido confortavelmente através de uma estratégia de performatização transparente de suas premissas conceituais e seus objetivos institucionais. O que na prática significa subsumir a representação das estratégias científicas aos códigos de honra daquilo politicamente correto e elevá-las ao mesmo tempo às dimensões hiper-realistas do espetáculo. Por exemplo: performatizar a defesa feminista do direito ao aborto como instrução administrativa para legitimar e ocultar a prática de manipulação do genoma pós-humano[24].

O conceito de "crise das ciências europeias" com o qual Husserl revelou a sua perda de "significação vital" era, contudo, mais radical. Assim como a racionalidade numérica da economia capitalista tendia a esvaziar ética, estética e espiritualmente o sujeito histórico que a tinha fundado, e consequentemente a própria sociedade industrial, igualmente o predomínio da objetividade científica e de suas conotações pragmáticas havia dissolvido a filosofia em um utilitarismo cegado ante as últimas consequências humanas. A episteme científica tinha se afastado irreversivelmente das perguntas sobre o sentido da existência. Ainda mais: a dissolução positivista da filosofia como interrogação sobre a existência e a história anunciava, de acordo com Husserl, a eliminação do sujeito e a desaparição da humanidade (*Menschentum*)[25].

Na dimensão vitalista desta consciência de crise não é difícil ouvir um eco da crítica do niilismo científico de Nietzsche. Também pode ser percebido aquele "mal-estar na cultura" que invade todo o panorama literário, intelectual e artístico do século 20. É aquele esvaziamento e desdobramento da razão científica que se manifestou primeiramente nos termos de uma crise vitalista da personalidade nervosa de nosso tempo (Georg Simmel) e, no final do mesmo século, se expressou como angústia em face das consequências biocidas de sua expansão global (Vandana Shiva).

Mas esta crise de legitimidade das ciências de modo algum pode ser reduzida a uma dimensão externa a suas categorias lógicas e epistemológicas, embora efetivamente tenha sido a sua colaboração "extrínseca" o que as tivesse questionado de forma mais evidente. Os campos de extermínio nacional-socialista, sua fundação teórica e técnica da guerra nuclear ou a sua cumplicidade com as estratégias industriais de destruição biológica das florestas tropicais no Vietnã ou Colômbia são algumas demonstrações disso. Entretanto, essa crise afeta sua constituição institucional como "ciência pura".

A denúncia do niilismo metafísico constitutivo da ciência moderna elaborada por Nietzsche desempenha nesta revisão um papel central. Essa querela trazia à tona em primeiro lugar o conceito de um conhecimento científico desligado da esfera dos interesses econômicos e poderes políticos, sustentado como ilusão, de Descartes a Kant. É, ao contrário, a pretensão de espólio e domínio territorial, o desejo de juntar riquezas e submeter povos inteiros que acabou impulsionando esta ciência, e o que esta ciência ocultou sob as suas semiologias formalizadas e seu princípio abstrato de universalidade. Porém Nietzsche não somente revelou esta vontade de possessão e poder inerente à estrutura epistemológica da tecnociência moderna, mas também criticou a depreciação metafísica da vida que isso engendra. Por isso condenou a moral ascética de renúncia que tinha levado esta episteme científica à eliminação de todas as expressões artísticas e intelectuais que tinham garantido a dignidade do humano e a harmonia do ser no passado. Nietzsche questionou uma revolução "copernicana" e uma "administração científica integral da Terra", conclamadas a reduzir a humanidade a uma máquina de engrenagens cada vez menores. Desmascarou o "instinto de autodestruição" e a "vontade do nada" que atravessava a constituição epistemológica da ciência moderna: "Wille zur Selbstverkleinerung" e "Willen ins Nicht"[26]. E sentenciou-a como culpável de uma modernidade estruturalmente identificada com a decadência[27].

A tensão intelectual das biografias científicas de Einstein, Rotblat ou Szilard, entre muitos outros, estabelece o limite claro e extremo que alcançou este "instinto de destruição" e a "vontade do nada". O projeto científico da bomba nuclear lança o conhecimento a um futuro humana e politicamente perigoso. Quando estes cientistas tentaram recuperar os valores perdidos da humanidade (*Menschentum*) ante as últimas consequências genocidas da tecnociência que representavam, era muito tarde. Poderiam reivindicar em último caso uma liberdade humana aleatória. Mas isso somente significava um final feliz forçado nas retóricas de uso interno daqueles mesmos laboratórios que alimentavam a indústria nuclear como instrumento de supremacia global e destruição ecológica universal. Em nome dessa ciência nem podia ser formulado consistentemente um retorno à razão prática de Kant: como sempre, os precários vínculos lógicos entre razão científica e práxis moral tinham se dissolvido de forma irreversível.

Esta crise adquiriu características ainda mais dramáticas na visão lançada por Freud sobre uma ciência a serviço dos instintos agressivos da dominação da natureza. Uma ciência que parecia estar destinada a realizar as fantasias narcisistas de onipotência do sujeito moderno tendo como resultado a dissolução interna do social. Na visão histórica de Freud contemplava-se assim a possibilidade de uma confluência de instintos destrutivos, uma dominação científica agressiva da natureza e fantasias narcisistas de um poder megalomaníaco que tinha chegado ao limite de um colapso biológico e cósmico[28]. Ou seja, o que Nietzsche somente tinha formulado como a metáfora de uma vontade do nada adquiriu, à luz da última guerra mundial, as dimensões de uma máquina de extermínio humano e biológico real que não parou de desenvolver novas armas nem de gerar novos conflitos.

Há um último aspecto da crise das ciências modernas que Nietzsche também apontou e que continua sendo relevante no dia de hoje: os limites de sua secularização. Deus morreu, as novas epistemologias eliminaram os princípios dogmáticos que impediam o desenvolvimento das ciências humanas, da arte e da ciência. Uma razão secular transformou o sujeito racional em princípio soberano que constituía a ordem industrial do planeta. Entretanto, dominam o mesmo princípio de negação ascética da vida, os mesmos ideais negativos da culpa, renúncia e obediência. A desvalorização da natureza e a submissão do ser que distinguem a moral sacerdotal cristã são na realidade mais eficazes sob o princípio secular da razão tecnocientífica do que poderiam sê-lo dentro da metafísica escolástica. Inclusive aquela inocência e irresponsabilidade inquestionáveis que a Igreja cristã transformou em prerrogativa de um sacerdócio, que ao mesmo tempo impunha *urbi et orbi* a cultura da culpa, permite hoje a qualquer pessoa a isenção de toda consciência reflexiva e de toda responsabilidade histórica sempre que invoque a seu favor o nome sagrado da ciência.

4

Leo Szilard, um dos cientistas pioneiros do *Manhattan Project* e que em sua etapa final se opôs a seu desenvolvimento para transformar-se mais tarde em um dos opositores mais ativos da proliferação nuclear, escreveu em um de seus manifestos, em 1947: "Sou um cientista, e a ciência, que criou a bomba e confrontou o mundo com um problema, não tem solução para esse problema"[29]. Mas se a ciência não podia propor uma solução ao dilema criado por ela, quem poderia fazê-lo?

A resistência às consequências genocidas da tecnociência moderna ocorreram, de fato, fora dos laboratórios. No caso das bombas nucleares sobre o Japão, produziu-se precisamente no último elo da cadeia de sua execução militar. Foi a ordem executiva final do lançamento dessas bombas que provocou uma reflexão moral, uma lucidez intelectual e a expressão mais elevada de dignidade humana. Esse momento febril dentro da crise da consciência do século 20 foi precisamente ocultado. É o "caso Eatherly".

O major Claude R. Eatherly foi o piloto do Air Force 509th Composite Group que havia executado as campanhas de bombardeio massivo sobre as cidades do Japão e que, em 1945, foi selecionado, juntamente a outros cinco oficiais de elite, para a "missão histórica" do lançamento da primeira Bomba A. No dia 6 de agosto, Eatherly dirigiu o Straight Flush sobre Hiroshima, com o objetivo de examinar as suas condições de visibilidade. Ele deu a ordem ao tenente-coronel Paul Tibbets para o lançamento da bomba sobre aquela cidade, com um balanço de 92 mil humanos exterminados, uma maioria de civis e dezenas de milhares de vítimas fatais por conta do efeito da radiação nuclear. Em seguida realizou uma série de voos de reconhecimento sobre a cidade devastada para medir o alcance da destruição. Três dias depois repetiu-se o mesmo ritual sobre a cidade de Nagasaki.

Para os seus companheiros e para a Força Aérea, Eatherly era um herói e recebeu as distinções correspondentes. Sua vida, entretanto, foi abatida depois de conhecer os efeitos de sua ação. Em 1947 foi expulso da Força Aérea por "comportamento inadequado". Em 1950 teve que ser internado em um hospital militar por conta de uma crise nervosa aguda. Nos anos seguintes sua situação somente se agravou. Eatherly foi preso por uma série de crimes menores, nos quais se repetiam sinais de perturbação mental e pelos quais, entretanto, foi sentenciado à prisão. Durante esses anos, tinha participado de encontros e organizações pacifistas, cuja vontade explícita era impedir o desenvolvimento e disseminação das tecnologias nucleares. Finalmente foi internado de forma indefinida em uma ala de alta segurança do hospital psiquiátrico de Waco, no Texas.

Em junho de 1959, o filósofo Günther Anders iniciou um intercâmbio de cartas com Eatherly, que se prolongou até a sua liberação em 1961. Esta correspondência está atravessada por um espírito maiêutico e uma intenção terapêutica. Seu propósito claro consistia em fortalecer a consciência de responsabilidade moral que Eatherly havia assumido e evitar ao mesmo tempo os aspectos autodestrutivos inerentes a todo sentimento de culpa. Era exatamente o procedimento oposto perseguido pelos psiquiatras militares e mantido pelos seus biógrafos oficiais: banalizar a experiência radical de Eatherly e desconstruir a sua consciência histórica e moral ao longo de uma casuística clínica e policial impenetrável perfeitamente irrelevante[30]. Ali, onde o confinamento carcerário impunha uma distorção violenta da realidade, também era o lugar onde este diálogo epistolar entre Anders e Eatherly abria um espaço intelectual de reflexão. Seu objetivo compartilhado era construir uma nova ética capaz de produzir uma resistência democrática mundial, ante a lógica terminal que a proliferação militar da energia nuclear carregava e carrega consigo.

Os obstáculos que Anders encontrou em seu caminho eram, primeiramente, a psiquiatrização da consciência ética, a manipulação farmacológica da culpa, o confinamento penitenciário da crítica, a descomposição institucional da existência, e uma regressão intelectual e moral corporativa e induzida da consciência humana. Em um segundo momento foi enfrentada a possibilidade de que os meios de comunicação e a indústria da cultura pudessem usar o escândalo da reclusão psiquiátrica de um herói nacional como material de reciclagem para o espetáculo banal de um *dark hero*. Ambos extremos, a desconstrução institucional da consciência na sociedade integralmente administrada e a transformação do intelectual em estrela de cinema se converteram, entretanto, na definição fantasma do *great divide*[31] pós-moderno.

A resposta de Eatherly a esta dupla astúcia foi eloquente. Reivindicou o caráter não nacional, mas sim universal da responsabilidade humana na era nuclear: "Nos veremos obrigados a reexaminar a nossa tendência a entregar a responsabilidade de nossos pensamentos e nossas ações a alguma instituição social como o partido político, o sindicato, a Igreja ou o Estado. Nenhuma dessas instituições está suficientemente bem equipada para oferecer qualquer conselho infalível sobre questões morais e sua pretensão de oferecer tal conselho deve ser questionada muito seriamente"[32]. E atacou a mutilação institucional da responsabilidade dos próprios cientistas, em face das consequências humanas e ecológicas que o desenvolvimento de tecnologias letais engendra. Quando Hollywood tentou apropriar-se do "Caso Eatherly" para transformá-lo em show, o prisioneiro lhes respondeu: Não![33]

O major Eatherly teve em suas mãos o poder supremo que a tecnociência foi capaz de imaginar: uma destruição massiva de consequências biológicas e políticas ilimitadas. Enfrentou-se uma organização militar complexa que ao mesmo tempo departamentaliza as vontades individuais até o limite de sua ilegibilidade, subordinando as consciências a um princípio de obediência que as imuniza contra qualquer forma de reflexão moral. Em seguida teve que passar pelas provas extremas do controle institucional: subordinação disciplinar, prisão preventiva, psiquiatrização de máxima segurança. A intrincada história de Eatherly ilustra uma resistência à evaporação institucional e midiática da consciência individual na sociedade integralmente administrada. Era, certamente, uma resistência negativa. Não era o ato soberano de um sujeito racional que constrói a paz perpétua ao longo de um progresso virtual infinito da razão moral pura, revolucionária ou comunicativa. Tratava-se de uma rebelião ética e civil no limite do progresso, como formulado pelo próprio Anders[34]. Tratava-se também de reconhecer a impossibilidade de conciliar o desenvolvimento científico e a expansão militar da civilização industrial com um conceito universal de justiça, igualdade e liberdade; de reabilitar o direito de todos os humanos a habitar a Terra.

Em abril de 1961, enquanto Eatherly tentava desesperadamente obter sua liberdade, houve o processo de Eichmann em Jerusalém. Em uma carta datada de 16 de maio do mesmo ano, Anders comparava a sua situação com aquela do criminoso de guerra nacional-socialista. Servatius, o advogado de defesa de Eichmann, tinha defendido em seu juízo que um homem submetido à disciplina militar, como era o caso de seu réu, não podia ser responsabilizado por seus atos. E adicionou: "assim como não podem ser responsabilizados os homens que lançaram a bomba sobre Hiroshima". Anders escreveu: "Você, ao contrário, assumiu a responsabilidade e insistiu sobre a sua própria culpa"[35].

A distância que separa a mistura de banalidade e cinismo que cercou a defesa de Eichmann e a resistência espiritual profunda de Eatherly não podia ser mais drástica. Os certificados psiquiátricos de normalidade psicológica do militar nacional-socialista legitimavam a impunidade de seus crimes enquanto "atos de Estado". Ao contrário, a responsabilidade moral ante um genocídio institucionalmente legitimado como ato de guerra levou Eatherly a uma crise psicótica e à sua reclusão total em regime psiquiátrico pelas autoridades militares. No caso de Eatherly, a reflexão e a resistência se confrontavam com a imunidade e a impunidade de ações impulsionadas por meio de comandos, que ao mesmo tempo são crimes contra a humanidade. Eichmann, ao contrário, responsabilizava um aparelho de Estado para legitimar seus próprios crimes dentro de um princípio de obediência e banalidade: aquela "banalidade do mal", sob a qual foi inaugurada a nossa era de guerras globais indefinidas[36].

5

Nem a agitação política contra a proliferação nuclear de Leo Szilard. Nem a resistência civil contra o "estado atômico" que inspirou Robert Jungk. Nem a crítica filosófica do fim do humanismo de Günther Anders. Nem mesmo a conclamação transcendente de Werner Heisenberg a um desenvolvimento espiritual que capacitasse a humanidade para controlar o potencial autodestrutivo que a ciência moderna tinha colocado em suas mãos. Nenhuma destas possibilidades prevaleceu no despontar do século 21. Estas citações filosóficas revelam a apostasia do cientista e do intelectual ante os dilemas de nosso tempo[37]. O que triunfou universalmente foi a doutrina de uma superpotência mundial fundada sobre o monopólio incontestável da capacidade nuclear de aniquilação global.

Uma de suas formulações pioneiras se deve a Bertrand Russell. Em 1948 este filósofo escreveu: "Somente vejo uma saída para que a humanidade possa evitar um desastre sem igual, e esta é a da hegemonia de um Poder único. Se um Estado, se possível como líder de uma aliança, se transforma em suficientemente forte a ponto de obrigar aqueles que possam ser perigosos a renunciar à possessão de armas letais, será produzida a unificação das forças armadas que assinalamos como necessária"[38].

A proliferação nuclear era uma ameaça nova e ainda mais radical que a própria Guerra Mundial que acabava de terminar. Aquela angústia de uma regressão da sociedade civil a um estado de guerra indefinido de todos contra todos, em cujo nome a filosofia política da ilustração tinha transformado a violência do estado absoluto em princípio divino, transferia-se agora a uma segunda natureza técnica, industrial e militar. E o postulado de obediência em troca de proteção, justamente o mesmo que a identidade e soberania do estado constitucional moderno de acordo com a filosofia política de Hobbes definia, era transposto à proteção, à obediência e à soberania de um superestado mundial, fundado no monopólio da aniquilação de toda a humanidade: o Leviatã nuclear.

A proposta de Russell sublinhava algumas características relevantes. Identificava este poder universal no Ocidente e o estado nuclear universal nos Estados Unidos da América. Ao mesmo tempo, manifestava uma convicção de que este poder unilateral não derivaria jamais, ninguém sabe como, em alguma forma de opressão política sobre as outras nações. No mais, Russell esperava que ocorresse uma situação de paz atômica mundial que pusesse fim à pobreza e à desigualdade entre os povos, em um período aproximado de cinquenta anos. No seminário em que apresentou seu projeto, foram apresentadas outras vicissitudes da guerra nuclear: a hegemonia econômica mundial do novo superestado e as dependências políticas que seu poder deveria gerar; o controle da proliferação nuclear; e, sobretudo, a conveniência de um ataque nuclear massivo à União Soviética que prevenisse a expansão mundial do comunismo.

Hoje, eliminada a ameaça de uma confrontação nuclear com o sistema comunista, e dentro da perspectiva de uma nova geração de armas e estratégias nucleares mais letais e midiaticamente menos visíveis, o sonho russelliano tem maior vigência do que se poderia imaginar em meados do século passado. Por isso deixa em aberto uma série de questões urgentes. A noção de Ocidente é uma delas. Este é um conceito problemático, porque grande parte das categorias metafísicas e religiosas sobre as quais está fundado são impensáveis sem a influência do Oriente e muito particularmente da cultura islâmica. Sua configuração cultural e política em torno dos valores do redencionismo cristão é inseparável, por outro lado, das guerras de cruzadas que sob diferentes figuras políticas e estratégias militares vêm ocorrendo até o dia de hoje. O colonialismo também é inerente ao messianismo universal cristão desse Ocidente. A própria doutrina de um superestado mundial remonta às utopias imperialistas do renascimento, como aquela de Thomasso Campanella, e remete em última instância ao ideal de Igreja católica como sistema transcendente de leis e poderes globais.

O conceito de um estado nuclear mundial de Russell estava despojado de toda referência histórica, o mesmo acontece com a noção de superpoder global que se manifesta no começo de nosso século. Nenhuma menção aos absolutismos, imperialismos e totalitarismos que, sem exceção, também foram estilizados como estados mundiais reais ou virtuais desde o império hispano-cristão até o próprio projeto nacional-socialista. Nenhuma referência às dependências políticas e econômicas impostas pelos imperialismos do passado e herdadas pelas nações colonizadas. É verdade que o valor derradeiro que, assim como agora, legitimava a construção do novo império nuclear era e é a democracia. E estes valores democráticos são, sem dúvida, um legado espiritual fundamental do "Ocidente", se tivermos em conta filosofias como aquela de Spinoza e eventos históricos como a Independência dos Estados Unidos e a Revolução Francesa. Mas nem os ideais nem as lutas sociais democráticas que definem esta tradição revolucionária, de Thomas Münzer a Rosa Luxemburgo, podem ser descolados da sucessão sangrenta de absolutismos e totalitarismos aos quais eles se opuseram, e que também constituem um legado fundamental deste mesmo Ocidente. Tampouco pode ser ignorado que a democracia se transformou em um significante sem referente dentro de cujo espetáculo hoje são legitimadas guerras e genocídios, sistemas técnicos de dominação total e poderes despóticos, desumanos e corruptos com maior desenvoltura do que dentro dos aparelhos antiquados de poder e propaganda dos totalitarismos e absolutismos clássicos. E entre outras coisas esta ocidentalidade não é em si a garantia de uma ordem social democrática. Os grandes processos democráticos do século 20, que foram representados por líderes como Mahatma Gandhi ou Frantz Fanon, não possuem precisamente a marca ocidental, mas se cristalizaram como resistência contra um imperialismo político, religioso e militar que se confunde com o conceito de Ocidente. Ainda menos pode-se acreditar que a ideia de democracia tenha sido concebida em primeiro lugar ou exclusivamente nesse mundo ocidental.

Mas, sobretudo, a utopia de um superestado atômico mundial, democrático e pacifista, que no passado Russell formulava e que hoje se materializa no superpoder nuclear mundial da América do Norte, ignora um problema muito mais elementar: a natureza terminal de suas armas. "Denn die Waffen sind nichts anders, als das Wesen der Kämpfer selber": as armas definem a natureza de quem as usa[39]. E a guerra nuclear, em sua forma clássica, assim como em suas versões pós-modernas híbridas, é uma guerra total. E é total porque onde ela se instaura já não pode renascer a vida. É total porque significa uma dupla destruição: uma morte da morte, a irrealidade de um vácuo absoluto, como não deixaram de gritar as vítimas do genocídio e menosprezo nucleares de Hiroshima e Nagasaki. Em qualquer de suas expressões, as armas nucleares instituem o poder de um suicídio absoluto: o vazio do vazio.

"I am become Death, the destroyer of worlds" – "transformei-me em Morte, a destruidora dos mundos" é outro verso do *Bhagavad Gita* cuja paráfrase é atribuída a Oppenheimer. A metáfora do exterminador do universo é reveladora desta dupla dimensão niilista que o poder nuclear adquiriu no dia de hoje. O estado moderno de Hobbes se erguia em nome do terror absoluto representado por um deus mortal: "Esse Deus Mortal a quem devemos, sob o Deus Imortal, nossa paz e nossa defesa"[40]. Ao contrário, a guerra nuclear ergue um deus imortal e mortífero. *The destroyer of worlds*: o temível deus Leviatã se transforma em Abaddon, o anjo exterminador que domina o Apocalipse cristão.

Desde Hiroshima e Nagasaki, o desenvolvimento da energia nuclear com fins permutavelmente civis e militares responde a este mito sinistro da soberania em troca de um poder aniquilador que, em suas últimas consequências, engendrava um terror suicida universal. É verdade que a propaganda militar contemporânea evita, diferentemente dos imperialismos passados, as representações dramáticas de sua capacidade devastadora terminal efetiva. Prefere escondê-las sob os jargões triviais da tecnociência pós-moderna: "bunker-buster warheads", "low-yield, precision-guided nuclear weapons", "usable nuclear weapons..." (o que não impede as metáforas mais brutais de violência sexual: "...earth-penetrating weapons"). A racionalidade que a defende adquiriu, de todo modo, as dimensões de uma máquina tecnológica e administrativa intricada. Um aparelho dotado de uma capacidade efetiva de controle global sobre a sociedade civil e um estilo de governo duro que se legitima técnica e tecnocraticamente na capacidade letal de suas armas.

Carl Schmitt definiu a política totalitária como a continuação da guerra por outros meios e revelou a despolitização do Estado, subsequente à absorção de suas funções pelo aparelho industrial-militar[41]. Esta é precisamente a definição que se deve designar ao superestado nuclear contemporâneo. A persistência de sistemas jurídicos e instituições democráticas nem é um obstáculo nem se contradiz com o desenvolvimento dessa megamáquina industrial e militar totalitária. No fim das contas, as últimas decisões do estado democrático pós-moderno em questões de pesquisa, comunicação, energia, ecologia ou guerra são adotadas em nome de saberes e tecnocracias herméticas e de modo algum estão mediadas por um controle civil autônomo. No mais, o próprio sistema democrático também se transformou ao longo da história do estado nuclear. Desprendeu-se de seus conteúdos sociais, o que permite conciliá-lo com as massas humanas de dezenas de milhões em situação de agonia. Foi esvaziado de seu princípio de soberania civil, o que permite definir nações militarmente devastadas e ocupadas como democráticas. Liberou-se de seus fins políticos, o que permite representar as vicissitudes do espetáculo como democracia.

Walter Benjamin revelou um aspecto do totalitarismo nacional-socialista cujo significado pode ser compreendido somente hoje em toda a sua amplitude: a estilização do aparelho estatal, a estetização da máquina militar, a produção da política e da guerra como grande representação semiótica para o consumo da massa, na era dos meios mecânicos de reprodução e comunicação[42]. Esta transformação da política em espetáculo é o inverso da despolitização da megamáquina nuclear. E não acabou de ampliar o seu universo estético até os próprios cenários da guerra total. A política como espetáculo e o espetáculo da guerra legitimam e reforçam ao mesmo tempo o aparelho industrial-militar como reino da bela modernidade, como ideologia de uma democracia congelada e como ressacralização performática de um poder global absoluto.

Por isso o Leviatã nuclear pode impor controles totais sobre a população mundial sem ter que alterar a sua máscara liberal. Por isso pode suspender globalmente os direitos humanos em nome de simulacros democráticos. Por isso suas guerras são celebradas globalmente como a ficção de uma liberdade universal. Esse novo autoritarismo da democracia cumprida enquanto poder total, a intolerância imposta como princípio absoluto de liberdade e a guerra como paz eram precisamente as grandes referências das visões totalitárias de Huxley, Orwell e Kubin.

Les illusions du progrès

O progresso significante não tem referências. A representação geral e abstrata do progresso da humanidade foi o esquema apriorístico regulador da função que constitui uma razão teórica pura, elevada a metáfora formal da expansão universal do capitalismo industrial. Progresso = *Fata morgana* lógico-transcendental.

Sua relação com o conceito de uma paz universal das nações, a igualdade social e a felicidade do gênero humano foi alegórica. O progresso desta razão instrumental e capitalista se definia, ao mesmo tempo, como princípio messiânico da criação do reino do deus secularizado no sistema da razão histórica (Hegel) e sublimado como reino da liberdade concreta (Marx). A hipótese delirante da transubstanciação do ser e do cosmos no reino transcendente do mercado livre absoluto é a expressão do mesmo princípio apocalíptico.

Tanto nas definições epistemológicas quanto nos *spots* de propaganda corporativa sobre os benefícios da modernidade, o *logo* do progresso usurpou a representação daquele paraíso que desde os cultos às deusas-mãe da vida e da morte, ao misticismo sufi e cabalista, definia-se como origem divina do ser. Apropriou-se destes símbolos ao mesmo tempo em que destrói a sua memória, e sua ligação com culturas e comunidades milenárias.

Usurpar quer dizer arrancar um ente daquele meio no qual o seu ser se origina. Mas os saques de deuses e livros sagrados praticados pelo imperialismo romano e, de modo muito maior, pelo imperialismo cristão nunca foram um fim em si. Os deuses e suas memórias eram subtraídos dos povos conquistados para hibridizá-los e transculturalizá-los. Com isso, não somente se destruía o seu valor ontológico e espiritual. A apropriação do subtraído significava ao mesmo tempo a sua conversão. O sentido rigoroso desta categoria de conversão é aquele estabelecido pela propaganda *fide christiana* na era de sua expansão imperial clássica. Conversão é a transmutação ou inversão do valor do existente dentro da violência sistêmica de sua nova designação: deuses transformados em demônios e cultos sagrados da perpetuação da vida hibridizados com estratégias sacramentais de culpa. O ideal do progresso usurpou as representações sagradas de uma ordem originária do ser comum a todas as religiões para convertê-las no espetáculo do poder.

Ao longo de uma breve história, compreendida entre o descobrimento de um mundo redondo no sistema infinito do cosmo pelas explorações geográficas e a astronomia do século 16 e, em seu outro extremo, o aquecimento global, a categoria de progresso operou como se estivesse restringida por um tempo histórico linear e infinito, identificado com um processo primitivo de acumulação. Em seu nome pulverizou-se o passado nas mesas sacrificiais de um futuro transcendente e vazio.

Logo em seguida, a sua representação semiótica triunfal se contempla em seu vazio despido.

Em alguns casos, esse vazio se cristalizou em uma dialética negativa e na teoria crítica; em outros, se expressa sob os nomes da angústia e do nada. O progresso industrial e pós-industrial foi comparado a Moloch, o ídolo bíblico que devorava seus fiéis; ou então aos deuses solares dos astecas, em suas dimensões sacrificiais e apocalípticas. As redes lógicas, tecnocráticas e militares que definem empiricamente o progresso existente foram descritas muitas vezes no século passado como sistemas totalitários e aparelhos imperialistas. A identidade histórica do progresso industrial e o desenvolvimento de tecnologias da destruição, o incremento global da pobreza e a multiplicação de catástrofes ecológicas industrialmente originadas têm cada dia características mais alarmantes.

"Nos transformamos em lixo humano" (*Rubbish-People*), expressava um camponês da Nova Guiné. As corporações internacionais haviam construído uma represa e um pântano que destruíam todos os ciclos d'água, terra e ar, assim como a integração da vida animal e vegetal que lhe tinha permitido existir no interior de uma comunidade soberana dentro de um cosmo harmônico durante milênios. É a face empírica e real do progresso considerado como *a priori* formal dotado de uma função administrativa reguladora[43].

Na Independência da América do Norte e na Revolução Francesa, assim como nos socialismos revolucionários, o ideal do progresso estava associado à emancipação do domínio da Igreja imperial cristã, do absolutismo político que ela legitimava e do despotismo que ela impunha. A liberdade de espírito, a liberdade de imprensa e a liberdade das ciências significavam, para Jefferson ou para Paine, o fim de uma opressão milenária da humanidade[44]. O conceito moderno de progresso traçava uma linha reta entre o descobrimento das revoluções das esferas de Copérnico e a construção racional de uma sociedade democrática e igualitária, com a qual sonharam os trabalhistas ingleses e os independentistas africanos.

Na era de sua decadência, o ideal filosófico do progresso foi substituído pela categoria administrativa de desenvolvimento. Se para os *philosophes* da era das luzes o progresso definia um desenvolvimento social e econômico que levava inexoravelmente a humanidade a uma liberdade, para os administradores da economia global contemporânea a liberdade é a condição jurídica de um desenvolvimento que conduz inexoravelmente à destruição social e à morte de milhões de humanos. "A expansão da liberdade é ao mesmo tempo o objetivo primário e o meio principal para o desenvolvimento", escreve o Prêmio Nobel Amartya Sen[45]. Este conceito jeffersoniano de liberdade ("empire for liberty") definiu a propagação de empresas de extração colonial de recursos naturais; uma crescente distribuição comercial de produtos industriais *urbi et orbi* e a expansão dos valores culturais do imperialismo ocidental. Ao mesmo tempo restringiu fatalmente o acesso aos recursos biológicos locais dos povos colonizados e pós-colonizados, deteriorou suas economias domésticas, seus saberes comunitários e suas formas de participação democrática na reprodução e criação sociais. Os postulados do livre comércio, a livre exploração, e a liberdade de cultos e culturas acabou destruindo irreversivelmente a diversidade cultural ao longo de um processo ininterrupto de implementação efetiva de formas de controle econômico, político e militar corporativo. Sua última consequência é a "globalização como genocídio" (Vandana Shiva)[46].

"Algumas pessoas nos consultaram sobre quais alternativas existem para o futuro...", explica S. M. Mohamed Idris, "a maior parte do povo do Terceiro Mundo continua na pobreza, sem trabalho e sem casa. E neste momento milhões de crianças estão morrendo de fome... Que tipo de desenvolvimento podemos adotar que não destrua a ecologia, que não danifique nossa saúde, que não desperdice nossos recursos, que proteja nossos consumidores da exploração, que provenha as necessidades básicas das pessoas comuns, e que, ao mesmo tempo, resulte em uma felicidade humana e paz de espírito, em vez do stress mental, da hipertensão e da alienação de que o humano industrializado moderno padece?"[47]

À medida que se lança sobre a "ilusão do progresso", a civilização industrial fecha os olhos aterrorizada ante as paisagens de devastação ecológica e agonia humana que seu imenso poderio tecnológico e econômico produz. Vê uma única catástrofe... "que incansavelmente amontoa escombros sobre escombros..." Mas continua impassível adiante... "Uma tempestade a empurra incessantemente a um tempo futuro, para o qual, entretanto, ela lhe dá as costas..." E enquanto avança cega até o fim do tempo, "as pilhas de escombros se acumulam diante dela até o céu"[48].

O deslocamento na linguagem comum da palavra *ruína*, no sentido usado no renascimento ou romanticismo europeus, por seus sinônimos usados hoje como "lixo" ("rubbish") ou "escombros" ("Trümmer") é significativo. As ruínas são vestígios de culturas que morreram, mas perduram em sua presença física como memória e como nostalgia. Na arte e literatura do renascimento esta presença da ruína era celebrada como *antichità*. As ruínas antigas representavam a autoridade normativa de um passado idealizado e aspirado. O triunfo que sobre elas as forças da natureza celebravam em relação à obra humana revelava o caráter transitório desta, e exprimia, por outro lado, a perpetuação da vida ao longo de um tempo infinito.

Na ruína industrial, o que perdura não são os ciclos eternos da natureza nem a experiência da harmonia do ser na contingência limitada das empresas humanas. Estas ruínas tampouco são precisamente monumentos da memória. São escombros e dejetos. Em um sentido estrito não se pode falar nem sequer sobre ruínas da cultura industrial. O caráter tóxico dos resíduos e dejetos das tecnologias avançadas as converte em uma expressão privilegiada do significado destrutivo do progresso industrial e do caráter finito do tempo histórico que domina.

O prazer na experiência estética da ruína histórica nos transformava em cúmplices dos ciclos cósmicos da morte e ressurreição. No *wreckage*[49] industrial, nos vemos como testemunhas arrancadas de um ritmo vital interrompido: terras esterilizadas por produtos químicos; regiões inteiras transformadas em campos de morte por conta da poluição nuclear; florestas queimadas pela chuva ácida; campos minados; florestas letalmente envenenadas por agentes biológicos e químicos. A ruína era sublime. O *wreckage* industrial é sinistro.

O progresso inverteu o seu sentido. Sabemos que as florestas tropicais se destroem em proporção crescente ano após ano, que milhares de espécies desaparecem do planeta sistematicamente e que os ecossistemas mais delicados se degradam por conta da expansão industrial e seus dejetos incontroláveis. Sabemos que o aquecimento global segue acentuando-se, que nos trópicos e nas zonas polares já eliminou espécies animais, vegetais e formas humanas de vida. Percebemos a desaparição de línguas, memórias e deuses em todo o planeta. E se reconhece globalmente que os índices de pobreza e os fenômenos de degradação genética e expansão epidêmica avançam incessantemente. Todos estes casos são expressões do progresso da civilização ocidental, por mais que se transvistam propagandisticamente dos significados mitológicos de um destino cego. Também sabemos que os sistemas de controle eletrônico da sociedade civil são cada dia mais efetivos. As armas de destruição de massa são progressivamente eficazes. A trivialização dos valores mais sagrados das culturas históricas ou dos discursos intelectuais se intensifica em proporção direta à expansão global das indústrias culturais, das corporações do conhecimento e dos monopólios midiáticos. No começo do século 21 todo o mundo sabe que o progresso engendra uma regressão indiscutível.

Georges Sorel escreveu em seu ensaio *Les illusions du progrès* que a partir da restauração os intelectuais liberais europeus somente puderam salvar a doutrina do progresso herdada da ilustração hibridizando-a com a teoria evolucionista de Darwin[50]. Se este giro pode ser aplicado em certa medida a Tocqueville ou Proudhon, com mais razão se revela na propaganda do WTO[51]. Dezenas de milhões de humanos expostos a condições de subsistência, deslocados em massa como consequência da colonização corporativa de grandes territórios e das guerras que alimenta e a destruição ecológica que produz ao longo de seu desenvolvimento, juntamente com um aumento exponencial da violência global como consequência dos desequilíbrios sociais, da corrupção política e dos poderosos interesses da indústria armamentista anunciam notadamente um devir sinistro. É aqui, entretanto, onde o princípio darwiniano de eliminação automática das espécies não adaptáveis ao novo meio econômico e político global outorga a estes desastres humanos o significado de um verdadeiro final feliz. Sobreviverão os mais fortes, sejam bactérias ou mísseis. E a regressão ecológica, social e cultural fechará a evolução da espécie.

No começo do século passado, as vanguardas centravam seu prestígio artístico em torno a um único *slogan*: o novo. Neoplasticistas, futuristas e construtivistas coincidiam em um mesmo ponto: acabar com a tradição, fechar as academias, queimar os museus... Nada parecia excessivo para celebrar a potência única e fascinante do que estava por vir. Sob o estandarte do funcionalismo e do formalismo maquinistas eram definidos os valores geométricos e matemáticos da nova era histórica, as tonalidades musicais do amanhã, as categorias organizativas da cidade futura. O mesmo século terminou com uma ladainha tediosa dos finais e dos pós. Como se quisesse conjurar a metáfora do *Angelus Novus* sob a qual Benjamin pôs um fim ao conceito moderno de progresso: o espírito da história que somente conhece o que deixa para trás, sejam tonalidades musicais ou regiões ecologicamente devastadas, e que avança ao futuro com o olhar aterrorizado voltado ao passado.

Voided Void

I

O nada é o limite da compreensão intelectual do ser. Mas nas religiões orientais, e no misticismo judeu e islâmico, este nada, assim como as metáforas do abismo e vazio associadas a ele, não delimitam um reino absoluto do negativismo que exclui o ser. Este nada não é o vazio em um sentido negativo. Seu significado era e é afirmativo, criador, preservativo do ser. "Não existiam o ser, nem o não ser... Nem morte nem imortalidade existiam naquele tempo", se diz no *Rig Veda*, a propósito da origem do cosmo, "e fora aquilo existente, aquele Um que viria a ser, se ocultava no vazio"[52].

O cabalista Nahmanides interpretava a origem do ser (*bereshit*) como a "emergência de todas as coisas a partir do nada (*afisah*) de Deus". Tratava-se de um Deus que era reconhecido intelectualmente como ser infinito (*ein-sof*). Gershom Scholem comenta sobre isto: "A criação a partir do nada, no sentido em que aparece frequentemente nas tradições místicas, é a criação a partir do próprio Deus"[53]. E ao cabalista Josef Taitazak é atribuída a frase: "No palácio do Nada habita o Todo". E Jakob Böhme escreveu: "Deus fez todas as coisas a partir do nada, e esse nada é ele próprio"[54].

Do ponto de vista do budismo, Radhakrishnan observa: "o absoluto é nada. Sunyam tattvam. O chamamos de *sunyam* (nada) porque nenhuma categoria usada em relação às condições do mundo é adequada para designá-lo. Chamá-lo ser é errôneo, porque somente é o que existe de maneira concreta. Chamá-lo não ser também é errôneo. O melhor é evitar todas as descrições"[55]. No taoísmo e no sufismo, o nada define um centro cósmico de equilíbrio e o lugar da emergência do ser. No misticismo islâmico este nada (*fanã'*) designa a unidade com uma substância que somente pode ser expressada negativamente como negação do que não é[56].

Trata-se da compreensão do nada enquanto limite de todas as possibilidades do ser. E, ao mesmo tempo, estamos diante de uma concepção subjetiva do nada como experiência da unidade da existência com o ser absoluto e infinito, ou seja, com a substância. E trata-se, além disso, de uma concepção metafísica que vincula entre si as expressões mais elevadas do misticismo oriental, cabalístico e islâmico, do cristianismo herético e de suas cosmologias estrelares e políticas correspondentes. Estamos diante de uma tradição espiritual e intelectual que o cristianismo invadiu em nome da conversão subversiva e niilista do ser.

Na interpretação da *Gênese* de Tomás de Aquino dentro do princípio *creare est aliquid ex nihilo facere*[57], houve uma vontade de olhar uma das fontes da substantivação ortodoxa do conceito negativo do nada: o nada de nada. É o princípio niilista de um "nada substancial, que exclui a tudo existente assim como subsistente (Seinde)"[58]. Uma chave para compreender esta conversão do nada como ser infinito, no limite de nossa capacidade de compreensão do mundo, em um nada concebido como negação absoluta, encontra-se na teologia de Paulo. Trata-se, entretanto, de um olhar negativo sobre o nada, ou melhor, a ausência de sua reflexão. É óbvio que nas cartas de Paulo não aparece, nem por um instante, a preocupação pelas origens do ser nem em um sentido metafísico nem comunitário. E isto pode dar a impressão de que simplesmente não interessavam estas perguntas ao fundador do cristianismo. Entretanto, a indiferença teológica pelo fundamento do ser, no sentido da *ousia* da filosofia grega de Parmênides a Aristóteles, e a negligência paulina em relação à gênese (*bereshit*) de um ser concebido na Bíblia como dinamismo, transformação e historicidade (*hajah*) constituem em si todo um programa ao mesmo tempo teológico, metafísico e político. Paulo e todo o cristianismo depois dele se distinguiram por seu desinteresse em relação às origens do ser, e a expressão notória desta indiferença é precisamente aquela despreocupação ou inclusive desvalorização da natureza que permitiu o desenvolvimento das estratégias políticas e os instrumentos tecnológicos de sua dominação civilizadora.

O apóstolo abriu as portas a esta dominação universal dentro dos princípios complementares: um ativo, o outro passivo. O princípio ativo é a moral de uma dominação exterior e agressiva da natureza interior e exterior associada à interpretação cristã da expulsão do Paraíso. O princípio passivo é uma consciência moral que aceita a dominação total e a destruição biológica universal do planeta como fatalidade apocalíptica que de todo modo já havia sido programada nas cartas apostólicas fundacionais do conceito universal de história. Esta negação cristã do ser é em primeiro lugar moral e jurídica, e é também uma negação metafísica. É uma dupla negação da lei e a gênese como mistério da origem da comunidade e do ser.

Esta negação do ser é a condição absoluta da utopia messiânica de Paulo. O ser negativo de tudo que é criado é o princípio metafísico que legitima a culpa originária, o pecado absoluto, e sem este fundamento metafísico e lógico não poderia ser construída a arquitetura política de sua redenção eclesiástica. Com o objetivo de erguer este poder sacrificial da redenção dos pecados da humanidade, Paulo teve que legalizar uma rebelião ao mesmo tempo contra o céu e a terra, contra a ordem do cosmo e as normas de vida da comunidade. E somente poderia fazê-lo em nome de uma redenção do ser mais além do não ser; somente a partir da transubstanciação sacrificial do ser de forma transcendente e sublime no "reino dos céus"[59].

As expressões deste nada aniquilador triunfante se propagam um pouco por todos os lados ao longo da história do Ocidente. As *Confissões* de Agostinho representam o primeiro modelo visível de tormento interno dentro de um sentimento de culpa inesgotável, que atua como infinito princípio negativo de reflexão. O trabalho mortificador do remorso subsequente, a constrição ou a aflição em relação ao restante: colocar em cena o espetáculo do duelo infinito de uma consciência que projetava o seu vazio de ser à transcendência. A interioridade negativa resultante se expandiu assim como uma epidemia através dos dois grandes sistemas de poder espiritual da Igreja cristã: o misticismo e a Inquisição. Mas nem as torturas, epistemologicamente fundadas, praticadas pela teologia inquisitorial (Eymerich), nem a mortificação da carne na qual se sintetizava a alma absoluta e sua identificação com o poder da igreja como "castelo interior" (Teresa de Ávila) assinalaram o fim desta consciência negativa. O mesmo princípio niilista do misticismo inquisitorial é reiterado um pouco mais tarde nos enunciados da razão pura moderna. Na filosofia de Descartes, o nada era o ponto intelectual de partida que definia o ser. Na *Fenomenologia do espírito* este mesmo nada é a real porta de entrada da consciência negativa ao reino histórico do espírito. Hegel descreveu várias vezes este poder do negativo como sacrifício do ser para si, enquanto esvaziamento de tudo aquilo subsistente, e como negação e dissolução absoluta do ser. Igualmente como o estado nuclear moderno, a sua filosofia assume o modelo arcaico do duelo à morte entre dois sujeitos rivais como o "abismo do absoluto" no qual se funda histórica e logicamente a soberania da consciência e do estado modernos. Esta negatividade de transverberações místicas, ascéticas e heroicas se transforma finalmente em princípio de vassalagem e subjetivação, e instrumento de culpa e sua redenção por meio do trabalho concebido como sacrifício e serviço, a organização disciplinária da produção, a renúncia vital e, como um corolário final, a contração programática da existência humana às leis mercantis do consumo global[60].

2

O século 20 fechou-se com uma série de crises que outorgam a este abismo do absoluto, a esse nada, o sentido literal e imediato de um limite radical. Georg Simmel reconstruiu uma fenomenologia do esvaziamento monetário das consciências modernas sob o título psicológico de uma "personalidade nervosa". Sigmund Freud revelou um instinto de morte capaz de destruir a unidade das culturas humanas. Walter Benjamin descobriu uma estética industrial identificada com a aniquilação da experiência, da memória e da consciência. Nos mais diversos testemunhos da arte e do pensamento contemporâneo, o nada se revela como uma dupla negação: um sacrifício inútil, o trabalho de um progresso que engendra a sua própria dissolução, uma renúncia ao ser em prol de uma destruição do ser, o vazio do vazio.

O diagnóstico de uma tendência metafísica à morte inerente à forma de vida da metrópole industrial expresso por Oswald Spengler, e o postulado de um ser-para-a-morte como a possibilidade mais autêntica do ser, formulado por Heidegger mais tarde, são as penúltimas expressões deste mesmo niilismo civilizador[61]. A concepção secular da história como progresso universal da humanidade que as revoluções científicas modernas elaboraram, desde Copérnico e Galileu a Einstein, e que ratificaram as revoluções políticas de Jefferson e Robespierre, e de Lenin a Mao Tse-tung, confronta a nossa existência assediada na era do cumprimento apocalíptico desse mesmo progresso real com aquele vazio que a crítica ilustrada de Voltaire ou de Sade denunciou como a falsidade da escatologia cristã e suas vãs promessas de felicidade. A pós-história da pós-humanidade foi a última gargalhada dos niilismos fascistas do século 20, de seu culto do sacrifício e da morte, e de seu heroísmo transcendente em nome do terror nuclear e do controle eletrônico de toda a humanidade. Que mais pode ser sacrificado em prol do grande deus mortal da história, o Leviatã moderno, depois de ter queimado o passado, de ter negado nossos desejos, destruído a natureza, e denegrido a sociedade e a própria existência humana em escala planetária? Que outra coisa pode ser oferecida nos altares sacrificiais do progresso além das próprias cinzas da história e da humanidade?

Esta foi precisamente a visão filosófica que Nietzsche legou: visão de uma decadência inerente à civilização, de uma regressão global da humanidade fundada sobre uma moral de culpa, distorção e destruição das memórias culturais, constituída pelo princípio de soberania que esta culpa e esta subversão niilista do ser sustentam, uma civilização cujo messianismo transcendente e cujo messianismo secular e progressista traçaram ao longo de seu tempo histórico linear uma "Wille zum Ende", uma mesma e única vontade do final e do nada[62].

No final do século 20, o pós-modernismo colocou alegremente em cena uma performance resplandescente desse niilismo. Entre as seduções psicodélicas e a megalomania arquitetônica que o distinguiam, celebrou a evaporação do real em meio ao espetáculo global como a autêntica liberação surrealista do logocentrismo moderno. Isso foi feito através das mesmas redes eletrônicas que no início do novo século revelaram a apoteose da guerra global. E enquanto os missionários da pós-história e do pós-humanismo se entregavam às orgias mágico-realistas de uma segunda natureza hiper-real, acumulavam-se diante do nosso olhar emudecido os rostos da agonia, catástrofes ecológicas e sociais incontroláveis, e sucessivas guerras genocidas. Neste âmbito regressivo, o niilismo se transformou em princípio constitutivo de uma consciência delirante convocada a ser vaporizada entre as semiologias de uma fascinação enlouquecida pela supressão da realidade e pela volatilização do social em meio ao espetáculo, e a subsequente ataraxia intelectual generalizada sob a constituição de uma rede eletrônica de propaganda permanente e vigilância global.

A anulação midiática do ser em um universo intangível de signos, assim como a concretização desta irrealidade como espetáculo político e comercial, reiteram o princípio elementar constitutivo da transcendência sacrificial cristã tanto da ordem da lei como do ser. É preciso lembrar, sobre este aspecto, a crítica de Nietzsche à teologia política de Paulo: "Fala somente sobre o mais interior. [...] Todo o resto, toda a realidade, toda natureza, mesmo a linguagem, tem valor apenas como um sinal, uma alegoria"[63]. A transubstanciação da realidade em um reino de signos é a condição do progresso como sentido providencial e escatológico. Em seu comentário ao *Apocalipse* de João, Agostinho menciona a "conflagração de um fogo universal" que aniquilará "as qualidades dos elementos corruptíveis", do mesmo modo que a água aniquilou a primeira criação divina. Mas esta destruição universal significava, para Agostinho, através de uma *mirabili mutatione*, sua transubstanciação semiológica em um reino virtual de existências vaporizadas e transcendências vazias: o nada de nada[64].

A palavra criadora

Ailton Krenak, líder da nação Xavante da Amazônia, diz que talvez não haja uma alternativa à destruição industrial do planeta, mas que há algo que não deve ser usurpado por seus administradores políticos e culturais: a "palavra criadora". A palavra criadora é a voz da memória, oralmente transmitida pelos anciãos das tribos. É a palavra ligada às origens da natureza e da vida, e ao mesmo tempo às origens da comunidade humana. É portanto a palavra mais remota, portadora da memória do sagrado. A palavra criadora restitui esta memória das origens no tempo presente, ao mesmo tempo em que projeta este presente à era de seus ancestrais.

Quando um velho xavante conta uma história, transforma-se – comentava um grupo de sábios anciãos da comunidade Pimentel Barbosa –; em seu corpo frágil brota uma força nova. Cria gestos, sons, expressões, movimentos. Transporta quem o está escutando a um tempo mágico. Revive em cada narração o tempo da criação. Traz à existência de nosso agora os inícios mágicos onde se originaram todas as coisas. E incorpora a sua força...

Krenak, um dos sobreviventes dessa civilização dizimada, além disso indica: "Mas o mundo está perdendo o poder criador da palavra, se está separando de sua memória divina que dá origem a todas as coisas"[65].

Escritura e poder

I

Seu sentido não é unívoco. Na filosofia de Platão, possui ao mesmo tempo uma dimensão cognitiva e o significado ético do diálogo. Os aforismos de Heráclito o identificam com a estrutura do ser. Seu substantivo está associado etimologicamente ao cálculo, à dedução e à definição. Significa palavra e glosa, mas também racionalidade, e se confunde com a organização lógica das ciências. Existe um *logos* científico que remonta a Aristóteles e um *logos* pneumático[66] que remete à *Gênese*. Na concepção do cosmo dos *Vedas* e dos *Upanixades*, ou na filosofia de Avicena, este *logos* é interior à matéria. Na teoria moderna das ciências, o *logos* define a *techné*. O *logos* configura o tempo histórico sujeito às sucessões de providência divina e racionalidade do progresso. Como explicar a obstrução deste *logos*? Em que situação histórica se origina a crítica e a resistência ao logocentrismo?

Existe um gênero literário que reúne estes vários aspectos do *logos* em formação cerrada. Um gênero certamente menor e marginal, em uma cultura ocidental identificada, desde Averroes, com o *logos* secular das ciências. Mas uma forma literária que deve precisamente sua importância à sua marginalidade: a sua localização estratégica nas fronteiras da expansão desse *logos* ocidental em relação aos seus "outros". Trata-se dos catecismos. Recebeu o nome de catecismo apesar de sua função propagandística diferir radicalmente do *katëkhizein* grego, que compreendia um ensino mediante a palavra pronunciada pela boca. Mais que por seu significado dialógico, estes textos se distinguem por sua instrumentalidade. E mais que por seu ensino no sentido da paideia grega ou da *Bildung*[67] do humanismo ilustrado europeu, são caracterizados por uma instrução doutrinária, o adestramento sob normas escriturais e a configuração de um sujeito virtual a partir de uma série de categorias epistêmicas, morais e metafísicas predefinidas. A inscrição do *logos* sobre aqueles povos e sujeitos que são privados teológica e politicamente de sua própria voz é o mais destacável na função do catecismo. Os catecismos e as catequeses instruem e inscrevem precisamente este *logos* sobre aqueles povos cujos cultos e cujo *ethos* são, de acordo com o apóstolo João, "aphonos". Ou ainda instauram este *logos* sobre os povos e culturas cujos cultos, conhecimentos e normas de vida não constituem uma verdadeira ordem racional, de acordo com a epistemologia moderna formulada por Francis Bacon[68].

O ponto de partida destes catecismos é a transferência do *ruah*, o suspiro pneumático criador da vida humana na *Gênese*, ao novo contexto apostólico estabelecido pelo *hagios pneuma*, o Espírito Santo que vincula a palavra geradora do ser com a palavra redentora da humanidade global. Neste *logos* híbrido se inscrevem a moral da culpa e a expiação, a negatividade do ser e sua realização transcendente, a fundação da comunidade global ou *ekklesia katholike* a partir do sacrifício redentor, e sua instauração como poder político no tempo e espaço de uma história universal. Entretanto, este *logos* pneumático, que articula corpo e alma, integra a interioridade infinita do sujeito na comunidade global, e une o céu à terra sob uma mesma e única lei sacrificial, e se cristaliza ao mesmo tempo em uma língua. Ou seja, configura-se em primeiro lugar como uma gramática e uma escritura.

Todo catecismo, programaticamente destinado a sujeitos coloniais que falavam vozes que não eram reconhecidas como línguas humanas por serem alheias ao *logos* catequético, e que participavam além disso de formas independentes de comunhão e comunidade pneumáticas ou espirituais qualificadas de supersticiosas ou idolátricas, era e é antes de tudo um sistema de escrita logicamente estruturado com uma organização gramatical e uma ordem léxica. No caso dos catecismos e confessionários coloniais destinados à América a partir do século 16, tratava-se especificamente do *logos* de uma língua gramatical e lexicograficamente configurada como escrita depurada de seus componentes comunitários falados. Uma língua que não se escrevia como se falava, nem se falava como se escrevia. Língua escritural construída a partir das diversas falas ibéricas teológica e politicamente unificadas sob o estado católico de Castela, previa a sua deshebraização e desarabização léxicas, e sua latinização gramatical. Língua sujeita a um processo de purificação gramatical e depuração escritural especialmente formulado como *logos* colonizador[69].

O mais notável nesta conversão gramatológica e lexicográfica de uma língua colonial e colonizadora não é, entretanto, nem a sua ordem léxica, nem seu sistema gramatical, mas as dimensões ontológicas imediatamente ligadas a estas funções lógicas. A última consequência desta limpeza e instrumentalização léxica e gramatical de uma língua não somente é a racionalização e eliminação de palavras e formas gramaticais da fala, mas, com elas, a transformação e supressão de experiências, memórias e práxis vividas. O penúltimo sentido da escrituração gramatológica das línguas e povos colonizados era e é a extirpação dos deuses, e a subversão da ordem e hierarquias do ser que somente estes deuses sustentavam. Seu objetivo modernizador posterior foi o desarraigo epistemológico e civilizador dos *idola tribu*, *idola specus*, *idola fori* e *idola theatri*[70] das comunidades históricas, espirituais e econômicas que não estavam cientificamente sancionadas de acordo com o paradigma epistemológico formulado por Francis Bacon, nem eram economicamente produtivas de acordo com as categorias de rendimento formuladas pelo liberalismo filosófico de John Locke. Transformar línguas orais milenárias sobre a base lógica de uma escritura gramatical e lexicograficamente purificada de suas conotações faladas e comunitárias, e reconfigurar estas línguas vivas enquanto faladas, de acordo com as normas lógicas de uma língua escritural teve e tem uma consequência derradeira: a supressão semiótica de uma realidade dada (deuses, instituições, conhecimentos e formas de vida de transmissão oral) e a instauração de uma realidade nova (o sistema de categorias e valores constitutivos da ordem econômica e jurídica colonial). Por isso as palavras escritura e escritural vinculam semanticamente o que se registra em um papel ou pergaminho com o poder juridicamente constituído através da escritura, uma ambiguidade semântica que remonta à palavra latina *scribere*, e a seu duplo uso como escritura, e como designação e decreto legais[71].

Também em outro sentido, estes catecismos cumpriam uma verdadeira missão logocêntrica: estavam precedidos de uma gramática da língua colonizadora e, em suas versões mais elaboradas e modernas, de lexicografias e gramáticas das línguas vernaculares reconstruídas sobre o sistema gramatical da língua dominante. E eram acompanhados também de calendários cristãos, e de instruções para a produção de bens de acordo com o sistema lógico e econômico colonial. Todo catecismo instaurava no interior de sua ordem escritural as hierarquias institucionais da civilização, o código de valores morais, um sistema tecnológico de produção global, as condições formais de um tempo e espaço abstratos, e os princípios constitutivos do poder teológico e político colonial. Como entender a obstrução deste *logos* colonial representado pela *Propaganda fide* romana e a *Instauratio magna* da ciência moderna? Onde e quando se origina a crítica do *logos* e, com ela, a sucessão de suas reformulações e refundições ao longo da história do Ocidente?

Uma expressão primitiva deste rechaço do *logos* instaurado como palavra escritural e pneumática já havia sido anunciada pelos seus fundadores apostólicos: os anticristos. De acordo com o apóstolo João, estes anticristos eram homens e mulheres que questionavam a palavra escatológica do *kyrios christos*, do messias e senhor, e em consequência refutavam o *logos* do *hagios pneuma*, o espírito santo que garantia a unidade substancial da palavra criadora do ser com a palavra sacrificial de sua transcendência e redenção. Os anticristos repudiavam o *logos* e a escritura da igreja global como um discurso sacrílego e uma ordem sectária. Negavam o sacrifício do ser na cruz em prol de sua evaporação no reino psicodélico do além. Segundo João, estes anticristos eram judeus ou gentios que resistiam ao logocentrismo cristão em nome da unidade e irredutibilidade de um ser presencial, harmônico e perfeito em seu aqui e agora, e em nome da lei divina outorgada à comunidade humana através dos profetas. Anticristos eram os que diziam não ao sacrifício do ser enquanto presença irredutível e integração universal de toda a existência, no sentido da *ousia* grega; e eram os homens e mulheres que diziam não à volatilização da lei compreendida como ordem ao mesmo tempo ética, jurídica, histórica e metafísica no sentido do *halakha* judeu. Eram anticristos porque reconheciam o *logos* sacrificial da redenção não como cumprimento e verdade derradeira do ser, mas como sua subversão.

A condenação apostólica dos anticristos lança uma luz esclarecedora sobre as crônicas e relatos que narram o primeiro encontro dos conquistadores cristãos com Atahualpa, o imperador dos incas, no começo do século 16: modelo anti-hermenêutico do chamado "choque de civilizações" que historicamente inaugura o conceito de uma ordem teológico-política global. Segundo o viajante e cronista Girolamo Benzoni, um soldado-sacerdote se aproximou do imperador inca "com a cruz e o breviário na mão" para instruí-lo sobre "a luz de Deus, que o todo criou a partir do nada, e disse [...] como Jesus Cristo havia descido do céu [...] e depois havia morrido na cruz e ressuscitado para redimir o gênero humano [...] e mostrou a autoridade dos pontífices, seus sucessores; e no fim o poder do Imperador [...] Monarca do Mundo".

A representação de um sujeito absoluto criador do "todo a partir do nada" legitimava o conceito metafísico de um poder separado do existente e dotado, ao mesmo tempo, de uma jurisdição sobre a totalidade do ser. E a doutrina do messias-senhor estabelece a continuação à necessária transição entre este significante sagrado de um poder universal e seus representantes temporais em uma sucessão limpa de hierarquias seculares que vão de Cristo ao apóstolo Pedro, e deste ao papa, do papa ao monarca universal, e do monarca do mundo ao missionário-soldado, para descender finalmente sobre seus sujeitos coloniais. Mas a resposta do imperador inca a semelhante proposta teológica foi terminante: "em relação à religião disse que de nenhuma maneira deixaria a sua, e que se criam em Cristo, que morreu na cruz, ele cria no sol que não morre nunca"[72].

A insubordinação anticolonial, no sentido ao mesmo tempo político e cosmológico, expressada pelo imperador inca ou pelos últimos sacerdotes astecas, e a resistência anticolonial como fora formulada por Mahatma Gandhi e Frantz Fanon partiram sempre de uma única premissa elementar: a consciência da unidade e integridade própria do ser, de um ser atravessado por uma ordem racional intrinsecamente perfeita que, consequentemente, não tem a necessidade de sacrificar a plenitude de seu presente, síntese cumprida do que foi, é e será, nos altares redencionistas do além, de sua subsequente transfiguração progressista em um amanhã melhor ou de sua volatilização global em um novo reino de simulações e simulacros. O imperador inca formulou sinceramente o seguinte: diante do postulado niilista do ser (o ser criado a partir do nada e contaminado por esse nada como finitude inerente ao ser e culpa que constitui a consciência humana) que legitimava a necessidade de sua sujeição colonial como instrumento de sua redenção, afirmou a permanência de um ser sagrado, infinito e harmônico, cuja expressão cósmica era o sol e cuja manifestação social era a sua soberania. Esses eram os princípios elementares que distinguiam os anticristos apostólicos: a resistência do ser contra o nada e da lei soberana contra a usurpação colonial.

A história deste *logos* percorre três episódios elementares. O primeiro é o *logos* pneumático que vincula a palavra criadora do ser ao sacrifício cristológico. É o *logos* que denota a palavra de Deus, de acordo com o apóstolo João, e que ao mesmo tempo une o Deus-pai ao Deus-filho e, com eles, aos ministros e servidores da comunidade católica ou igreja global, através da mediação do Espírito Santo. Esta primeira definição compreende uma relação essencial entre o *hagios pneuma*, o suspiro espiritual do ser, e a voz e a palavra anunciada e constituída em e pelas Escrituras apostólicas. Na *Primeira Carta aos Coríntios*, Paulo afirma que este espírito divino gera o *logos* dos conhecimentos (o *logos gnosis* e o *logos sofia*), assim como o *logos* das curas e dos milagres, e o *logos* das línguas (glosa)[73].

Em segundo lugar, este *logos* espiritual e apostólico se prolonga no *logos* epistemológico e tecnológico em seu sentido moderno. Tal continuidade discursiva entre o apostólico e o epistemológico foi deslocada pelo chamado processo de secularização. Mas seu deslocamento e ocultamento não significam necessariamente a sua supressão ou superação. A afinidade e a unanimidade epistemológica e teológica entre o *logos* cristológico e o *logos* epistemológico se revelam nas cumplicidades e complementaridades mais ou menos patentes entre os rigores ascéticos das epistemes científicas que percorrem as filosofias modernas de Descartes a Hegel e os rituais de purificação e renúncia que definem a universalidade cristã, como muitas vezes manifestado por Nietzsche. A continuidade e cumplicidade entre o *logos* redentor cristão e o *logos* da tecnologia industrial revela ao mesmo tempo um significado mitológico arcaico de seu processo civilizador: a identificação de seu domínio epistemológico sobre uma natureza reduzida à negatividade e à passividade (*natura naturata*) com a subordinação e supressão patriarcal das deusas femininas que regulavam ao mesmo tempo cultual e culturalmente os ciclos criadores da natureza (*natura naturans*), e os integravam em sistemas comunitários de produção. Mas esta persistência do *logos* pneumático do cristianismo no interior do *logos* epistemológico da *techné* moderna afeta, antes de tudo, a legitimação desta como herdeira universal secular de seu princípio de redenção.

A história do *logos* engloba ainda um terceiro aspecto: a racionalidade de uma expansão global da civilização ocidental ao longo de um tempo histórico que, desde a teologia política de Paulo até as escatologias revolucionárias ou neoliberais do século 20, foi designada como história universal ou pós-história global. A representação de um plano providencial ou uma ordem racional que rege esta história universal ou global, e seus dialetos e multiculturalismos locais, continuou conservando no mundo moderno e pós-moderno aquele mesmo significado do *logos* pneumático ou espiritual dentro do qual o cristianismo tinha concebido a predestinação. E abraça o mesmo mistério transcendente de uma realização do ser no mais além e o não lugar do "novo reino".

Mas nenhuma destas três dimensões do *logos* poderia ser considerada boa nem admitida por presunção no começo do século 21. A palavra sacrificial que constitui o corpo eclesiástico da humanidade global dentro do signo do Espírito Santo seria risível se a sua marcha sangrenta ao longo da história não a tivesse transformado em significante sacrificial absoluto. A identidade do *logos* da *techné* com os aparatos, as megamáquinas e os pentágonos de um poder disruptivo dos equilíbrios biológicos e sociais do planeta somente pode ser legitimada em seus próprios instrumentos de destruição total, tão terroríficos ou mais do que aqueles imaginados pelo apóstolo João em sua profecia apocalíptica.

Por outro lado, o *logos* da providência e do progresso que rege o curso da história universal a uma emancipação humana universal ou global virtual também não pode estar descolado daquela alienação radical de todos os aspectos da existência humana que somente encontrou uma expressão adequada nas visões de um "mundo ao contrário" (*Verkehrte Welt*) com as quais o humanismo artístico, literário e filosófico de Peter Brueghel, Sebastian Brant ou Erasmo de Rotterdã já havia denunciado a demência imperial do Ocidente no século 16.

O discurso que sustenta real e efetivamente este final histórico do *logos* não é nem o espírito sacrificial do cristianismo primitivo, nem a razão instrumental, nem mesmo uma vontade de progresso. Estas três figuras históricas do *logos* carecem de sentido no mundo moderno-tardio. São grandes significantes vazios. Ao contrário, o grande discurso que explica e legitima este vazio histórico e existencial de nosso tempo é o niilismo: a ilusão metafísica de um ser finito e incompleto, impregnado por um nada negativo, e a subordinação da existência humana no interior de uma construção linear e fechada da história definida sobre a base desta negatividade do ser e deste vazio. Niilismo como a ficção de um nada que sustenta o *logos* da história, a liberdade da existência humana e a estrutura do ser. No mais, este niilismo não é a consequência de um giro errático do *logos* da predestinação, das epistemes da tecnociência moderna ou das escatologias do desenvolvimento e do progresso. Constitui, na verdade, a sua premissa teológica, epistemológica e econômica. O niilismo é a quarta dimensão inerente a este *logos* na figura moral da queda e da culpa, sob a ética do sacrifício e das epistemologias da pureza lógica que a coroam, nas estratégias de dominação destrutiva da natureza, no heroísmo existencialista do ser-para-morte e sua bagatelização pós-moderna nos *slogans* do fim da história e do humano.

2

A crítica ao *logos* foi e é a expressão de incertezas ante suas sucessivas promessas de transcendência e redenção historicista, positivista ou estruturalista, sucessivamente falidas. É a consciência do vazio que circunda seus significantes e a falta de sentido subjacente de seus empreendimentos. A crítica do niilismo de Nietzsche, a teoria da transubstanciação capitalista do ser de Marx, a visão terminal da cultura de Freud, a reconstrução do vazio moral da civilização industrial de Simmel, a crítica do totalitarismo tecnocêntrico de Adorno, Horkheimer e Mumford são alguns dos âmbitos percorridos pela crise e crítica do *logos* em sua era final. É paradoxal, por isso, que precisamente no contexto da implosão midiática e da conversão eletrônica das linguagens e culturas globais que dominaram o fim de século, esta crise do logocentrismo tenha se redefinido como cruzada contra o fonocentrismo, contra uma suposta centralidade histórica da palavra pronunciada pela boca por cima da palavra escrita; reformula-se assim, corporativamente, a crítica do *logos* instrumental nos moldes de uma suposta identidade da palavra e do ser e, consequentemente, se reconverteram e se redesenharam as teorias críticas deste *logos* instrumental em suas múltiplas expressões sociais, religiosas, intelectuais ou artísticas dentro de uma categoria excêntrica de "análise do fonocentrismo". Parece paradoxal converter o que foi uma crítica e resistência contra este logos teológico, epistemológico e histórico em suas tarefas de extradição e simples erradicação de tudo que a fala reúne como expressão religiosa, artística e intelectual de uma existência imersa no ser da comunidade, da história ou da natureza. E é surpreendente que se denuncie o logocentrismo como preeminência ontológica da palavra falada a partir da presença irredutível da existência humana nos órgãos corporais da expressão, e em meio aos vínculos sociais e naturais que unem a boca que fala à comunidade que escuta, e às suas formas de vida e memórias coletivas[74].

A redução fonocentrista do *logos* inaugurada por Jacques Derrida parece fabulosa, porque a história civilizatória deste *logos* revela precisamente o processo contrário: a desarticulação teológica e epistemológica dos cultos e culturas orais associadas com as religiões mais antigas da humanidade ao longo de sua expansão colonial. A crítica do logocentrismo como fonocentrismo é assombrosa, porque em nome desta inversão de toda evidência empírica na história das culturas, da Mesopotâmia à Amazônia, não questiona o que esse *logos* foi e é, mas justamente tudo o que avassalou, hibridizou e suprimiu ao longo de seu percurso sangrento pela história.

A artimanha parece menor, porque o propósito tampouco era novo. A história teológica e epistemológica deste *logos* ocidental é a de um processo interminável de conversões e reconversões sob este mesmo princípio elementar de abstração e exclusão de quantas presenças empíricas, falas, dialetos e memórias se encontraram em seu caminho. O *Novo Testamento* reconfigura a palavra e o suspiro criadores, *ruah* ou *pneuma*, em um discurso puro do perdão sem história e da salvação de uma consciência infinita limpa de formas comunitárias de vida, e livre de corpo e de ser. De Paulo a Descartes, e de Teresa de Ávila a Husserl estende-se um ritual interminável de abstração da natureza e carne, de purgação dos sentidos e depuração dos signos concebido como instrumento místico e epistemológico de sacralização do grande significante sem referente: deus, razão ou estado. Em Teresa de Ávila este rito de limpeza se chama mortificação da carne, supressão dos sentidos, dissolução da memória, constrição e vazio absoluto do ser. Catarse, purgação, vômito ritual são os momentos que constituem o cepticismo epistemológico de Descartes através dos quais libera a existência de sua corporeidade e seus desejos, e dos costumes e contingências sociais, ao longo de uma *via crucis* coroada pelo sujeito racional como princípio autárquico de dominação geométrico-matemática. A desinfecção das categorias, esquemas e formas lógico-transcendentais de suas contaminações empíricas é o objetivo jurídico-epistemológico da razão pura de Kant. O caminho de perfeição transcendental que a percorre ergue em prodigiosa levitação a consciência perceptiva por cima das presenças sensíveis das coisas até alcançar as sublimes alturas de uma identidade numérica tão etérea como nas práticas meditativas do budismo de Vasubandhu. A abstinência ontológica que atravessa este nirvana epistemológico se transforma logo em sanção jurídica do acesso real ao reino da objetividade "ex-ata" e, subsequentemente, aos limbos da moral pura e do progresso universal da razão na história. A fenomenologia de Hegel reintroduz neste protocolo de abluções e catarses epistemológicas a dimensão sacrificial do desarraigamento da natureza e da comunidade, e a renúncia à concupiscência e à vida, sob o denominador comum daquela fruição (*Lust*) heroica de abstração, morte e poder que culmina na autoridade sagrada do estado universal moderno enquanto reino do espírito absoluto.

Este "Moloch da abstração", como foi chamado por Nietzsche, fica particularmente severo em tempos de crises. Em face dos desastres da guerra tecnoindustrial moderna e a perda de legitimidade das ciências, Husserl ratificou a pureza intencional do sistema transcendental das categorias como último recurso de salvação da consciência europeia. Sua invocação da razão geométrica e matemática pura, da pureza do sujeito racional e da pureza da intencionalidade fenomenológica conflui com a cruzada neoplasticista de liberação dos signos pictóricos de qualquer corrupção empírica e natural. A vontade de abstração que guiou os pioneiros da arte moderna do século 20 teve que atravessar os círculos infernais de guerras, revoluções e genocídios, antes de sublimar suas contingências angustiantes dentro dos princípios gramaticais de uma escritura plástica pura clamada a reconstituir a nova obra de arte, uma civilização nova e o novo humano. Outros exemplos podem ser citados. O mesmo princípio de abstração salvacionista que Le Corbusier consagrou em suas "catedrais brancas" adquiriu na metafísica de Heidegger as características de um ser-para-nada heroico. A purificação dos signos inspirou igualmente as retóricas acadêmicas do final da filosofia, o eclipse do intelectual ou o último livro, e as danças macabras do final da história e do humano. Purgar e depurar ritualmente a razão de suas contaminações estéticas ou de suas impurezas sociais foi uma tarefa litúrgica interminável na era de seu eclipse. A história do Ocidente é a processão interminável de abluções, purificações e absolvições ascéticas, epistemológicas ou semióticas deste *logos*.

Esta cerimônia de expurgação não podia ser detida às portas da linguagem. A escritura conceitual de Gottlob Frege é o modelo clássico de uma língua não natural constituída a partir de funções matemáticas puras, livres de contaminações semânticas e sociais. Seu princípio elementar de abstração remonta às linguagens analíticas de Descartes ou Leibniz, verdadeira antecipação das escrituras programáticas da computação moderna. O sonho de Condorcet de um código artificial híbrido que incluísse signos, números, fórmulas e pictogramas complementa este projeto instrumental de um sistema global de notação escritural que constitui todos os processos de produção da realidade, quer do *script* da história quer da escritura da vida. Em meio ao entusiasmo hiper-realista que acompanhou a implosão cibernética e midiática no final do século 20, a celebração da escritura como princípio constituinte de toda realidade, e as subsequentes inversões e subversões eletrônicas do ser, adquiriu aquelas mesmas dimensões alucinantes que no começo do mesmo século Jacques Lacan e Salvador Dalí haviam anunciado como uma "paranoia crítica" universal: a possibilidade de produzir delírios metonímicos e de conferir-lhes energia emocional inconsciente suficientemente intensa para outorgar-lhes uma aparência ontológica real, um consenso virtualmente democrático e uma legitimidade realmente totalitária[75]. Sob esta acepção, fala-se da escritura genômica de uma espécie, do roteiro da história ou do *script* da guerra global; neste sentido, nos referimos à escritura da cidade ou à designação de uma performance política.

Futuristas, dadaístas e surrealistas inauguraram esta revolução ontológica através de uma subversão poética sutil da linguagem. Suas estratégias: eliminar verbos e conjunções, desarticular os nexos formais entre os elementos gramaticais, diluir as funções significantes em benefício de associações emocionais inconscientes, criar associações fonéticas e nexos metonímicos livres de toda função organizadora consciente sobre a realidade. Seu resultado: objetos discretos e poemas e composições vibrantes nos quais se abriu a passagem para novas possibilidades de expressão. A desarticulação das funções gramaticais, a eliminação do significado semântico das palavras e a evaporação da realidade constituíam um ato revolucionário na mesma medida em que permitiam em muitos casos uma nova visão artística das coisas. Mas as mesmas técnicas de desconstrução semiótica, e da colagem e montagem de realidades discretas, que dadaístas e construtivistas ensaiaram como meios de uma nova poética, permitiam também a criação de uma escritura desnaturalizada e dessocializada, livre das memórias do passado e das experiências do presente. E sua subsequente produção industrial atropelava as linguagens históricas, reconfigurava os espaços e os tempos sociais, e reconstituía performaticamente os poderes políticos para elevar-se finalmente a uma segunda natureza total. O movimento futurista foi visionário a este respeito na medida em que compreendeu a relação interna entre a desconstrução poética das linguagens sociais e o projeto, a partir de suas partículas significantes desintegradas, dos novos sistemas performáticos de uma mobilização totalitária das massas industriais. Os danos colaterais desta desintegração das linguagens e a subsequente suplantação sistemática da realidade tampouco escaparam aos pioneiros da cultura moderna. Para os poetas e pintores dadaístas e surrealistas a clausura do *logos* e a criação de novas linguagens oníricas, alucinatórias, paranoicas ou esquizofrênicas era acompanhada de um fenômeno posterior: a afasia, uma incapacidade de articular uma experiência de si próprio, a desorientação global, a violência e o caos, que em alguns casos era formulada em termos psicológicos, como o fez Roman Jakobson, ou em outros foi reconstruída como um processo irreversível de empobrecimento da experiência, como antecipado por Georg Simmel, ou ainda interpretada a partir das múltiplas visões de uma civilização da morte que foram reiteradas de Hugo von Hofmannsthal a Paul Celan.

3

Conta uma lenda budista que Milinda, rei de Sagala, em uma ocasião, realizou uma visita ao venerável monge Nagasena. "Quem é a sua reverência e qual o seu nome?" perguntou-lhe. "Sou conhecido por Nagasena, ou o grande monarca" respondeu-lhe o monge. "E embora meus parentes e discípulos me designem como Nagasena, Surasena ou Virasena, estas palavras são meramente nomes, designações, termos conceituais incapazes de apreender a realidade da minha pessoa."

O rei se surpreendeu diante de semelhante declaração. "Então, quem é este venerável 'Nagasena'? Serão por acaso os seus cabelos?" perguntou-lhe. "Não, magnânimo monarca!" "Por acaso são as suas unhas, dentes e músculos, bílis e excrementos, sangue ou lágrimas?" "Não, grande rei, tampouco é isso", respondeu o monge. "Então é a combinação de sua forma e sentimentos, de suas percepções, seus impulsos e sua consciência?" "Também não!" "Neste caso, trata-se de um ente externo à combinação destes sentimentos e estados de consciência", replicou finalmente o monarca. "Não", voltou a responder o venerável budista. "Tenho que concluir então que sua reverência me enganou! Na realidade Nagasena não existe!" exclamou finalmente o indignado rei.

Chegando a esta conclusão, o monge devolveu as perguntas ao perspicaz monarca. "O venerável rei veio caminhando?" perguntou-lhe. "Não", respondeu o rei Milinda, "não cheguei a pé, mas em uma carruagem". "Ah!" respondeu o monge. "O rei veio sobre rodas!" "Não exatamente!" corrigiu o rei. "Então, ó rei, veio arrastado por cavalos." "Também não", respondeu o monarca com crescente perturbação. "Chegou, portanto, sobre eixos?" continuou perguntando Nagasena. "Não é exata essa explicação." "Ó venerável rei, tenta burlar-se de minha pessoa com precisões confusas?" replicou o monge. "Como pode vir vossa senhoria até aqui se não veio caminhando, nem sobre eixos, nem rodas, nem arrastado por cavalos?"[76]

Quando o rei tentou explicar que a palavra carruagem designava o conjunto de suas partes e não podia desligar-se de sua realidade concreta já era, de todo modo, muito tarde. As perguntas do monge haviam revelado o caráter virtual dos nomes. Estes haviam sido revelados como signos desprovidos de ser. O referente ao qual significava resplandecia como uma pura projeção subjetiva. A realidade individual do monarca também era esclarecida como uma ilusão gerada por suas próprias palavras. E, só então, ao ser reconhecida como tal reflexão especular dos signos e imagens, a consciência podia se liberar da ficção de um eu. Somente então a rede de categorias (*net of thought-constructions*) se purificava da *samsara*, o mundo real dos seres que nascem, envelhecem e morrem. E somente no momento em que o eu é reconhecido como não eu (*not-self*), como uma miragem livre de realidade, pode ser colocado um ponto final nas ideias discursivas e no pensamento projetivo. Este é o momento culminante da meditação em que se suspende o *logos* e se alcança um estado mais além do discurso e das palavras: o nirvana. Os tratados budistas usam um símil para a definição desta iluminação: um olho doente que no ar límpido das altas montanhas não vê nada além de moscas e cabelos, mas que ao curar-se de sua doença, que nada é além da doença de sua própria realidade contingente presa ao desejo e à dor de existir, abre-se ao autêntico ser, a um ser não contaminado pela multiplicidade, mutabilidade e miséria do existente. Só então revela-se a realidade derradeira da ipseidade (*suchness*)⁷⁷.

Vivemos em um mundo o qual foi privado semiótica, tecnológica e mediaticamente de ser em prol da felicidade e poder, que garantem os paraísos virtuais de presenças metafóricas e realidades nominais. Ante uma realidade que se confunde com as catástrofes, buscamos um último refúgio nas linguagens crípticas da ciência departamentalizada, nas intertextualidades academicamente tuteladas, nos signos livres de referentes e nas escrituras puras. Abraçamos o nirvana dos signos em uma última e sublime escapatória ante a insuportável decomposição do existente.

E quando as palavras se esvaziaram de toda realidade comunitária e histórica, de todo arraigamento nos costumes, das experiências e das formas de vida, quando foram liberadas epistemológica, semiótica ou midiaticamente de sua memória, se transformaram em signos aleatórios capazes de adotar qualquer sentido, tanto efetivo quanto arbitrário. Não vivemos no meio de um universo de signos desprovidos de todo valor, onde a guerra pode ser impunemente de paz, e onde a palavra liberdade designa os sistemas de controle totalitário mais terríveis que a história da humanidade conheceu, exatamente como temiam George Orwell ou Alfred Kubin em suas visões de uma humanidade desesperada? Não tentamos antes de tudo salvar-nos do *logos* da dominação e da catástrofe em nome da irrealidade de escrituras fictícias do Estado, da história e da vida?

Lembrar a crítica ao nirvana lógico-transcendental, elaborada por Nietzsche, como ascese epistemológica e sublimação vital, como negação da realidade e como justificação derradeira do poder de uma casta sacerdotal decadente não é precisamente supérfluo. É certo que esta crítica não faz justiça ao significado espiritual e metafísico que a práxis do nirvana possui em todas as escolas budistas. De todo modo, Nietzsche nunca pretendeu analisar as religiões orientais, mas sim o cristianismo. Sua crítica às purgações epistemológicas dos sentidos e à ascese científica do real estava dirigida ao sacerdote cristão sob a figura secularizada representada pela filosofia de Hegel ou Kant. Nietzsche construiu uma crítica hermenêutica que evidenciava as categorias transcendentais da filosofia científica moderna como sublimações dos princípios cristãos de interioridade e pureza, de culpa, ascese e dominação. Seu objetivo era desmascarar o niilismo metafísico inerente a um pensamento que refutava a realidade em seus aspectos tanto físicos quanto sociais, que se afastava dos impulsos criadores da vida individual e social; era denunciar uma moral que reduzia tudo a signos, simulacros e fantasmas semióticos. Como escreveu em *O anticristo*, a propósito do apóstolo Paulo: "Tudo que é sólido se transforma em nada. [...] Todo o resto, toda a realidade, toda natureza, mesmo a linguagem, tem valor apenas como um sinal, uma alegoria. [...] este simbolismo *par excellence* encontra-se alheio a toda religião, todas noções de adoração, toda história, toda ciência natural, toda experiência mundana, todo conhecimento, toda política, toda psicologia, todos livros, toda arte. Seu 'saber' é o delírio puro de que algo semelhante possa sequer existir. [...] Tal doutrina não pode contradizer: não sabe que outras doutrinas existem ou podem existir, é inteiramente incapaz de imaginar um juízo oposto. [...] E se, porventura, o encontra, lamenta por tal 'cegueira' com uma sincera compaixão"[78].

A condenação estruturalista do *logos* e do logocentrismo como ordem linguística contaminada pela presença do ser e a subsequente sublimação de um sistema autônomo de codificação escritural se distinguem, de todo modo, do misticismo budista em um ponto fundamental. O *yogui* abandona a função diferenciadora e discriminadora do pensamento discursivo. A experiência do nirvana o submerge na ordem de um ser substancial[79]. Ao contrário, o funcionário escritural ou letrado semiótico radicaliza esse momento diferenciador até o limite de sua transcendência ontológica; não lhe interessa somente o significado espiritual e metafísico da suspensão mística da realidade finita das coisas. A abstração dos signos e a eliminação dos significados objetivos servem para a constituição dos códigos escriturais autônomos geradores das novas realidades virtuais, seja o valor das mercadorias, sua cristalização totalitária no espetáculo midiático ou os sistemas de escritura eletrônica de controle da biosfera e da sociedade. O que o desconstrucionismo suprime com isso não são precisamente os aparatos transcendentais de dominação tecnológica, mas as dimensões metafísicas às quais estavam ligados, assim como no racionalismo de Descartes e de Kant, cuja função legitimatória já não encontra lugar na cultura pós-humana. Nesta medida, o apostolado estruturalista deu legitimidade à quimera tecnocêntrica da reconstituição da vida como performance genética, à produção midiática da história como *script*, à configuração da cultura como hipertexto e à conversão do eu em uma sucessão aleatória de cadeias e associações metonímicas sem consciência. E estilizou-se como monge virtual de uma nova era sob um clamor redentor renovado de sujeitos transindividuais, discursos hipertextuais ou espetáculos híbridos.

No começo do século 21 esse sonho mágico-realista de uma escritura programática livre de experiências e memórias, capaz de configurar ciberneticamente o grande espetáculo do mundo e integrar o pós-humano no cosmo tecnocrático da sociedade pós-industrial, trocou seus signos de fascinação psicodélica por visões espectrais de destruição militar, totalitarismo eletrônico e um desespero humano universal nas periferias de sua expansão colonial. Os espetáculos das guerras do fim da história clamados a instaurar globalmente a felicidade do livre mercado se revelaram como algo muito pior que uma *fata morgana*: são um sistema de terror mundial. A escritura genética que rege a criação de espécies vivas se tem mostrado como falácia tecnocêntrica do ponto de vista da interação entre genoma e substâncias protoplasmáticas, e entre as espécies juridicamente definidas como individualidades autônomas e os sistemas biológicos dos quais realmente depende a sua sobrevivência. Mas a sua difusão industrial adquire progressivamente as dimensões de uma verdadeira arma de dominação corporativa de controle alimentício com efeitos devastadores sobre a biodiversidade e consequências genocidas sobre as populações politicamente mais desamparadas do planeta. Também a produção metonímica de linguagens transculturais e sujeitos híbridos deu lugar a uma realidade simbolicamente desintegrada e a uma passividade social midiaticamente tutelada. A ordem de uma escritura absoluta revelou-se como o álibi da quimera de uma dominação absoluta sobre uma existência humana esvaziada de ser.

4

Existe uma situação clássica que descobre essa função colonizadora da escritura. Seus atores e cenários já foram mencionados: o missionário cristão, o imperador inca. Também já indiquei os termos de sua atuação. O sacerdote invoca o significante absoluto que não tem referente. Em seu nome, que é o nome da salvação global da humanidade, o missionário-soldado instrui a culpa e a constrição, exige a humilhação e a obediência, força a entrega do ouro, mulheres e terras, e impõe a renúncia ao ser. O soberano invoca a presença irredutível de tudo que é e a inalienabilidade do que foi e é seu; não protesta ao não ser. Mas todas as crônicas daquela cena fundacional do colonialismo moderno coincidem em uma última circunstância: Atahualpa indagou ao missionário sobre o que fundava a sua palavra. Um poema da época descreve sumariamente os termos daquela confrontação:

> Con esto Atavalipa se ensoberbeçió.
> En ese comedio un padre salió
> (Que ahora es obispo) pensando aplacalle;
> El cual con la blibia llegó a aballe,
> Y en cosas muy grandes de Dios le habló…[80]

[Com isto, Atavalipa se agitou.
Nesse ínterim um padre se adiantou
(Que agora é bispo) pensando em amansá-lo;
O qual com a bíblia foi falar-lhe,
E em coisas muito grandes de Deus lhe falou...]

O sacerdote-soldado erigiu a autoridade da escritura como legitimação sacrificial do *logos* colonial. Certamente não se tratava do livro no sentido da voz divina que o povo judeu tinha dado a si mesmo através de seus profetas. O que o missionário ergueu como prova de uma lei universal mais poderosa que o próprio sol não era a Bíblia, que a autoridade eclesiástica tinha proibido como potencial fonte hermenêutica de resistência comunitária à sua efetiva dominação escritural. Nem se tratava de um livro no sentido da cristalização unitária de um pensamento literário, religioso ou filosófico individual que o humanismo havia criado à margem de e contra aquele poder eclesiástico. Tratava-se, segundo todas as crônicas, de um breviário ou catecismo. O gênero literário que configuram estes catecismos, os manuais para confessores e outros escritos de propaganda eclesiástica não forma parte do mundo do livro no sentido estrito em que haviam sido concebidos por Cervantes, Erasmo ou Montaigne. Constituíram, melhor dizendo, uma antiliteratura pós-humanista *avant la lettre*. A produção e difusão massivas destes catecismos através da imprensa foi acompanhada pela maior destruição de livros filosóficos, tratados científicos, obras literárias e códices sagrados que se conhece na história da humanidade. A rigor, estes breviários, catecismos e confessionários não eram livros, mas textos e obras intertextuais compostas ao longo de procedimentos transubjetivos corporativamente organizados. Engendravam precisamente a supressão e a superação do livro. Sua articulação conceitual no espaço e tempo não obedecia ao processo dialógico de uma experiência reflexiva, mas a uma colagem e montagem eclesiasticamente sancionadas de enunciados doutrinais, modelos gnoseológicos, instruções pragmáticas e *slogans* midiáticos. Estes catecismos são a verdadeira antecipação do hipertexto pós-histórico. Suas cadeias significantes configuravam um sistema imune a qualquer distinção entre o verdadeiro e o falso: eram a escritura que constituía uma realidade por direito próprio, o *script* de um poder absoluto, a antecipação mágico-realista do final da história e a transcendência do humano. Suas conexões intertextuais configuravam uma rede aberta à sua reprodução indefinida no tempo e no espaço. Sua redefinição e reconversão das culturas históricas como sistema de representação sacramentalmente sancionada da inversão do ser antecipava rigorosamente os significados do espetáculo pós-moderno.

5

A consciência moderna tardia reconhece a sua realização final na unidade sem fissuras de seu não eu com as redes e códigos significantes que o envolvem como uma segunda natureza espetacular. Sua identidade virtual constituída ao longo dessas cadeias sistêmicas define sua liberdade (a determinação de diferenças significantes nos sistemas e cadeias linguísticas da realidade virtual corporativamente organizada) na mesma ação performática que dilui sua consciência e o mundo em um oceano infinito de signos, imagens e marcas sem realidade. Mas as mesmas redes que liberam essa não consciência nominal de toda realidade e a transformam em reino transcendente dos signos puros, fecham a sua existência contingente em um sistema de dependências econômicas, institucionais e psicológicas, e a reduzem a uma impotência real. Esta dupla condição do não sujeito pós-humano – delírio cibernético de um poder absoluto e volatilização da existência em sistemas de signos vazios de ser – define a condição fraturada de nossa existência sitiada.

Intelectual, exílio

(1, conhecimento; soberania)

A unidade de conhecimento e soberania que outorgou ao descobrimento copernicano das "revoluções das esferas celestes" o significado de uma reforma do pensamento e uma humanidade renovada imprimiu o caráter do filósofo, do cientista e do intelectual modernos. Conhecimento e liberdade confluíam em suas expressões artísticas, literárias e científicas. Nessa ciência do humanismo, a experiência intelectual não se circunscrevia, entretanto, a uma emancipação do conhecimento do controle eclesiástico e do poder monárquico. Filósofos e cientistas como Luís Vives, Sebastian Franck ou Paracelso conceberam esse conhecimento como o meio de uma explícita crítica do absolutismo feudal, do imperialismo cristão, da dor e da miséria humanas que impunham *per totum orbem terrarum*.

Paracelso era médico, botânico, astrólogo e metafísico. Denunciou asperamente um papismo romano que pretendia expandir globalmente a doutrina de Cristo por meio da morte e da escravidão, enquanto se entregava a orgias de corrupção e ao escárnio da massa cristã. Vives questionou a brutalidade do imperialismo da Cruz. Franck se opôs às guerras europeias de religião. A resistência de todos eles ao absolutismo cristão se fundava sobre a autonomia da razão e na capacidade humana de construir um mundo histórico em consonância com a harmonia divina dos céus[81]. De Judá Abravanel a Giordano Bruno, o humanismo renascentista sustentou até as últimas consequências (com a perseguição, a tortura e a morte) a possibilidade de restabelecer este cosmo harmônico. Com ele se restituía também o legado espiritual de uma tradição milenária que integrava ao mesmo tempo as filosofias védicas, a cosmologia dos magos egípcios e a sabedoria talmúdica, que dialogava simultaneamente com o misticismo sufi, a cabala e com a astronomia moderna. Realizações como a *Encyclopédie*, e programas políticos como a *Déclaration des droits de l'Homme et du citoyen* foram os frutos tardios daquela unidade de conhecimento e liberdade.

A ambiguidade institucional do intelectual, privilegiado por nobres, reis e pela própria Igreja renascentista, ao mesmo tempo que objeto de perseguições e exílios, é inerente a este duplo fundamento. A identidade de conhecimento e liberdade transformava o humanista em um saber "equiparável ao dos profetas" – como escreveu Abravanel em sua fuga da Espanha[82]. Mas soberania do conhecimento significava também dominação, e *scientia et potentia humanae in idem coincidunt*[83], de acordo com a fórmula de Francis Bacon. Aquela mesma unidade de conhecimento e soberania que elevou Erasmo ou Bruno ao grau de reformadores do pensamento e da sociedade, deu à nova ciência o valor de conhecimentos úteis cujos "frutos", mitologicamente identificados com os poderes das deusas femininas da fecundidade da natureza, Bacon traduziu à categoria de lucro capitalista das empresas industriais e sua expansão colonial. Os grandes sistemas da filosofia moderna são a expressão arquitetônica deste frágil equilíbrio entre a razão científica e aquelas transformações tecnológicas, econômicas e sociais ligadas aos significados humanos ambivalentes do progresso industrial e pós-industrial.

Um dos ápices alcançados por essa unidade de conhecimento e liberdade foi representado por Johann Wolfgang von Goethe. Em seus estudos de botânica e mineralogia, e em sua crítica da física newtoniana, esse humanista traçou a unidade de uma rigorosa teoria do conhecimento científico, com a história dos saberes literários e filosóficos mais remotos da humanidade. Seu projeto, que se cristalizou poeticamente na figura literária do *Fausto*, estava fadado talvez a fracassar epistemológica e politicamente: a concepção mecânica da natureza se impôs sobre a interpretação "spinoziana" da morfologia das plantas e sobre a teoria "romântica" da cor de Goethe, sem melhores argumentos além de sua congruência com os imponderáveis[84] da produção mecânica e o progresso de uma razão instrumental. No mais, os próprios conflitos econômicos e políticos atravessados pela tragédia do *Fausto* de Goethe anunciavam os motivos de sua dissolução interior, especialmente formulada em suas versões tardias, como aquela de Nikolaus Lenau no século 19, e a de Thomas e Klaus Mann no século seguinte.

O progresso capitalista atropelou a bela harmonia cósmica e social que a ciência moderna contemplava na era de Paracelso ou Kepler. Arrasou o diálogo de musas e máquinas com o qual ainda sonhavam os positivistas das velhas exposições industriais europeias. E liquidou a unidade de conhecimento e soberania sobre a qual se sustentavam as revoluções socialistas que as balizaram. Desde que a *Independence* e a *Grande Révolution* se transformaram no sistema político e no aparato militar de um novo imperialismo secular e tecnocrático, desde o momento em que a revolução industrial converteu as epistemologias científicas em um instrumento de subordinação neocolonial em escala global, e desde que o trabalho ilustrado de educação e esclarecimento se transferiu para um sistema global de produção cultural e escárnio midiático, este intelectual moderno se retraiu socialmente, se fraturou linguisticamente, se dividiu interiormente. Hölderlin formulou a sua primeira crise na figura trágica de um Empédocles acossado por uma massa brutalizada que não era capaz de compreender a sua crítica emancipadora. De Francisco Goya a Edward Munch e Max Beckmann, estende-se o mesmo testemunho negativo de solidão, impotência e desolação.

Ao mesmo tempo, intelectuais como Marx ou Bachofen, Nietzsche ou Freud, traçaram sucessivos projetos de transformação dos constituintes metafísicos e políticos de uma civilização ameaçada. Estes projetos englobam, com a mesma radicalidade que os humanistas do renascimento e os filósofos das luzes, um amplo espectro de conhecimentos, que compreendia a epistemologia e a filosofia da natureza, a hermenêutica e a antropologia, a teoria social junto à crítica literária e estética. Em suas obras, reconstruiu-se uma unidade de conhecimento e emancipação nos mesmos termos que poderiam ser feitos por Spinoza ou Bruno. Todos eles expressaram a necessidade de um renascimento social e cultural capaz de pôr fim à marcha suicida do capitalismo industrial e à decadência cultural que arrastava consigo. Nietzsche dirigiu seu olhar às capacidades regeneradoras da arte e da filosofia gregas, que o cristianismo havia devastado. Bachofen descobriu os cultos matriarcais ligados a uma relação não destrutiva com a natureza e a tradições democráticas que a ordem patriarcal tinha eliminado. Marx reformulou uma herança socialista europeia que lutava por restabelecer relações harmônicas com o social e com a natureza. Freud fez um projeto de reeducação de uma consciência moderna amordaçada pela culpa, pela angústia e pela fratura interna.

O século 20 se distinguiu por uma série ininterrupta de reformas e revoluções que tentaram erguer uma alternativa aos efeitos globalmente devastadores do colonialismo, às diferenças e aos conflitos sociais cada vez mais injustos, e à proliferação das guerras. Esta resistência levou as águas da inteligência artística e filosófica através do leito de generosas transformações em um sentido tanto estético, quanto filosófico e social. A revolução russa de 1917, a emancipação anticolonial da Índia e da China, os movimentos de independência nacional em toda a África ou as revoluções mexicana e cubana foram marcos históricos nesse sentido. Na evolução dessas mudanças sociais revelou-se uma nova figura intelectual. Rosa Luxemburgo, Leon Trotski, Antonio Gramsci, Mahatma Gandhi, Patrice Lumumba, Che Guevara... eram intelectuais no sentido de que todos começaram suas vidas como escritores, filósofos ou jornalistas. Todos levaram a sua consciência da desumanidade do capitalismo industrial e do colonialismo a uma práxis social que compreendia processos de esclarecimento político, formas de solidariedade humana e a resistência contra sistemas políticos opressivos.

Mas esse século também foi assaltado e submetido por sucessivas guerras imperialistas, sistemas totalitários e genocídios contínuos. Juntamente com as suas concentrações de poder corporativo e militar se desenvolveram complexas máquinas institucionais de propaganda, e um controle ideológico e midiático totalitário. A coação e perseguição dos intelectuais foi uma de suas consequências. O stalinismo soviético, o nacional-socialismo europeu, o mccarthismo norte-americano e os fascismos da América Latina proporcionaram um mostruário variado de flagrantes ou violações encobertas da autonomia intelectual em grande escala. Crimes constantes e exílios permanentes foram a sua consequência inevitável.

E um infinito silêncio. Seu corolário final é a quarentena social de uma *intelligentsia* excluída de uma realidade pública, monopolizada pelas administrações políticas, pela indústria da comunicação e pela organização corporativa da tecnociência.

As novas concentrações de poder foram acompanhadas, por seu lado, de sistemas intensivos de propaganda e de um desenvolvimento fabuloso dos meios técnicos de informação que alteraram as linguagens e formatos públicos da práxis intelectual. A unidade de conhecimento e de consciência moral que a estruturava se desmembrou em mil pedaços. O novo intelectual se chama profissional, *expert* ou especialista e, como tal, reduz o campo de sua responsabilidade a uma ação estritamente instrumental, submissa à vigilância corporativa ou obediente à disciplina departamental. As condições de produção acadêmica e industrial de conhecimentos reduzem seu papel a um sistema fechado de microssaberes que, na melhor das hipóteses, tolera dimensões éticas com o pretexto da legitimação institucional. Em última instância, as redes micropolíticas que regem a sua conduta acabam estrangulando esse profissional especialista até o extremo de sua completa anulação intelectual. Por isso a academia não cessou de referendar a claudicação da consciência reflexiva, o final dos discursos críticos e uma nova condição pós-intelectual.

Não termina aqui o seu destino. Se a administração corporativa modela um especialista disciplinado e gregário, a indústria cultural define o intelectual como *performer* comercial. O primeiro sacrifica toda a comunicação socialmente responsável em nome da profissionalidade. O segundo sacrifica todo o rigor conceitual e moral de um espetáculo cultural irresponsável. Ambos são regidos pelas mesmas normas de racionalidade monetária. Mas, enquanto o tecnocrata se submerge no anonimato administrativo, o *cultural performer* se exibe na aldeia global com todo o *glamour* fetichista de uma estrela da mídia.

Por isso também há o estigma negativo que caracterizou o intelectual moderno nos momentos mais graves de sua história. Uma depois da outra, ao longo do século 20, as tentativas de uma organização democrática e igualitária da sociedade foram sendo derrubadas. Seguidamente presenciou-se o triunfo do escárnio político sobre uma massa humana impotente e desamparada. Continuamente assistimos impassíveis ao uso de armas genocidas, aos campos de concentração e de refugiados, à implementação organizada da tortura e da violação, ao deslocamento militarmente forçado de povos inteiros e aos genocídios. Confrontamo-nos diretamente com as formas mais extremas de degradação humana. Todos esses epifenômenos da civilização capitalista foram presenciados pelos intelectuais modernos e pós-modernos em proporções crescentes desde a Primeira Guerra Mundial até a guerra global. E sempre reiterou-se a mesma constelação de silêncio e indiferença, de covardia e retração; sempre a mesma situação de conivência implícita e cinismo explícito com políticas totalitárias e regimes corruptos; e sempre essa cumplicidade e esse silêncio foram selados com as semióticas politicamente corretas de patriotismos sublimes, democracias impecáveis ou comunismos perfeitos.

A *trahison des clercs* foi a acusação que Julien Benda enviou aos intelectuais europeus que se somaram às políticas nacionalistas e abriram as portas aos fascismos, stalinismos e, finalmente, à Segunda Guerra Mundial. Mas essa carga sobre os intelectuais se transformou em uma insígnia de ressonâncias precisamente globais e de alcance muito mais profundo que o espectro político limitado do ensaio de Benda. A passividade dos intelectuais e das universidades europeias ante a ascensão do fascismo nos anos 1930, o silêncio do intelectual profissionalizado ante o desenvolvimento das tecnologias da guerra nuclear e biológica nas décadas da guerra fria, a cumplicidade do *global professor* ante a destruição ecológica e social dos chamados países pós-coloniais em vias de desenvolvimento, ou "Terceiro Mundo", são sucessivos exemplos de uma consciência intelectual amplamente petrificada pelo medo, diminuída pelo oportunismo, amedrontada pelos populismos patrióticos e nacionalistas, e contaminada por um esteticismo decadente.

Nenhum olhar moderno revelou de maneira mais perturbadora essa miséria tanto moral e artística, quanto sexual e política do intelectual contemporâneo, do que *Mephisto* de Klaus Mann[85]. Esse romance queria mostrar antes de tudo a precariedade dos intelectuais que se tinham oposto ao estado nacional-socialista alemão e as vicissitudes humanas subsequentes à perseguição política, ao extermínio e ao exílio. Mas o seu protagonista, o ator Hendrick, revela algo ao menos tão sombrio quanto a perseguição e os genocídios dos fascismos modernos: a claudicação do intelectual ante o poder coativo do Estado e a transformação do artista independente em agente corporativamente identificado com a performatização de uma máquina política imperialista. *Mephisto* é o testemunho da liquidação do intelectual moderno como consciência soberana no mesmo instante triunfal em que se eleva ao ápice do espetáculo do poder global.

Mas a situação histórica que Mann percebeu não deve ser considerada de modo algum como o simples pesadelo de um autoritarismo politicamente superado. Seu romance, a proibição que a sua edição atravessou nos anos do pós-guerra e sua posterior recuperação filmográfica por István Szabó revelam um problema contemporâneo. *Mephisto* descreve a transição do intelectual e artista como mediador de um processo social de esclarecimento e emancipação, no sentido formulado pelo humanismo ilustrado de Leibnitz ou Bertold Brecht, a um artista-político transformado em criador de ficções, *star* da indústria cultural e programador da política como obra de arte. O modelo clássico deste artista político continua sendo oferecido, sem dúvida, pela teoria da cultura de Goebbels: o diretor geral da propaganda nacional-socialista, o homem que conectou as corporações de produção filmográfica e comunicação eletrônica com a indústria militar e com a administração em nome da política como espetáculo total. McLuhan pode ser elevado aos altares baixos de um pseudoprofeta pós-moderno que reciclou os vaticínios românticos dos velhos fascismos europeus à versão pós-moderna da democracia como *talk show*. No despontar de nosso século, este projeto fascista de uma política produzida como espetáculo e seu universo de trivialidade semiologicamente manufaturada gerou uma segunda natureza globalmente triunfante em meio a guerras genocidas e a uma regressão geral da humanidade.

No momento em que a cultura se dilui em uma variedade de produtos comercialmente degradados e onde o projeto, a promoção e a produção do espetáculo invadem todas as expressões da existência humana, o intelectual também perdeu seu lugar como inteligência independente, como consciência socialmente orientadora, como exemplaridade moral ou como simples existência pública. O olhar de Klaus Mann foi também visionário neste sentido. Seu manifesto de 1949 *Die Heimsuchung des europäischen Geistes* descreve uma Europa em ruínas e extraviada no tempo histórico, que tinha perdido a fé no progresso e enfrentava sem esperança a caducidade de seus valores herdados mais sagrados. As categorias com as quais Mann descreveu aquela constelação histórica são eloquentes por si: "crise permanente", "ruínas e escombros", "extravio..." São as mesmas metáforas usadas durante uma longa tradição intelectual europeia, de Nietzsche a Adorno. Mann acrescenta uma dimensão nova. *Heimsuchung*: uma palavra que designa a condição de perseguido, capturado ou fechado em sua moradia, e que alude à derrota política e moral do intelectual[86].

A figura do intelectual foi moldada pelas sucessivas revoluções que configuraram a era moderna. Jefferson e Paine foram vozes filosóficas contra o poder colonial europeu. Miranda, Bolívar e Martí eram homens de letras que conceberam a emancipação dos povos da América hispânica. Proudhon, Saint Simon ou Marx formularam as categorias convocadas a superar os ciclos de destruição social que percorreram o capitalismo do século 19. Lenin e Rosa Luxemburgo definiram uma resistência política contra os imperialismos modernos. A palavra que resumia a nova vontade política de blanquistas e saint-simonianos, de anarquistas e comunistas, e dos partidários das frentes anticoloniais de liberação nacional no Terceiro Mundo é uma metáfora militar: a vanguarda. O intelectual assumia a função de um pioneiro na marcha da história em direção a uma emancipação virtual do proletariado, dos condenados da terra e das massas humanas deslocadas, concentradas e eliminadas pelo capitalismo industrial. Era sua a crítica social e uma visão do tempo histórico sob o signo da justiça. Era seu o espírito da história inspirado no messianismo e no humanismo judeus, emprestado das escatologias heréticas do cristianismo revolucionário medieval, secularizado dentro do anticlericalismo enciclopedista e o racionalismo científico moderno. Na consciência deste intelectual moderno, confluíam as categorias de uma harmonia racional do mundo natural e histórico, e as estratégias e instrumentos de sua realização política.

Ninguém definiu o idealismo desta consciência revolucionária como Georg Lukács em uma obra clássica: *Geschichte und Klassenbewusstsein*[87]. O conhecimento científico dos conflitos que atravessava a sociedade industrial e a vontade moral de emancipar a humanidade de suas correntes, erguiam o intelectual revolucionário a um grau de função normativa. Sua crítica social e sua capacidade efetiva de orquestrar um processo coletivo de esclarecimento e ação emancipadora assinalavam o verdadeiro nascimento de uma nova consciência histórica: "a consciência que já não opera como um espectador completamente passivo de um devir das coisas regido por leis imutáveis [...] e tampouco concebe este devir como um poder que pode controlar o seu próprio arbítrio subjetivo"[88]. Uma vez cristalizada a sua função liberadora e cumprido o seu projeto de comunidade dos sujeitos autoconscientes e livres de uma história humanizada, este intelectual dirigente, de acordo com a teoria social de Lukács, deveria dissolver sua condição separada do resto da sociedade e quebrar as suas epistemologias transcendentais em benefício da autogestão democrática da sociedade.

No despontar do novo século, a ordem mundial cumprida de um mercado corporativamente controlado, a extensão global do colonialismo e a propagação concomitante da guerra em escala planetária revelaram a constelação histórica oposta. O intelectual não permaneceu imune a ela. Foi devorado pelas burocracias administrativas e financeiras; vaporizado nos sistemas produtivos da razão instrumental; transfigurado na glória fetichista do espetáculo. Os princípios de soberania que tinham definido o seu nobre passado humanista, a sua função social liberadora na era da ilustração e seu tenaz reformismo social dos séculos passados foram sendo desmontados sucessivamente pela queda do final da filosofia, a pós-política, a pós-história e o pós-humano. Para finalmente ser eclipsado sem deixar rastro nos labirintos desconstrucionistas da produção e reprodução acadêmicas de um conhecimento administrativamente domesticado.

A dependência intelectual das corporações industriais e a administração governamental que Charles Wright Mills impugnara em meados do século passado, e sua fossilização paralela sob a figura do *homo academicus* que Pierre Bourdieu descreveu nos anos 1980 foram erigidas enquanto isso em um imutável *fait accompli*[89]. Profissionalidade e especialização, os códigos de disciplina administrativa e a subordinação universal a um princípio de rendimento econômico imediato: tudo contribuiu para criar o clima de apatia moral, uma mediocridade teórica pandêmica e o silêncio público que distingue o homem acadêmico às portas do século 21. A absorção do conhecimento sob as normas de rendimento e eficiência administrativas limitou a sua organização corporativa aos limites de um pragmatismo tecnocrático cego, quando se trata de faculdades tecnocientíficas, e nos campos vigiados de intertextualidades irrelevantes no caso das ciências humanas.

Pronunciar-se na academia sobre o monopólio da informação, os efeitos ecocidas e genocidas da indústria biológica ou a degradação da democracia em espetáculo é inadequado. Debater sobre a crise das ciências e as fronteiras institucionais das ciências humanas em uma era de massiva comercialização e trivialização culturais significa invadir territórios incertos. Questionar as estratégias devastadoras que continuam sendo impostas sobre as nações neo/pós-coloniais ou perguntar-se sobre as consequências da globalização da violência é uma transgressão perigosa. A reflexão socialmente responsável em uma era definida pelas atrocidades, pela submissão massiva dos direitos humanos e pela ostentosa construção de sistemas de controle totalitário da sociedade civil em escala global significa uma profanação da neutralidade das aulas. Pensar não é politicamente correto. Ante o absurdo patente dos discursos dominantes de desenvolvimento econômico, segurança nacional e progresso tecnocientífico, a academia e seus *last intellectuals* se converteram em testemunhos emudecidos de seu próprio eclipse.

Quando já não há nada para dizer ou não se pode ou não se quer dizer nada, o melhor é falar da linguagem. E o mutismo intelectual ante a crise de legitimidade das ciências pós-modernas foi compensado fartamente por uma fetichização da língua que começou com a escolástica saussurriana da *gauche* parisiense em 1960 e culminou com a histeria desconstrucionista da Yale University. Nenhum dos grandes dilemas da teoria crítica moderna escapou desta onisciente alfândega semiológica. A partir de seus axiomas preceptivos, a teoria do inconsciente de Freud é uma construção gramatical do sujeito. A luta de classes, uma alegoria meta-histórica. O controle corporativo da informação: *fata morgana* e sistema de simulacros. Tudo começa e termina em discursos, construções, estratégias semióticas, representações, performances e signos. A guerra nuclear é um referente ambíguo. O aquecimento global é uma hipótese interdisciplinar. A destruição terminal de culturas no planeta é uma questão de hibridismos semióticos. A última consequência desta conversão linguística do intelectual foi a propagação de sintagmas, a multiplicação de gírias, e a fragmentação e putrefação dos discursos acadêmicos até o extremo de um charlatanismo que comparativamente faz com que os pedantes que Bruno ridicularizava em seus diálogos pareçam discretos.

A volatilização semiótica da teoria crítica uniu-se ao seu desmembramento micropolítico. Feminismo e *queer studies*, sujeitos subalternos e identidades locais, e *cultural studies* como campo de desmanche e ferro-velho da teoria crítica do pós-guerra europeu, pseudodisciplinas e neossaberes que achataram a perspectiva teórica sobre os múltiplos conflitos que afloram no começo do século sob críticas ostentosas da representação e estratégias performáticas tediosas. A bandeira do pluralismo e do multiculturalismo tremulou altivamente sobre estas retóricas da academia global. Suas ordens, quase sempre encobertas pelo *sex appeal* vanguardista de uma *newest left* etérea, não iam, entretanto, mais além das semiologias ecléticas de representações híbridas. Circulavam sob as suas retóricas mais banais e circulam confortavelmente *off-campus*[90], o monolinguismo corporativo tecnocêntrico e espetacular, um pensamento político unidimensional e uma violência global de muitos armamentos, cujas últimas consequências foram, de todo modo, devastadoras para aqueles humanos que não eram brancos nem ocidentais nem cristãos. E não se pode desconsiderar que este pensamento institucionalmente engaiolado e filosoficamente irrelevante se caracterizasse fundamentalmente por duas características negativas: a ausência de uma autêntica projeção política e a inexistência de um verdadeiro projeto intelectual.

No contexto dos totalitarismos clássicos, Klaus Mann revelou a disjunção fatal do intelectual moderno entre o oportunismo político, por um lado, e um isolamento autista, por outro. Charles Wright Mills denunciava a sua evaporação nos sistemas corporativos, nos aparelhos burocráticos e nas máquinas produtivas, desde a administração pública até o laboratório industrial. Depois de ser mutilado pela perseguição mccarthista, o intelectual foi literalmente devorado pelas administrações acadêmicas até a sua desconstrução subdepartamental final – como demonstrado por Russell Jacoby na biografia de sua longa agonia nos campus da América do Norte[91]. A comercialização de seus produtos na indústria cultural rebaixa a sua criatividade aos níveis mais patéticos de trivialidade mercantil e manipulação midiática. Nos chamados países em desenvolvimento, nações pós-coloniais e regiões do chamado Terceiro Mundo, os efeitos concertados de ditaduras criminais, os exílios intelectuais, a destruição, sob o patrocínio dos bancos mundiais, das universidades nacionais e a colonização de suas tradições artísticas e religiosas pelos subprodutos da indústria cultural do Primeiro Mundo assinalam uma violenta cena final[92].

Nesta era de "irresponsabilidade organizada", na qual as grandes decisões recaem sobre corporações e burocracias anônimas, o intelectual como consciência individual e exemplar foi brutalmente diminuído[93]. Seu recrutamento como força produtiva nas megamáquinas industriais, financeiras ou administrativas, a desconstrução de seus discursos, e sua subordinação aos estereótipos da indústria cultural o submergem dentro de uma situação de impotência patente. Vê ou não quer ver o desastre que avança sobre ele. Mas mesmo onde ele contempla frontalmente a crise de nosso tempo, seu confinamento institucional o lança à passividade e ao vazio. Como o anjo da história que descreveu Benjamin, nada pode fazer. Seu conhecimento sobre conflitos estruturais de ordem ecológica e social, a plena consciência de irracionalidades sistêmicas nos programas de economia e desenvolvimento, e o escárnio dos meios de massas o reduzem à marginalidade em uma era na qual a cegueira eletrônica generalizada da aldeia global é a condição absoluta de sobrevivência de seus corruptos líderes políticos, financeiros e militares.

(*2, exílio sem fronteiras*)

Em seu *Retablo de las maravillas*, Cervantes colocou em cena uma alegoria da sociedade do espetáculo. Seus protagonistas são artistas farsantes e comediantes de teatro. Um belo dia, chegam a uma aldeia e anunciam uma milagrosa representação. No cenário podem ser vistos episódios bíblicos, aparece o Grande Turco e inclusive irrompe um touro prodigioso. Mas os comediantes impõem uma condição: esse espetáculo somente pode ser visto por homens e mulheres limpos de sangue. E, na Espanha católica, aqueles que não têm linhagem hebreia nem muçulmana são chamados de limpos.

Todos aceitam o desafio. Todos acudem ao teatro. Todos exaltam o milagre e todos aplaudem com entusiasmo o cenário vazio.

Logo chega um soldado. Ninguém o espera e ninguém o conhece. Como o próprio Cervantes, levava consigo memórias de viagens por terras longínquas. Mas chega atrasado à representação e nada sabe sobre a condição estipulada de ver as presenças fantasmagóricas. E o estrangeiro exclama sem inquietude que não há nada para ser visto nesse cenário, que as maravilhas da representação são uma farsa e que o espetáculo está sacrilegamente vazio.

O povo escuta a afronta. Se inquieta. E responde ao estrangeiro em uníssono:

¡Basta: de ex illis es! ¡De ex illis es! ¡De ex illis es!

¡Dellos es, dellos, dellos es!...

¡Basta: dellos es, pues no ve nada!⁹⁴

[Basta! Ele é *ex illis*! Ele é *ex illis*! Ele é *ex illis*!

Ele é um deles, um deles!...

Basta! Ele é um deles, pois não vê nada!]

Cervantes denunciava o racismo hispano-cristão. Questionava um conceito de fé instaurado pela igreja como obediência com intimidação. Mas esse estrangeiro que vê que não vê nada revela, ao mesmo tempo, a estrutura cognitiva e a função social esclarecedora do intelectual moderno. A comédia cervantina distingue, além disso, este intelectual como uma consciência negativa. Sua crítica reflexiva se funda sobre uma dupla negação. É uma denúncia do vazio; a negação do nada; o não ao não ser.

Esta crítica do vazio da representação, da falsidade da propaganda e da anulação do espetáculo contém, além disso, uma dimensão social, dado que despe a conivência de todo um povo com o simulacro da limpeza de sangue como princípio constitutivo de uma falsa identidade nacional. Por cima ou por baixo de tudo isso, Cervantes define este intelectual sob o estigma "ex illis". O intelectual é o estrangeiro, um dos outros: o exilado.

Ex illis não é a raiz etimológica da palavra exílio. Mas assinala a sua ferida constituinte e seu estigma social. Desterro e extradição, assim como o ostracismo, a expatriação ou o exílio, são palavras que designam exclusão ou segregação social que, ao mesmo tempo, designam o confinamento e o isolamento do intelectual. Não só mostram um deslocamento no espaço cultural e político da consciência reflexiva, mas também revelam uma ruptura e uma ferida profundas dessa consciência em relação ao seu tempo histórico e seu espaço social. O exílio define o isolamento social do intelectual moderno, sua condição política, midiática e linguisticamente sitiada e, por conseguinte, também a sua impotência social e sua precariedade existencial. Como se gerou esta ruptura da consciência intelectual na história cultural moderna?

O olhar de Cervantes é iluminador também nesse sentido. A segregação do intelectual, primeiramente como estrangeiro, em seguida como exilado e finalmente como proscrito – os três episódios que percorre o soldado no *Retablo de las maravillas* –, revela-se como o resultado de um sistema político absolutista, que funda a sua identidade patriótica sobre o princípio de um universalismo imperial católico e de uma identidade étnica ilusória, e, consequentemente, genocida.

Esta definição político-teológica do exílio compreende uma série de ramificações importantes. Os sistemas de perseguição nos quais se configuraram as identidades nacionais são um deles. O corpo epistemológico e místico da tortura inquisitorial constitui outro capítulo transcendental na configuração da "etnia" cristã. Hoje é preciso sublinhar novamente sobre este propósito que todos os nacionalismos e patriotismos se erigiram sobre a proscrição, a deportação e o exílio como sua necessária condição constituinte. Por outro lado, estas perseguições e exílios geram migrações intelectuais em busca de espaços sociais abertos. A decadência cultural e social subsequente ao desterro da inteligência, e o exílio das línguas e memórias culturais são outras tantas consequências deste processo. Ao longo de sua obra, Cervantes colocou em evidência aquele princípio falso de identidade hispano-cristã, clamado a uma prática sustentada de autos de fé e autos sacramentais, que conseguiu extirpar a espiritualidade hispano-judia e o misticismo hispano-islâmico; perseguiu furiosamente o humanismo científico e filosófico do renascimento; celebrou orgias inquisitoriais até a própria data da *Grande Révolution*. O mesmo falso princípio não acabou de saciar o seu ódio a tudo que lembrasse a espiritualidade destruída, com o incessante acosso e eliminação de liberais e românticos durante os dois últimos séculos.

Este sangrento panorama histórico do progresso suscita uma última interrogação: que energia acendia estas fogueiras? De onde procede o fogo originário desta contínua destruição de formas de vida, conhecimentos, tradições e sentimentos sagrados? Que rancor profundo alimentou e alimenta esta sede de destruição de tudo que é mais nobre existente nas culturas do passado? Por que se eliminaram sistematicamente homens e mulheres de espírito ao longo da expansão do cristianismo e do Ocidente?

A perseguição de liberais da União Soviética, os intelectuais eliminados pelo mccarthismo norte-americano, os exílios das vanguardas liderados pelos fascismos europeus, a perseguição e extermínio massivo de intelectuais latino-americanos patrocinados pela Guerra Fria: todos estes exemplos fazem pensar em uma íntima relação dos exílios com os totalitarismos modernos. Mas seria tão restritivo contemplá-los do ponto de vista político, ou propo-los a partir da perspectiva jurídica dos direitos humanos ou como um capítulo especial da literatura comparada. Qual é a origem profunda dessa força alienadora e aniquiladora que perseguiu, desterrou, expatriou e eliminou tanto místicos iluministas quanto intelectuais ilustrados; tanto xamãs quanto rabinos? Por que as prisões e instrumentos de tortura da Inquisição são um paradigma constitutivo da consciência exilada moderna?

Um modelo especial desta perseguição, desmembramento e destruição de legados espirituais e suas cabeças intelectuais ao longo da história do Ocidente é proporcionado pela Igreja cristã. E uma fonte importante para compreender este significado originário do exílio cristão é proporcionado por seu fundador: Paulo. Duas ou três citações de Nietzsche serão esclarecedoras.

A crítica do cristianismo de Nietzsche, que é uma crítica da teologia paulina, reúne uma série de motivos principais. O primeiro, e sem dúvida o mais importante, é a dialética do sacrifício e transcendência que atravessa a construção do *kyrios kristos*: o messias senhor. Trata-se do sentido do nada na cruz, do ser como princípio absoluto da transcendência cristã. A segunda crítica que Nietzsche faz a Paulo é a sua falsificação alegórica da história bíblica, a tergiversação de seus valores espirituais mais universais e sua subversão da concepção judia do cosmo e do ser. Mas Nietzsche faz uma terceira objeção a Paulo: seu exílio[95].

A biografia de Paulo é a história de um exilado exemplar. De Tarso fugiu a Damasco, de Antioquia a Éfeso, e de Jerusalém à capital do Império... Cidade à qual chegava Paulo, cidade na qual semeava a discórdia e a desordem. Nas comunidades judias, ele era acusado de renegado, naquelas gentias, de perturbador dos costumes. Em qualquer lugar aonde fosse, acabava sendo perseguido por faccioso, agredido e apedrejado por ser intrigante e sempre expulso como um malfeitor. A força visionária de sua missão sectária crescia com estas perseguições que o purificavam de seu ser e lhe permitiam conceber a constituição final de uma comunidade perfeita dos facciosos, a *ekklesia* fundada sobre o soberano-messias, o *kyrios kristos*.

Esta existência errática de desterrado e proscrito, ou seja, a condição originária do exílio cristão, fundava-se sobre quatro princípios firmes: o conceito de dívida original absoluta, a transcendência do ser por meio do sacrifício na cruz, a supressão da lei e da memória judias, e a instauração da nova fé como sistema de crédito fundado em uma reconciliação da dívida mais além da morte.

Das religiões cosmológicas dos celtas e maias até o budismo, em todas as religiões pré-cristãs, a cruz era e é, junto ao círculo, o símbolo da unidade, a plenitude e a harmonia do ser concebido do ponto de vista de sua conflitividade e dinamismo. Paulo ergue precisamente sobre esta cruz do ser o significado messiânico e transcendente da tortura, a agonia e a morte sacrificial de Jesus: que era, além disso, a forma mais cruel e humilhante de morte violenta e intimidação que o império aplicava a seus inimigos políticos. Sobre este sacrifício messiânico ou cristológico do ser, Paulo erigiu a arquitetura e o *logos* de uma nova consciência, o novo humano, um espírito universal da história, uma *ekklesia* e um ser *sui generis* em um tempo e espaço opostos ao ser contingente das coletividades humanas, suas memórias e suas leis, suas formas sagradas de vida.

A culpa ou, de modo mais preciso, a redução de todos os múltiplos significados limitada pela *bereshit*[96] a um único e absoluto postulado da dívida originária foi o grande álibi paulino. Esta culpa ou dívida interpõe, em primeiro lugar, a morte no coração edênico do ser. Ao mesmo tempo, ergue uma barreira absoluta entre o humano e o divino, entre a consciência e o cosmo. Mas a justificação desta dívida originária através da graça (*karis*), que é a justificação através do sacrifício do messias (*kristos*), somente pode ocorrer, de acordo com o programa teológico-político de Paulo, dentro da condição de ruptura com a lei (*nomos*) identificada com o pecado[97]. E esta ruptura significa o abandono da forma de vida, da memória e da concepção judia do cosmo e do ser no sentido mais amplo que limita a noção de *halakha*. Esta é a chantagem que dá continuidade ao álibi de Paulo: em nome de um dívida absoluta e originária, obriga o abandono da norma de vida a todos os povos, primeiramente aos judeus, logo aos gentios e mais tarde a toda a humanidade, como condição absoluta de sua conciliação com o ser e com o divino. E isto é o que quer dizer exílio para Paulo. Uma dupla condição autoproclamada: a separação da consciência e do ser (*ousia*), através do princípio de culpa e dívida, e a separação da existência humana da comunidade de suas normas de vida (*halakha*), como condição da justificação da dívida a partir da graça sacrificial. Este exílio cristológico de Paulo é ao mesmo tempo o ponto de partida de uma transcendência: a humanidade nova, a Jerusalém celeste e o poder (*dynamis*) do messias sobre toda soberania (*arche*), autoridade (*exousia*), poder (*dynamis*) e domínio (*kurietes*) no presente e futuro de toda humanidade[98].

O duplo exílio paulino engendra sua elevação à categoria de segundo Moisés, fundador de um novo povo divino[99]. É a condição fundacional da *ethné* cristã[100]. Este exílio ainda instaura o messias como poder absoluto, juiz universal e espírito da história no mesmo sentido em que reformularam reiteradamente as bulas papais da era imperial cristã, os sistemas modernos filosóficos da história universal e, ainda, a propaganda colonial corporativa do *one world* como sua última metáfora secularizada. O exílio de Paulo era coroado finalmente pela conciliação de céus e terra, sob o signo do pleroma *kairos*: a plenitude divina do tempo histórico[101].

Este exílio da comunidade e do ser é também a condição ontológica da constituição silogística do *Je pense*. O sujeito racional cartesiano é a definição lógica de uma consciência separada de seus olhos, suas mãos e corpo. É uma identidade lógica segregada de sua própria existência que rescinde virtualmente todos os seus vínculos com a natureza e com a comunidade.

O *logos* transcendental de Kant, seu herdeiro, é também o resultado de um deslocamento do pensamento e da comunidade dos falantes, de seus interesses e suas formas de vida. "De nobis ipsis silemus" são as palavras da epígrafe da *Kritik der reinen Vernunft*: o poder universal da consciência transcendental kantiana ignora a si mesmo como existência contingente, é um exilado da sociedade e está segregado da própria natureza que domina. O intelectual também é exilado enquanto consciência da história universal, líder revolucionário e apóstolo de uma comunidade universal igualitária segundo o definiu Marx. Sua visão de uma revolução universal que suprimiria todas as diferenças de classe é herdeira direta da doutrina paulina da supressão da comunidade de judeus e gentios do meio da igreja universal[102].

Os mesmos postulados de separação do ser e dissolução da comunidade histórica regem a estética das vanguardas artísticas do século 20. O anarquismo dadaísta e o fascismo futurista impuseram o silêncio sobre as memórias culturais com o mesmo espírito dos iconoclastas cristãos. O funcionalismo fundou as bases estruturais e materiais da abstração absoluta da natureza e do ser com suas utopias de cidades cristalinas e arranha-céus transcendentes cujas cúspides radiantes iluminavam o firmamento. As cidades ideais e geométricas dos pioneiros da arquitetura moderna eram metástases da Jerusalém celestial formulada por Paulo. Também os artistas instaurados pelas vanguardas históricas, de Mondrian a El Lissitzky, surgem das ruínas das guerras industriais e cinzas da história. Se erguem linguística e teologicamente como o princípio de um espírito redentor, dotado de um poder normativo transcendente, universal e absoluto.

A separação entre a consciência e a comunidade linguística, e a postulação de uma origem absoluta a partir do sempre reiterado grau zero da escritura e da história, redefinem o exílio intelectual como princípio constituinte da civilização cristã, como força transcendental que configura a sua identidade discursiva e como uma instituição sagrada. O exílio é também o ponto de partida das utopias modernas de nação, república ou comunismo, e da aldeia global pós-moderna. O exílio é a condição metafísica do sujeito da dominação universal.

Em seu comentário à *Carta aos Romanos,* Giorgio Agamben enuncia uma série de associações etimológicas interessantes. Por exemplo, menciona *klesis* em seu significado de chamada, de vocação messiânica; *klesis* como chamada privada de qualquer dimensão reflexiva no sentido que revela o milagre da conversão de Saulo em Paulo por vontade divina, quando seu cavalo o derrubou ao chão. Por outro lado, *klesis* quer dizer chamada divina, mas também antecipa a *Beruf.* Nos idiomas escassamente secularizados, como no castelhano[103], *Beruf* ainda deve ser traduzido acoplando o significado místico de vocação, equivalente à palavra "Ruf", com o valor missionário da profissão: "vocação profissional". Este significado místico está associado também com uma disciplina monacal ascética, que por seu lado evidencia um vínculo secreto entre o conceito profissional de intelectual moderno e a cristologia paulina. *Klesis* significa também constituição de uma classe sacerdotal a partir do abandono da lei, e está relacionado à construção de uma *ekklesia* concebida como a comunidade de todas as vocações cristãs unidas pelo vínculo da suspensão sacrificial da lei e da conversão sacrificial do ser.

Tudo isso desvela o vínculo secreto entre a separação paulina e lógico-transcendental do ser e a evaporação cristã das comunidades históricas, por um lado, e a dissolução mercantil da comunidade ética, por outro. E, consequentemente, revela a continuidade lógica e institucional entre a vocação missionária do sacerdote eclesiástico e a missão profissional do intelectual moderno como a sua última e necessária consequência apostólica. E não somente isso. Este comentário sobre a origem paulina do exílio moderno permite compreender a defecção dos intelectuais diante das grandes crises políticas de nosso tempo como uma verdadeira *trahison des clercs*[104], no sentido literal da palavra *klesis*, clérigo e clerezia. Permite compreendê-lo como abandono apostólico e clerical do ser contingente da sociedade, seus conflitos e suas memórias, em prol de uma cidade ideal e transcendente, seja chamada de sociedade civil ou de comunidade acadêmica. Agamben revela, finalmente, a íntima relação desta vocação eclesiástica com a teocracia espiritual e com o universalismo teocrático do espírito até a filosofia da história de Hegel e de Marx, revelando assim o último mistério do burocrata racionalizado, do agente tecnocrático, do intelectual enquanto político profissional, e da furiosa obliteração acadêmica, midiática ou parlamentária do intelectual como consciência solidária com a comunidade humana e com o ser[105].

Em sua era fundacional, esta consciência intelectual exilada foi uma alma divina, elevou-se sobre os cumes de um espírito eterno e transformou-se em sujeito autoconsciente da história universal da razão. Em Paulo a consciência exilada está ligada de maneira patente ao sonho de um império universal e de uma comunidade transcendente. A utopia agostiniana de *De civitate Dei* é a expressão do mesmo ideal cristológico. O misticismo barroco, o humanismo filosófico e artístico, o racionalismo científico, as filosofias modernas da revolução social coincidem na grandeza heroica de uma consciência, uma vanguarda e um partido exilados, separados e segregados dotados das mesmas características fundamentais do eterno errante Paulo. A era moderna contempla o inverso deste exílio celestial. Vê a queda deste princípio de dominação em um abismo de solidão, angústia e vazio no qual nada pode dar sentido à culpa da transcendência do ser, a sua falida redenção e sua consciência desgraçada.

Der fliegende Holländer[106] eleva esta consciência cristã a clamor de sua *fanfarre*. O navegador de Wagner é a representação do individualismo absoluto e a liberdade infinita que definiu o idealismo racional de Fichte ou Hegel. Nesse peregrino eterno se cumpre o exílio cristão até as suas consequências mais dramáticas. É um navegante sem lugar de origem. Não tem outro destino a não ser a dilação indefinida de sua deriva. Seu império se estende sobre um oceano sem fronteiras. Sua existência se eleva a uma dimensão intangível do tempo e do ser. O navegante holandês é um sujeito capitalista. Sua embarcação mítica é a metáfora de um poder tecnológico infinito. Ao longo de suas intermináveis aventuras e perigos acumulou tesouros inesgotáveis de todas as culturas da terra. É portanto também um sujeito colonizador. Sua eternidade lhe confere o poder absoluto da morte.

Mas a diferença da interioridade cristã de Paulo, Loyola ou Lutero, e de sua secularização racionalista cartesiana ou fenomenológica, o caráter absoluto do poder subjetivo e a consciência infinita do

Holandês já não resplandecem sob o signo da graça e unidade com o absoluto. O sentido e o destino do navegante de Wagner são o vazio, o nada, a morte. Exilado da natureza que ele submete, exilado da comunidade que dissolveu em sua consciência infinita e exilado de sua existência que transformou em instrumento de sua quimera, esta consciência vazia já não sente outro desejo a não ser a sua própria extinção. Aquela mesma segregação social e a mesma mortificação do ser contingente, que o misticismo barroco havia celebrado como o esplendor de um sujeito absoluto, dissolvem a sua consciência em meio uma catástrofe cósmica.

(3, *não ao não ser*)

O *Retablo de las maravillas* não assumia de modo algum a dialética cristológica de sacrifício e transcendência, de exílio e redenção no reino do espírito. Ao contrário, no apogeu dramático desta obra, a multidão exclama: Ele é um deles, pois não vê nada...!"

"Não ver nada": dizer não ao espetáculo niilista de um ser transcendente, que na realidade acolhe o mistério do vazio, de um nada negativo e falso; dizer não a este espetáculo negativo de um ser desvalorizado e subvertido: esta é a dupla negação que define a ação esclarecedora do soldado cervantino.

O soldado sabe que a aldeia sabe que no cenário não há nada. Mas em lugar de reconhecer esse nada como teofania de um *deus ex machina* ou milagre eletrônico, nega-a. Este intelectual opõe a afirmação sacramental ou midiática do simulacro da transcendência e a justificação do ser com a negação reflexiva do vazio do ser. Esta negação questiona, ao mesmo tempo, a ordem da falsa consciência cristã e ocidental.

Por isso tem que ser um estrangeiro. Somente o estrangeiro ou o exilado receberam o estigma do diferente ou do outro, e nesta medida são despojados do ser. A consciência consciente do ninguém e do nada é exilada. Mas esta negação e negatividade de seu ser é precisamente a condição espiritual que lhe permite negar o nada. O intelectual cervantino é um estrangeiro e um exilado, mas não no sentido do desertor da comunidade da lei, *halakha* ou *dharma*. Ao contrário, representa a negação da consciência negativa, a dupla negação da consciência separada e da comunidade alienada.

A definição elementar do intelectual moderno lançada por Günther Anders em sua interpretação da obra literária de Franz Kafka esclarece o horizonte desse exílio reflexivo. Suas duas categorias principais são: *Entfremdung* e *Verrücktheit*. O primeiro, o conceito de "alienação", procede de Marx, e revela a dupla condição de separação e exílio do ser; de despojamento da existência sob as condições capitalistas de trabalho, convivência social e sobrevivência biológica. Anders adiciona a este significado aquele de outros conceitos afins: *Befremdung, Entstellung...* a distância, a saudade e a deformação da realidade, considerados como facetas de um mesmo processo de alienação da existência humana. Por outro lado, *Entfremdung*, o mesmo que "alienação", revela um estado patológico da consciência moderna. Designam a fratura de si mesma e do real. *Verrücktheit*, outra das palavras com as quais Anders define a condição do intelectual contemporâneo, radicaliza esta dimensão patológica, psicótica ou esquizofrênica da consciência moderna. Mas *ver-rücken* significa, além disso, separar, distanciar, dar as costas. De acordo com esta interpretação, Kafka constrói um olhar a partir do distanciamento e do deslocamento, de saudade e de separação de tudo o que é, somente nesta medida, capaz de refletir a loucura ou a esquizofrenia que rege a civilização industrial[107].

Este intelectual kafkiano também é um exilado. Mas um exilado não somente no sentido diferente daquele instaurado por Paulo. Diferente por conta daquele único ponto de vista capaz de desarticular o sujeito carismático da transcendência inventada pela teologia cristã. O exemplo mais eloquente é oferecido pelos contos de Kafka que têm como protagonistas os animais: o chimpanzé de *Ein Bericht für eine Akademie* e o escaravelho em *Die Verwandlung*[108]. O intelectual reflexivo tem que assumir o estranhamento extremo desta irracionalidade animal para revelar o horror do mundo racional humano.

Mas na comédia de Cervantes o soldado faz algo mais que delatar a irracionalidade da razão cristã e capitalista. Na noite da falsa nação que se erege sacramentalmente no altar ou retábulo das maravilhas, Cervantes não somente diz não ao espetáculo, mas também desperta a consciência dos espectadores às memórias culturais que esse espetáculo sacramental da identidade nacional nega. Traça assim as características elementares de um conceito de *Aufklärung*, iluminismo ou esclarecimento que não se fecha em torno à autonomia da razão pura como princípio exilado constituinte da consciência, da comunidade e do ser, como fizeram Descartes ou Kant, mas se abre à memória das origens, como fez Herder. Cervantes se apresenta através desta comédia como o intelectual que diz não ao não ser para abrir a consciência a um saber das origens do ser.

Quatro possíveis modelos respondem a esta pergunta sobre a memória e a hermenêutica do ser e as origens: Karl Marx, Johann Jakob Bachofen, Sigmund Freud e Paul Klee.

O capítulo mais importante do pensamento de Marx de uma perspectiva contemporânea não reside em uma dialética paulina da conversão revolucionária do ser em um reino do espírito ou ditadura do proletariado, no qual se desvanecem todas as diferenças de raça, classe, língua, memória e norma de vida. O único capítulo vigente da teoria de Marx é a sua crítica da *Entfremdung*. É a crítica do desterro e da saudade humana da natureza, a comunidade e a memória considerados como momentos constitutivos do espírito capitalista. Deste ponto de vista, Marx se opõe à teologia de Paulo, dado que concebe a liberação messiânica da humanidade não através da alienação de sua natureza e sua memória, mas de sua reapropriação. A liberdade não é para Marx a negação do *man*, não é a negação da comunidade histórica implícita no pronome pessoal "se" a partir de uma autoproclamada autenticidade do ser-para-a-morte, para lembrar as metáforas do niilismo cristão do *Sein und Zeit* de Heidegger. A emancipação da humanidade alienada e exilada à condição de massa proletária global consiste para Marx em reintegrá-la a uma comunidade histórica, em restabelecer a sua própria natureza e em regenerar a sua própria norma de vida. Neste sentido, também pode-se dizer que Marx reintegra a humanidade emancipada à comunidade histórica e à humanidade contingente, aquela mesma realidade que a psicoanálise de Georg Groddeck e de Freud chamaram de "Es", e que compreende as subestruturas biológicas e fisiológicas, espirituais e históricas da existência humana.

Sobre Bachofen pode-se dizer algo semelhante. Sua obra *Das Mutterrecht*[109] descobre o fundo cultual das deusas mães que se oculta nas religiões e sistemas jurídicos patriarcais posteriores. Mas a questão que Bachofen propunha não reside nessas próprias deusas nem em seus ícones ou cultos, mas na ordem sustancial do cosmo, na unidade do humano e do ser que elas garantiam. Sua reconstrução antropológica recuperava nesta direção modelos de organização comunitária democrática; formas não agressivas de intercâmbio produtivo entre o humano e a natureza: concepções do sagrado capazes de preservar a harmonia do ser ante as inúmeras expressões de desequilíbrio e caos subsequente à sua dominação patriarcal: sua subversão teológica.

Freud deve ser citado dentro dessa mesma perspectiva. Não se trata, entretanto, de sua teoria do inconsciente, mas de seu conceito de libido e sua relação com um princípio energético primordial: Eros. É a este Eros que a teoria crítica de Freud deve a sua importância. Mas ao sobrepor sobre este princípio energético – ou seja, espiritual – os traumas psíquicos, as construções neuróticas e psicóticas da consciência, e a própria organização social, Freud introduz na reflexão sobre o mundo moderno uma tradição filosófica que remonta aos *Vedas* e ao *Cântico dos cânticos*, à cabala ibérica e ao platonismo renascentista. Trata-se novamente de uma concepção harmônica da unidade do humano e do ser.

Klee é a reconciliação lírica e metafísica da consciência alienada com o ser. Isso é feito estabelecendo uma unidade visual, física e espiritual entre o olho humano, as matérias, as cores e os signos de seu universo pictórico-poético.

(4, consciência subalterna)

A destruição pós-modernista das tradições intelectuais reflexivas serviu de álibi à desconstrução micropolítica de uma racionalidade irresponsável ante as estratégias pós-humanas de dominação biológica e eletrônica, genocídio econômico e holocausto nuclear. Quando a identidade de conhecimento e soberania coincide com sistemas de dominação brutal e exploração destrutiva na escala planetária, a reflexão intelectual desaparece. A identidade entre crítica filosófica e reforma social, que tinha sido central em intelectuais modernos de Spinoza a Marx, derivou no sistema de uma hiper-informação eletrônica cujo último efeito é a paralisia da consciência histórica. A impotência midiática e acadêmica induzida confinou o intelectual a uma função testemunhal inativa de qualquer horror ecológico e humano real. O exílio, que na sociedade tradicional definia a jurisdição nacional das políticas autoritárias, se generalizou aos espaços de controle global: desde os canais de televisão e os departamentos acadêmicos, até as suas próprias linguagens *readymade*. A rigor, já não se pode falar hoje em dia do intelectual exilado, porque o exílio se transformou em uma condição universal. Disso vêm as metáforas preferidas nas gírias acadêmicas contemporâneas: *borders&frontiers*, transculturas, sujeitos deslocados, hibridismos e transubjetividades; daí também surge um olhar intelectual polarizado entre as micropolíticas da subalternidade em um extremo e a produção do pós-humano, no extremo oposto do mesmo discurso global.

No melhor dos casos, tolera-se uma presença intelectual dentro do papel irrelevante da dissidência departamentalizada e de uma crítica micropolítica que não questione conjuntos ou sistemas institucionais mais amplos. Um Prêmio Nobel pode protestar contra a violação sistemática das mulheres na fronteira entre o México e os Estados Unidos como questão de gênero, sempre e quando mantenha silêncio sobre as redes militares e financeiras globais corruptas das quais estes crimes são somente um indício. Dentro dessas condições degradadas pela indústria cultural e pela máquina acadêmica o "intelectual de esquerda" cumpre uma última função afirmativa como *performer* de uma liberdade de expressão socialmente vazia no espetáculo de uma democracia institucionalmente diminuída.

O intelectual independente – o acadêmico em uma universidade global do Primeiro Mundo ou o jornalista de uma empresa midiática local do Terceiro Mundo – enfrenta de forma inevitável um dilema final: ou a censura e o confinamento, ou a instrumentação administrativa e midiática. As políticas culturais do século passado oferecem abundantemente exemplos de intelectuais eliminados pelos mesmos meios que os empregavam enquanto *experts* ou conselheiros. É o caso do paradigma do sujeito pós-moderno norte-americano por antonomásia: *Cidadão Kane*, de Orson Welles – a síntese do poder financeiro e do espetáculo. Sob o seu *Zeitgeist* foi santificado um novo tipo de intelectual: *the last intellectual*, o pós-sujeito anti-humanista modelado pelo positivismo estruturalista, os atores pós-modernos da negatividade negada, os ascetas da renúncia semiótica à realidade, os supremos sacerdotes do vazio do vazio.

Será negado que tudo parece fluir abundantemente a favor desse grande ausente. Em todos os lugares são celebradas feiras, conferências e congressos de intelectuais e sobre intelectuais. Definir o papel público do escritor ou do artista em nosso tempo significa reconhecer a sua glória consagrada por todos os lados. Suas fotografias aparecem nas primeiras páginas dos jornais. A internet publica as suas biografias. A academia e a televisão celebram um verdadeiro culto à figura desse intelectual. Seu confinamento institucional e sua consciência fraturada se trocam milagrosamente nos cenários do espetáculo cultural pelas semiologias do *glamour* e do entusiasmo. Mas essa transfiguração do intelectual em *media star* não contradiz a sua ostensível deserção social. Ao contrário, radicaliza-a e complementa-a. Os mesmos meios que enaltecem o escritor como fetiche público, emudecem-no ante os grandes dilemas de nosso tempo. Esquece-se, a esse respeito, de que, nos departamentos acadêmicos e nas cadeias de informação, a função desse agente da cultura industrial não é a reflexão. O universo espiritual representado por Andy Warhol ou pela *Nouvelle Philosophie* é composto por transcendências fictícias. É o espetáculo.

Essa desvalorização do intelectual é diretamente proporcional à valorização do jornalista enquanto *performer* da realidade. Enquanto privatiza-se o primeiro dentro da categoria de autor comercial e acadêmico corporativo, o jornalista é levado à função de meta-autor da "sociedade do espetáculo." Pode dar importância a uma ou outra notícia, e a uma ou outra corrente de pensamento, estabelecer aleatoriamente hierarquias de valores, criar centros de atenção intelectual ou anti-intelectual e, consequentemente, canalizar, concentrar e eliminar a massa midiática nos *containers* eletrônicos que somente ele pode manipular. Seu poder é onímodo, já que somente sobre ele recai a função real-maravilhosa da produção da realidade em todos os seus possíveis sentidos. É certo que esse poder performativo o subordina ao mesmo tempo às burocracias políticas e financeiras, o que limita a sua independência de juízo e de ação em maior medida que o acadêmico, cujo confinamento institucional garante uma liberdade irrelevante.

Mas esta subordinação institucional do jornalista não é a sua principal restrição. O que norteia o seu trabalho profissional são os limites epistemológicos da informação, que não residem em primeiro lugar na censura e manipulação propagandística. Inclusive naqueles casos em que a sua consciência intelectual mais limpa lhe permita mostrar friamente crises e crimes extremos, situações de calamidade social ou abusos ostensíveis dos direitos humanos – como vemos acontecer hoje massivamente na aldeia global – seu testemunho mais radical tampouco poderá pôr à prova a condição passiva que define estruturalmente o meio de informação. Trate-se do relato de um genocídio ou do videoclipe de torturas e execuções, quanto maior for a sua integridade profissional – definida a partir de sua subordinação às linguagens e aos formatos da indústria da comunicação –, mais se revelará a sua condição de narrador cúmplice, de testemunho traidor ou, no melhor dos casos, de olhar reduzido a impotência. O paradoxo do jornalista na sociedade do espetáculo é que sua competência profissional como meta-autor do real nunca pode ultrapassar a mesma condição de *watch 'n wait* que já condenou a um estado de afasia e irresponsabilidade a sua contrapartida humanística e tecnocientífica.

O intelectual é exílio ilimitado. Alheio aos poderes corporativos e políticos em uma era de escárnio e destruição; alienado de uma cultura de formas, categorias e valores *prêt-à-porter*; desterrado de linguagens pré-desenhadas; censurado e internado nos campos vigiados dos estúdios culturais e canais de informação; espectador do naufrágio do espírito sangrento da história; desalojado das origens sagradas do ser; condenado a testemunhar a irreversível aniquilação do humano. E, entretanto, é preciso dizer não ao não ser, não ao vazio, não ao exílio do ser; no silêncio do ser...

Cinquenta e duas dúvidas sobre vanguardas e pós-arte

1

Vanguardas artísticas: invenção errática. Pressupunham um tempo histórico linear e o progresso como categoria regulativa. Também davam por certo o heroísmo missionário de caminhar à frente. Pós-arte foi a sua réplica cacofônica na era do fim do progresso. Heroísmo cínico de uma carreira antiartística e anti-intelectual em direção ao nada.

2

Picasso disse que a palavra vanguarda respondia a uma absurda teleologia. E defendeu o caráter único e irrepetível da obra de arte. Klee desqualificou a representação do progresso. Beckmann expressou o seu inverso em uma era de totalitarismos, genocídios e desesperação que ainda não teve fim. Beckett, Rulfo ou Celan assinalavam o vazio da civilização e o vazio da arte; e uma poética do silêncio que transcende os espaços e tempos do progresso regressivo da humanidade. Vanguarda: conceito absurdo.

3

Nas guerras napoleônicas, as vanguardas se definiam como estratégia militar. Na época das revoluções socialistas, a vanguarda era associada à guerra de classes. Na sociedade do espetáculo, as vanguardas são estéticas e mercantis. De acordo com o seu primeiro teórico, Karl von Clausewitz, a vanguarda era uma força de choque e se distinguia pela sua capacidade de destruição rápida e intensa com baixo custo. O efeito de choque, a maleabilidade e mobilidade de suas forças, e a sua ação devastadora sobre as normas e instituições sociais definiram também as estratégias revolucionárias do proletariado industrial. As vanguardas artísticas do século 20 acrescentaram uma dimensão transcendental a estas funções: a extirpação das memórias, a aniquilação das culturas históricas, a supressão do real. A pós-arte (de Reinhard a Warhol e todos os seus epígonos) foi a paisagem cultural de devastação depois da batalha vanguardista.

4

A pós-modernidade foi a última consequência lógica da modernidade. Mas significa o afundamento de ambas.

5

Marinetti, Malevich e Mondrian proclamaram uma estética destrutiva dos valores éticos e estéticos herdados. Sua devastação político-cultural estava convocada a culminar os efeitos aniquiladores das guerras industriais do século 20. O dadaísmo transformou a violência em princípio criador. O construtivismo exaltou a guerra como rito de purificação social e sistema de eliminação das memórias culturais. Le Corbusier antecipou a aniquilação do centro histórico de Varsóvia sob o princípio da racionalidade funcional das vias de comunicação que abriram os tanques nacional-socialistas. Destruir é o gozo anarquista que inicia a dialética totalitária das vanguardas. O pós-modernismo, o supermodernismo e o hipermodernismo são as suas metástases terminais.

6

A vanguarda militar foi superada pela guerra aérea e de mísseis. As vanguardas políticas revolucionárias adotaram as suas funções destrutivas. Síntese de ambas, as vanguardas artísticas herdaram a função negativa das vanguardas militares e assumiram a função normativa das vanguardas políticas.

7

Nos lugares onde as vanguardas artísticas se institucionalizaram como poder normativo real, ou seja, nos estados soviético e fascista, primeiramente, e no estado nuclear sucessor, o seu conceito revolucionário de guerra social e iconoclastia também se transformou em seu inverso: um sistema estático e coercivo de valores absolutos para a produção de uma cultura integralmente administrada. Vertov inaugurou um cinema concebido como montagem da realidade. El Lissitzky formulou o projeto de um poder tecnocêntrico global. Eisenstein se apresentava como engenheiro da consciência das massas. Mondrian antecipou a utopia de uma administração totalitária da existência humana, da alcova à organização da megalópole, dentro dos postulados da vertical e da horizontal, e do ângulo de noventa graus. Breton concebeu o projeto de um controle absoluto das emoções e fantasias inconscientes a partir da produção industrial e difusão social massiva de ícones e semiologias irracionais. Dalí elevou o seu valor monetário a princípio escatológico. O *International Style* foi a expressão culminante dessa transformação da arte moderna em força globalizadora da uniformidade.

8

Os manifestos de Marinetti são a expressão pura da dialética das vanguardas artísticas modernas. Em 1914, coincidindo com a declaração da Guerra Mundial, expôs o seu significado elementar. O futurismo visava a destruição das memórias culturais em qualquer uma de suas expressões: desde cromatismos musicais até etnias colonizadas. Em seguida, exaltou a unidade e uniformidade das novas linguagens industriais, a disciplina militar das massas e a violência das máquinas. No ponto de confluência da destruição antiartística das memórias e do culto fascista da indústria pesada, os futuristas erigiram a síntese da arte e da guerra.

9

Guerrapittura era a síntese futurista da guerra mecanizada e da estetização da violência. Sob o seu estandarte, o movimento futurista anunciou a programação plástica de conflitos, as confrontações violentas de massas coloridas e humanas, assim como a exaltação da destruição como energia espiritual de uma nova era totalitária. *Guerrapittura* reivindicava um projeto ao serviço da dominação violenta da mulher, da biosfera e dos povos colonizados. Sua realização é a guerra midiática pós-moderna. Híbrido de Hollywood & Pentágono.

10

Somente um filósofo suicida pode pretender que o sonho histórico das vanguardas artísticas europeias seja um projeto inacabado.

11

Os futuristas não queriam acabar violentamente com os museus, mas arrasar as memórias. O espetáculo é a sua última expressão: uma cultura global eletrônica de signos sem memória.

12

O *slogan* "acabar com o mausoléu dos museus e pôr fim à rotina pedante e vazia da academia", proclamado nos manifestos futuristas, foi uma imbecilidade. Não porque a academia não seja rotineira e pedante. Tampouco porque os museus não sejam mausoléus reais. O *slogan* marinettiano é ilusório porque ignora que originalmente esses museus se construíram como armazém de troféus. Seu princípio de curadoria obedece à mesma razão colonial que domina os coturnos de guerra.

13

O avanço militar era iminentemente destrutivo. As vanguardas políticas revolucionárias eram construtivas. A estética da vanguarda é a síntese da destruição militar e a construção revolucionária de uma nova realidade total: o espetáculo.

14

Pós-arte ou pós-moderno, o pós-humano, a pós-história, a pós-política, os pós-intelectuais e os pós-sujeitos não pressupõem uma superação de tudo que os precede, mas o cumprimento fatal e cego de suas premissas. Os pós são as ordens de uma era de epígonos subalternos. A pós-vanguarda é a função derradeira que, segundo von Clausewitz, deveriam assumir as vanguardas militares: transformar-se em retaguarda e cobrir uma eventual retirada.

15

O pós-moderno não era a superação das vanguardas, mas o seu subproduto corporativamente patrocinado e moralmente putrefato.

16

Primeiramente Apollinaire eliminou o quadro como meio de uma experiência exemplar do real. Em seguida Mondrian o redefiniu como sistema de planificação totalitária do ser sob a estética absoluta de ângulos retângulos e cores quimicamente puras. Malevich transformou o ascetismo cartesiano em princípio regulador da geometria construtivista da metrópole moderna e pós-moderna. Dalí acrescentou uma semiologia hiper-realista de simulacros e fetiches para o consumo das massas pós-industriais. Andy Warhol fecha este círculo vicioso. Renuncia à tela de pintura como experiência da realidade. Mas não o faz enquanto protesto contra esta. Nisso reside a pequena grande diferença que separa suas performances do alvoroço dadá. A *Pop Art* consagrou museologicamente a banalidade dos meios de comunicação de massa, o tédio do design comercial e o tempo morto do ex-humano suburbano.

17

A revolução estética de construtivistas, suprematistas e neoplasticistas tem um ponto de partida na transformação ontológica do quadro. Ela passou de janela aberta ao mundo a ser um instrumento de construção da realidade. O ponto se transformava em centro organizador. Seu deslocamento gerava a linha. A linha se constituía em plano. O plano se multiplicava em espaços virtuais que, colocados em moção, geravam o universo artificial de uma realidade multidimensional, dinâmica e suprarreal – que coincide com as leis mecânicas da produção industrial de massas, velocidade e violência.

18

Do neoplasticismo ao pós-moderno e do surrealismo à aldeia global existe uma perfeita solução de continuidade. Mas esta continuidade programática, formal e institucional é regressiva. A arquitetura e o urbanismo supermodernos burlam a escala humana para desfazer-se daquela responsabilidade ética e social que um arquiteto como Gropius havia colocado no centro de seu projeto humanista para espaços educativos e metrópoles democráticos. A subversão pós-moderna do paradigma humanista permite o gigantismo prepotente e o niilismo corporativo como valor transcendente.

19

Houve duas vanguardas. Uma foi racionalista, funcionalista, mecanicista e industrialista. Seu ponto de partida era uma estética cartesiana e um culto supersticioso da máquina. A segunda vanguarda era irracionalista, propagandista e espetacular. Ressuscitou os falsos mistérios do teatro sacramental através de sua estética excrementícia da mercadoria fetichista. E transformou a concepção mágica do mundo em performance comercial. A primeira vanguarda adotou os nomes de construtivismo, neoplasticismo e movimento moderno; a segunda, os títulos de surrealismo e realismo mágico.

20

Mas a estética cartesiana de Mondrian ou Le Corbusier, e a estética surrealista de Breton e Dalí também são complementárias. Uma define a subestrutura técnica de dominação racional do espaço e a organização funcional da existência sitiada em escala global. Este espetáculo surreal regula os códigos emocionais profundos de indução da conduta através do consumo.

21

O pós-moderno foi a síntese do construtivismo tecnocêntrico e delírio comercial. Epítome da agressividade futurista de Sant'Elia e o espírito industrial de Le Corbusier que transformou o programa dos simulacros escatológico-mercantis e o fetichismo sacramental-excrementício do surrealismo em empreitada universal da nova desordem global.

22

O que distingue a abstração cartesiana de Apollinaire com respeito às linguagens artísticas de Picasso ou Klee é o seu distanciamento ascético do real. A última consequência desta moral agostiniana de abstração é a aniquilação linguística de tudo aquilo que as coisas possam ter como valor expressivo e presença espiritual, através de sua densidade cromática, suas texturas e tonalidades ou sua manufatura artesanal.

23

Apollinaire definiu a abstração como potência demiúrgica e luz divina. Seus *Calligrammes* anunciam a liberdade semiótica de um mundo de signos e formas esvaziados de sentido. Ao mesmo tempo, este poeta postulava de forma autoritária o status ontológico real das palavras vazias. O novo código linguístico era a cifra pseudocabalística que constitui uma realidade *sui generis* que, mesmo sendo fictícia, declarava-se ontologicamente mais real que a nossa própria experiência. Mondrian postulava a irrealidade dos signos pictóricos puros como "realidade plástica pura" e abastecia de apetrechos a sua purificação programática de emoções, sentimentos, intuições e experiências com um poder ontológico absoluto. Sua expressão pós-moderna é o hiper-realismo que constitui o espetáculo eletrônico global.

24

A categoria de vanguarda não é ambígua: é fraudulenta. Subsume, dentro de um mesmo discurso estético e político, obras e artistas tão radicalmente díspares como Rothko e El Lissitzky. Sob o seu signo, o espírito de revolta de dadaístas berlinenses e antropófagos paulistas se iguala à violência fascista que Marinetti proclamara e ao oportunismo de vendedor ambulante de Warhol.

25

A instauração da racionalidade industrial como código construtivo e princípio ontológico de toda a realidade através dos meios de comunicação de massa (Eisenstein, Goebbels, McLuhan) e a consequente eliminação das memórias culturais em todas as suas expressões linguísticas e espirituais imagináveis definem um conceito estético de dominação totalitária. Sua última palavra é a configuração eletrônica do mundo como espetáculo de sua destruição industrial e militarmente monitorada.

26

O pós-moderno foi a última consequência da transformação da arte em sistema de controle midiático (Eisenstein) e eletrônico (El Lissitzky). Foi o último baluarte da desconstrução semiótica da experiência (Duchamp), da constituição digital da realidade (Malevich) e da organização geométrica de um espaço cartesiano (Mondrian). Foi ainda a sequela fatal da ontologia estética do simulacro (Dalí) e a aniquilação eletrônica do real (van Doesburg) e herdeiro terminal das escatologias destrutivas dos futuristas e do programa de uma industrialização integral da existência, que constituíam os totalitarismos do século 20. Defini-lo como o *great divide* foi um erro de miopia pós-intelectual.

27

As vanguardas norte-americanas nunca deixaram de ser "pós". Duplicações da vanguarda europeia e latino-americana, previam a desativação de suas intensidades intelectuais críticas e suas fantasias artísticas mais ousadas. Por isso há um abismo entre a poética do expressionismo de Else Lasker-Schüler e o conceito de expressionismo dos curadores do MoMA. Por conta disso a ironia de *Macunaíma* de Andrade não pode ser comparada à banalidade *Camp*. O paradigma desta vanguarda reciclada e neutralizada é o *International Style*: fossilização museológica da revolução expressionista de Picasso, Gropius e Schoenberg em uma gramática formal. O *International Style* significou a trivialização dos experimentos formais, da crítica social e dos ensaios metafísicos de artistas como Gropius, Rivera ou Klee, e sua subsequente degradação em prol da padronização cultural global. O pós-moderno foi a sua penúltima traslação esteticamente cínica e paranoicamente poderosa.

28

Quando o primeiro pós-idiota bateu à sua porta, o último pós-intelectual se jogou pela janela.

29

Na Serra do Cipó, no coração da América do Sul, Ailton Krenak, líder, filósofo e xamã, reúne no equinócio da primavera austral, início do ciclo anual indígena, os povos sobreviventes do genocídio ocidental das Américas. Cantam-se mitos milenares e dançam ao ritmo cósmico de tambores e chocalhos sagrados para restabelecer a terra cansada e curar uma humanidade alienada. Este rito de reparação da terra significa a superação de todas as vanguardas, de todas as *Land Art* e *Pop Art*, de todas as pósartes. Lugar de encontro de um humanismo universal sem limites em um tempo e espaço livres.

30

As vanguardas artísticas foram a superação das vanguardas militares e políticas. O espetáculo é a superação das vanguardas artísticas. A guerra global indefinida é a superação do espetáculo.

31

Post-art é a contrassenha que permite censurar, sem deixar rastro, toda expressão artística que não assuma as condições de produção e as sintaxes pré-definidas por uma academia intelectualmente morta, que refute a trivialização organizada dos museus e tenha alguma dúvida sobre o controle corporativo dos meios de comunicação.

32

O espetáculo é a realidade corporativamente produzida na qual culmina o programa estético das vanguardas. Síntese de obra de arte total e cadeia de montagem da realidade, de organização militar do mundo e universo escatológico de delírios excrementícios.

33

O sentido derradeiro da obra moderna de arte é espiritual (Kandinsky, Klee, Taut, Rudolf Steiner). Porém, o lugar do âmbito espiritual na arte é a comunidade humana. Nem a academia nem os museus. Este espírito artístico e comunitário foi eliminado dos campos corporativamente vigiados da arte e do conhecimento.

34

O espetáculo é a última consequência da transformação vanguardista da obra de arte em segunda natureza técnica e simulacro fetichista. Sua condição negativa é a eliminação da experiência individual e a destruição dos laços comunitários das pessoas. O que constitui o seu princípio: a produção técnica de uma segunda natureza total. A realidade do espetáculo é ao mesmo tempo racional e irracional, objetivamente real e ontologicamente fictícia. O espetáculo é totalitário e banal. Mas a sua banalidade fictícia somente se cumpre como realidade de forma consensual e absoluta no momento em que adota e sanciona integralmente as leis do mercado e os imperativos do poder político. Sob a sua unidade primordial de artefato técnico, fetiche irracional e representação do poder, o espetáculo volatiliza a existência individual em meio a um mundo integralmente vaporizado.

35
Na cultura do espetáculo, a verdade se converte em mentira, e a crítica, em cinismo.

36
Em face da devastação da natureza e da destruição social, a arte se desintegra; o faz através da violência formal dos expressionismos ou da violência mimética que definiu a arte radical, de dadá à *Action Art*; ou através de uma práxis revolucionária (*Internationale Situationiste*).

37
O conceito estético de modernidade não é idêntico à modernidade tecnocientífica: nem epistemológica, nem moral, nem politicamente. Suas formas de conhecimento e sua relação com a realidade são frequentemente opostas (a teoria das cores de Klee, Kandinsky ou Itten se opõe explicitamente ao modelo newtoniano de objetividade científica). A modernidade estética não é subsidiária da modernidade econômica (a natureza mágica na poética de José María Arguedas se confronta diretamente com o pós-humanismo genocida do colonialismo anglo-saxão no Peru). Tampouco é uma expressão subalterna do conceito político de modernidade (Kafka e Welles representam melhor o seu inverso: a crítica radical do conceito weberia-

no de burocracia profissional racionalizada). A arte e a literatura modernas – de Picasso a Niemeyer, de Kubin a Rulfo – estão em conflito radical com a modernidade genocida e totalitária.

38

Etimologicamente a modernidade é um não ser: o instante de um aqui e agora que somente pode ser definido negativamente enquanto o passado que já não é o futuro que ainda não é. *Fata morgana* de um tempo volátil, os espaços de nenhum lugar e o vazio do ser. Mas, a partir de um ponto de vista político, a modernidade é uma palavra contraditória. Por um lado, está associada aos valores sagrados da *Independence* e a *Grande Révolution*. Inclui os direitos humanos e a bandeira da liberdade. Mas suas obras politicamente mais imponentes foram seus sistemas totalitários, suas conquistas coloniais e seus genocídios inacabados. A modernidade filosófica é definida tanto pelo ascetismo epistemológico do projeto corporativo de ciência definido por Bacon, quanto pela ética da esperança (Bloch), ou pelo compromisso da teoria crítica e da razão negativa herdeira do *Aufklärung*[110] (Benjamin e Adorno), e ainda a teoria da comunidade ética (Tillich e Buber).

39

Napoleão é moderno em sua crítica a *les ideologues* e sua fascinação pequeno-burguesa pelo esplendor dos sacros impérios europeus. Giordano Bruno e Paul Klee são modernos, porque rompem as barreiras da razão instrumental e abrem a experiência filosófica e poética a uma natureza mágica, e a um cosmo harmônico e infinito.

40

Não deveriam ser esquecidas as modernidades anticoloniais do Sul (Movimento Antropófago) contra as modernidades colonizadoras do Norte (*International Style*). Classificá-las dentro do princípio eufemístico de "modernidades da diferença" é uma presunção acadêmica pós-inteligente, dado que o conceito de diferença pressupõe o princípio de identidade que constitui o *logos* da civilização. O último objetivo das retóricas da diferença (e de suas metáforas deselegantes da condição subalterna do outro) é a desativação da crítica à razão pura que rege o desenvolvimento suicida da civilização industrial e pós-industrial.

41

Na sua era clássica, a modernidade não se definia como um conceito vazio. Seu ponto de partida heroico era a razão negativa. As expressões monumentais deste princípio negativo foram o cepticismo de Descartes e Hume, as três críticas da razão de Kant, e a teoria da história universal do espírito de Hegel. O classicismo europeu transformou essa definição da razão moderna em um sistema cultural que contemplava o conceito de beleza de Schiller, a harmonia da existência e o ser (Goethe), a síntese de todas as literaturas mundiais (Herder) e um poder político universal, no qual se cumpria a redenção concreta da humanidade (Hegel). Esta mesma razão negativa deixa de ser maravilhosa a partir dos anos da *Comune* de Paris. Nesse momento, a *intelligentsia* europeia começa a ver um abismo sem fundo. Wagner ataca a corrupção burocrática das artes. Nietzsche exalta a impostura da moral kantiana. Marx denuncia a lógica destrutiva da civilização industrial. Anders revela o seu "tempo final".

42

O centro de gravidade da nova teoria crítica é o espetáculo: a construção financeira, tecnológica e linguística de uma segunda realidade total e a evaporação da existência humana em seu meio. Mas existe outro centro de gravidade, ou ainda a outra face desta realidade hiper-real das performances político-eletrônicas: o espólio terminal de recursos naturais, a destruição industrial da biosfera, as catástrofes ecológicas e o genocídio de milhões de humanos que a sua expansão gera.

43

A crítica do espetáculo nasceu no ponto de encontro do ativismo intelectual, que resumia as tradições boêmias da Paris do século 19, com uma obra artística que levou à abstração expressionista de Kandinsky ou Beckmann às suas consequências mais radicais: Asger Jorn e Guy Debord. Em lugar de fossilizar a abstração do expressionismo europeu nas semiologias esterilizadas do design industrial de Max Bill e a *Op-art*, Jorn aprofundou seus momentos espirituais e os implicou à realidade social de uma Europa destruída pelos fascismos e bombardeios aliados. A energia e a violência das massas de cor e movimento outorgaram à sua pintura uma força inconfundivelmente perturbadora e rebelde. Paralelamente, Jorn se abria às memórias populares ancestrais, desde os celtas e normandos até as culturas antigas da Amazônia. Sua integração reflexiva das memórias da humanidade confere uma aura cósmica, mística e lírica à sua violência expressionista. Jorn partia do mesmo desespero histórico que atravessa a poética de Celan e a teoria estética de Adorno. Depois de Auschwitz não pode haver poesia. Deformar e violentar a realidade é a condição necessária para evidenciar a verdade de um horror socialmente normalizado. Mas Jorn afirmava a poética da cor e da expressão, e incorporou-se ao mesmo tempo a uma práxis política contra a destruição pós-industrial de comunidades, ecossistemas e memórias culturais. Esta práxis definiu-se primeiramente a partir de uma criação artística abstrata, mas que compreendia também a crítica das falsificações sistemáticas da história, o pensamento e a realidade humana pelos administradores do espetáculo e pelos agentes da indústria cultural. Esta reflexão artística e intelectual estava ligada à criação de formas efetivas de solidariedade social e política. É o que Debord chamou mais tarde de *situations* e *situationisme*. A situação é exatamente o inverso do que o pedantismo acadêmico pós-modernista chamou de *performance*. Em lugar de acolher as nossas expressões mais radiantes de angústia e esperança nas redes digitais do espetáculo, o situacionismo as transformava em uma experiência social iluminadora e uma ação política emancipadora. Seu resultado foram as revoltas que ocorreram entre o escândalo dos estudantes de Estrasburgo de 1967 e a revolução de maio em Paris, no ano seguinte.

44

O chamado *Aktionismus* de Otto Muehl, Rudolf Schwarzkogler ou Hermann Nitsch, da Viena dos 1970 e 80, com suas técnicas cromáticas de representação hiper-realista da tortura, aponta em outra direção. A mutilação e a degradação clínica de humanos reduzidos a material descartável não conseguiram uma audiência mais crítica, porém mais imune emocionalmente e mais passiva intelectualmente ante a mesma performance de comercialização da tortura, de espetacularização da destruição e da guerra como escárnio da massa eletrônica que hoje contemplamos em *prime time* como um *déjà vu*.

45

A desconstrução do corpo humano até os extremos de sua mutilação sádica, a violação sexual e a tortura, que Nitsch transformou em paradigma da vanguarda artística nos anos de sua decadência terminal, têm um significado autenticamente afirmativo: instauram a obra de arte como objeto de culto sacrificial através da dança macabra de corpos sangrentos, paisagens de ruínas e olhares desgarrados de dor. Ao mesmo tempo, outorgam ao artista o papel de sacerdote arcaico e instaura sua *mise-en-scène* niilista como fetiche museológico e valor monetário.

46

A expressão artística internacional mais radiante e prazerosa, mais afirmativamente erótica, atravessada por uma crítica mais divertida do cristianismo como religião opressora, enfim, o momento artístico e político mais intenso da arte de "vanguardas" ocorreu no Brasil. Foi o Movimento Antropófago. Essa Antropofagia constituiu uma *bohème* artística integralmente antifuturista. Em lugar de predicar aos homens a máquina, a maquinização da mulher e a guerra colonial maquinizada, Oswald de Andrade, um de seus inspiradores, proclamou que bastava tirar a roupa imposta pelos missionários da dívida original para encontrar-se de volta ao paraíso, em um comunismo sem culpa e uma liberdade sem burocracias. A Antropofagia proclamou o desprezo da civilização cartesiana e todas as colonizações. E reivindicou a sabedoria mais antiga das deusas dos trópicos para demolir o niilismo industrialmente perpetuado.

47

No dia 9 de setembro de 2001 foi inaugurado o Jüdisches Museum de Berlim. Em sua Torre do Holocausto (metáfora arquitetônica das chaminés dos campos de concentração e extermínio do século 20) seu arquiteto, Daniel Libeskind, expressou uma intuição fundamental de nossa era: *voided void*. É o vazio da morte absoluta. Vazio como experiência de uma destruição que reduz o todo existente a nada. O vazio de um não ser radical, que não permite nunca mais a recuperação do ser. O nada como transcendência sacrificial vazia. Este vazio inaugurou o século 21.

48

A música de Schoenberg, a pintura de Klee, o teatro de Artaud, as máscaras de Picasso... tiveram como ponto de partida os universos artísticos e poéticos da Índia e culturas árabes, as cosmologias e mitologias das culturas antigas da América, ou as tradições artesanais da música europeia. Este diálogo com o "primitivo" nascia de uma busca da espiritualidade na arte e uma saída à era de guerras e trevas civilizadas.

49

O Movimento Antropófago de Oswald de Andrade, Tarsila do Amaral e Mário de Andrade criou um horizonte civilizador novo a partir do "popular", palavra que na América Latina compreende os povos e memórias sobreviventes do genocídio colonial e pós-colonial. A pintora Tarsila do Amaral resgatou o mundo mágico da cultura africana do Brasil. Oswald de Andrade descobriu que a língua tupi era mais abstrata, rítmica, poética, precisa e moderna que o português moderno. Mário de Andrade construiu, a partir dos mitos, músicas e deuses e deusas da floresta amazônica, uma crítica deleitosa da civilização calvinista e burocrática das máquinas e das guerras. Este diálogo entre os mundos culturais antigos e modernos seguiu uma longa tradição no Brasil. Guimarães Rosa é o grande paradigma: elevou as vozes marginais dos povos pobres do sertão a uma dimensão épica. Darcy Ribeiro representa, através de suas novelas, diários e ensaios, essa mesma preocupação em criar uma cultura inovadora através de um diálogo entre as culturas europeias e aquelas literaturas, religiões e arte dos povos da Amazônia e afro-brasileiros. O tropicalismo, com Glauber Rocha, Lina Bo e Caetano Veloso, deu uma unidade inquebrantável a esse projeto.

50

As ditaduras fascistas da segunda metade do século 20 mantiveram esse diálogo que introduzia a constituição de comunidades populares soberanas, não redutíveis à categoria corporativa de sociedades civis subalternas. O vazio que deixou a evaporação de seu projeto poético foi suplantado pelas gírias populares produzidas, empacotadas e disseminadas pelas indústrias culturais. E os missionários dos *cultural studies*.

51

Nenhuma criação artística ante um mundo degenerado acontece sem uma práxis de restauração de suas formas de vida e natureza devastadas.

52

A poesia é a memória da origem do ser que ilumina a resistência contra a sua evaporação em meio à comunidade humana restaurada nos sons, nas cores e nas palavras.

Sob a bandeira do socialismo

A sentença da academia pós-modernista contra a teoria crítica de Marx foi uma fraude. Atuou como o novo credo *cuia absurdum* das ciências humanas corporativamente departamentalizadas. Hoje, ante as guerras coloniais que inauguraram o século 21, os genocídios econômicos administrados pelos bancos mundiais e as organizações de comércio global; ante os infinitos fenômenos de violência local e global, essa "superação de Marx" adquire um significado patético.

O poder militar e financeiro do mundo se concentra nas mãos de um punhado de corporações. Os sistemas jurídicos democráticos permitem graus mínimos de soberania social, quando não encobrem autênticos sistemas tirânicos nos quais rege a corrupção. O terror de estado que Hobbes definiu programaticamente dentro da metáfora totalitária do Leviatã se impõe nos quatro cantos do mundo com a naturalidade de uma vontade divina. Nos centros privilegiados de poder mundial, Londres, Moscou ou Nova York, este terror é colocado em cena enquanto sistema de segurança doméstica e guerra contra o terrorismo que compreende dentro de um mesmo pacote conceitual as altas tecnologias de destruição nuclear e biológica do planeta e o controle digital de todos os seus residentes humanos. Nas cordilheiras e florestas da Colômbia, Equador e Peru, nos povoados curdos e chechenos, nas altas culturas do Tibete ou nas civilizações sunitas e xiitas do Oriente Médio quase tudo jaz em ruínas.

As estratégias do espetáculo encobrem, por trás de suas infinitas telas e de sua propaganda permanente, os processos de eliminação terminal de recursos naturais vitais como a água, a terra e o ar, e os consequentes deslocamentos e genocídios de milhões de humanos. No lugar de um sistema de produção agrícola, adaptado aos ciclos reprodutivos da natureza e às culturas que conviveram com ela durante séculos – como sonhava o socialista Charles Fourier –, temos que afrontar consequências cada dia mais violentas dos desequilíbrios biológicos e atmosféricos gerados por um desenvolvimento industrial irresponsável. A racionalização mecânica do trabalho industrial, que Marx e Engels criticaram como processo de alienação humana, adquire dimensões delirantes nos campos de extermínio do século passado e nas plantas industriais do Terceiro Mundo de hoje em dia.

O *Manifesto comunista* antevia a culminação de uma era de barbárie, com fome em todo o planeta e a extensão de guerras devastadoras como consequência de "demasiada civilização, demasiados meios de subsistência, demasiada indústria e demasiado comércio". E anunciava a frenética dissolução "no ar de tudo que é sólido": desde os desejos mais íntimos até os meios de sobrevivência, revelando os "contínuos distúrbios sociais", as constantes "revoluções dos meios de produção", a "permanente incerteza" e uma "agitação" sem fim[III].

A ambiguidade da teoria crítica de Marx não reside em sua visão da barbárie civilizada do capitalismo global, cujas últimas expressões de podridão e devastação vemos hoje em toda parte. Sua debilidade consistia em sua elevação messiânica do proletariado à categoria de povo eleito pelo deus de uma história concebida como progresso linear. Residia em sua fé na salvação através de um espírito histórico providencial. Sobre os ombros desse proletariado apoiou a redenção de uma humanidade nova e universal, nem mais nem menos como já havia programado Paulo. Mas, ao mesmo tempo em que dotou o proletariado com essa magnitude cristológica e transcendente, Marx construiu-a, empiricamente, a partir da racionalidade produtiva e da disciplina industrial. Por ser ao mesmo tempo a representação de uma salvação transcendente e o representante dos valores racionais da indústria pesada, o proletariado ergueu, no comunismo soviético e chinês, um sistema totalitário de opressão e violentos processos de acumulação capitalista.

Contra esta lógica congelada do progresso, Antonio Gramsci redefiniu a revolução dos *Soviets* como o triunfo da vontade contra *Das Kapital*. Ante esse historicismo marxista, Mahatma Gandhi reivindicou um socialismo arraigado em sabedorias e tradições culturais milenárias. José Carlos Mariátegui fundou o socialismo peruano sobre a compreensão cósmica da unidade da pessoa e da comunidade, ainda viva nas culturas quíchua e aimará. Paul Tillich concebeu o socialismo sobre a base de uma ética cristã aproximada às suas raízes judias e às concepções bíblicas de comunidade, lei e salvação. Martin Buber definiu-o como a restauração dos vínculos do humano com a criação e a comunidade. Em um sentido parecido, a interpretação do fascismo de Karl Polanyi como consequência política necessária da economia de mercado e do liberalismo econômico correspondente o levou a propor uma ampliação e radicalização dos direitos humanos a partir das premissas metafísicas e éticas de um humanismo cristão.

É absurdo dizer que foram superados os ideais sociais como os que representaram os falanstérios de Fourier. Na realidade, são modelos racionais de sobrevivência ante a destruição biológica por conta das corporações genéticas, mais vigentes do que nunca. O anarquismo de Piotr A. Kropotkin engloba os valores comunitários mais radicalmente democráticos que podem ser concebidos para uma sociedade moderna. A crítica do militarismo de Lenin é mais atual ante as guerras coloniais do Iraque ou Colômbia, do que já haviam sido ante o militarismo industrial do século passado.

Isso não quer dizer que não devam ser redefinidas as categorias deste socialismo em uma época em que sob a sua bandeira são acolhidas políticas socialmente vazias. É preciso renovar sua crítica da civilização pós-moderna; recuperar uma tradição intelectual esquecida que, ao longo do século passado, embateu-se com a guerra nuclear e biológica, com as tendências totalitárias inerentes à economia corporativa e à cultura do espetáculo.

Colonização biológica

A duplicação e mutação de segmentos genômicos, seu acoplamento transgênico e a consequente industrialização de espécies híbridas propõem algo muito mais radical que umas fronteiras morais hipotéticas às tecnologias de manipulação genética na civilização pós-humana. A hibridação industrial das espécies e sua proliferação comercial significam a destituição da integridade e autonomia da vida e a subversão dos valores metafísicos que em todas as culturas preservaram, ao longo de milênios, a subsistência do ser.

Não se trata de um problema moral da tecnociência pós-moderna. Os dilemas biológicos, sociais ou metafísicos originados a partir da engenharia genética – assim como os problemas biológicos e humanos derivados da engenharia nuclear – reduzem-se a uma questão ética somente no último elo institucional de sua produção: o das consequências biológicas que os seus produtos industriais têm para a integridade de todas as espécies, incluindo a humana. Estes dilemas são elucidados somente com o pretexto de racionalização e *a posteriori* de uma práxis científica imune a toda discussão intelectual e pública real, e especialmente a um controle democrático. A consciência moral é um valor institucional acrescido pelas universidades e laboratórios aos conflitos ecológicos, sociais e existenciais que a industrialização do genoma originou, mas que a ciência corporativamente organizada não tem a capacidade, nem o interesse, nem ainda a vontade de controlar, exceto em casos patentes de catástrofes espetaculares nos quais, de todo modo, a sua intervenção chega muito tarde.

A engenharia molecular e a indústria transgênica geraram problemas muito mais comprometidos do que a simples preservação da boa consciência de seus laboratórios. O que propõem em primeiro lugar é o abandono de toda reflexão crítica sobre as consequências do progresso normal da tecnociência. Além de tudo, este é um dos problemas derivados da produção científica que a teoria pós-modernista ocultou em prol de um pluralismo axiomático formalista e de uma desconstrução dos grandes sistemas filosóficos que no passado tinham legitimado a práxis das ciências jurídica, epistemológica e eticamente[112]. Em segundo lugar, a industrialização de organismos geneticamente manipulados e sua disseminação massiva tiveram consequências ecológicas e sociais catastróficas precisamente nas nações neo/pós-coloniais do chamado Terceiro Mundo. Finalmente, esta crise ou este aspecto da crise industrial e tecnocientífica do século 21 não é somente a expressão de uma consciência moral do campo científico que fora há muito tempo quebrantada, mas, antes de tudo, da irresponsabilidade ecológica e social organizada de amplos setores da pesquisa e indústria nos campos da biologia e química. Igualmente importante é o desenvolvimento desta indústria de consequências diretamente criminais sobre o ecossistema, enquanto a sobrevivência humana revela a ilegitimidade da constituição epistemológica, e da práxis educativa e industrial da tecnociência na era global. A engenharia genética e seus poderes ilimitados de manipulação, controle e destruição das espécies em escala massiva suscitam o limite do sentido da ciência moderna, segundo fora definida por seus pais fundadores: Bacon, Copérnico ou Kant.

O caso de Anand Mohan Chakravarty foi célebre e amplamente comentado. Em 1971, os tribunais norte-americanos outorgaram pela primeira vez na história os direitos de propriedade sobre uma bactéria produzida por este cientista, a partir da união de partículas de DNA procedentes de outras três bactérias preexistentes. A sentença criou o precedente legal necessário para que corporações sucessivamente começassem a patentear espécies geneticamente manipuladas com o propósito de monopolizar e comercializar o seu uso industrial. Uma nova era biocida havia começado.

O testemunho do próprio Chakravarty apontava, entretanto, em outra direção. No juízo em questão, este cientista confessou: "I simply shuffled genes, changing bacteria that already existed". A metáfora de "embaralhar" (*to shuffle*) genes, átomos ou partículas significantes não é inusitada nem assombrosa na lógica analítica. A construção de objetos e ficções a partir de uma escritura simbólica é um tema que foi tratado frequentemente desde o formalismo lógico representado pelas filosofias de Frege, Russell ou Wittgenstein. O genoma pode ser explicado, no fim das contas, como uma escritura conceitual, uma *Begriffsschrift*. Consequentemente, parece lícito representar a sua decodificação e recodificação gramaticais como o processo constituinte de um objeto formal a partir de "jogos linguísticos" em um campo semântico definido por regras preestabelecidas, sejam relações numéricas, normas econômicas e leis constitucionais. Entretanto, este ponto de vista sustentado pelo positivismo lógico, trivializado pelo pós-modernismo com a parafernália de suas simulações e simulacros, e transformado pelo desconstrucionismo em dogma de fé, apresenta graves consequências. Em poucas palavras, as formularei.

Se o objeto ou espécie industrial e geneticamente produzido é o resultado de um jogo lógico de decodificação e recodificação de metonímias genéticas, neste caso não podemos falar em um sentido epistemológico e metafísico rigoroso de "criação" de novas espécies, muito menos de um suposto "autor" dessa chamada criação. E se não podemos falar de modo legítimo de autor, tampouco pode erguer-se a personalidade jurídica de seu "proprietário" tecnocientífico. Muito menos ainda pode ser adjudicada esta definição, em última instância teológica, de sujeito, criador, autor e proprietário de uma nova espécie, à pessoa jurídica de uma corporação. A designação rigorosa, e perfeita de acordo com o predomínio institucional de uma tradição positivista e lógica da filosofia do século 20, é a de jogador.

Chakravarty era um jogador cuja ação consistiu em isolar partículas significantes, transferir suas sequências de informação de umas entidades biológicas a outras e maximizar a eficácia resultante de suas apostas lógicas de recodificação celular, com o objetivo de uma síntese final transcendental em uma colagem semiótica *sui generis*. Mas se este engenheiro molecular era um jogador e seu objeto lógico, uma colagem de partículas genômicas, neste caso devemos concluir que não pode ser reconhecido juridicamente como autor e que, consequentemente, tampouco pode ser elevado, do ponto de vista legal, à categoria de proprietário de um ente que, por sua vez, não pode ser definido como uma "espécie nova". Não se pode ser o proprietário de *un coup de dés*[113]. E não se pode chamar a melhor ou pior sorte em uma aposta de dados de criação de uma nova espécie.

É uma fraude hermenêutica e epistemológica rigorosa chamar a criação de um golpe de sorte. E é inclusive ainda pior, porque a sua pretensão está fundada sobre a suposição genealógica da criação do ser por um demiurgo externo a este mesmo ser que na história do pensamento filosófico ocidental foi reiteradamente rebatido: desde Avicenna e Averroes, e a chamada "esquerda aristotélica", até Giordano Bruno e Ernst Bloch[114]. Mas sem a necessidade de ir tão longe, ou seja, aos fundamentos dogmáticos da metafísica cristã e suas metástases empírico-críticas, nem do ponto de vista lógico-transcendental, nem mesmo com uma perspectiva recortada do positivismo lógico, é possível deduzir legitimamente um sujeito jurídico a partir da simples ação de embaralhar genes. Nem se pode demonstrar a criação de uma espécie nova a partir de semelhante jogo lógico. Esta pretensão é falsa inclusive onde ela tiver que ser acatada por necessidade da força de vontade de megamáquinas industriais irredutíveis, e dos aparelhos jurídicos e acadêmicos que patrocinam e fundam esta fraude. E, entretanto, esta aposta de dados ou de genes feliz pode ser legitimada a partir de uma perspectiva epistemológica completamente diferente enquanto ato de um novo criacionismo tecnocientífico universal, e seu fabuloso jogador também pode ser elevado à categoria de autor absoluto e proprietário legal indiscutível de seu embaralhamento genético. O sujeito tecnocientífico corporativo e seu simulacro genético são realidades ontológicas e jurídicas consistentes se são consideradas de um ponto de vista radicalmente diferente e autônomo em respeito a todas as deduções jurídicas da legitimidade epistemológica das ciências que se formularam desde Bacon e Kant até Husserl. Estas categorias de criação absoluta e propriedade universal das espécies são plenamente legítimas de um ponto de vista surrealista.

No *Primeiro manifesto surrealista,* Breton postulava a possibilidade de criar uma realidade nova e absoluta a partir de um estado psíquico indeterminado, que recebeu os nomes circunstanciais de transe místico, delírio psicótico, fantasia paranoica ou estado onírico. A colagem semiótica resultante desta criação surrealista é conhecida popularmente com o título de *cadavre exquis.* Este jogo de palavras pode ser resumido como uma desconstrução semiótica do discurso gramatical, com o resultado final de um enunciado metonímico liberado de toda significação. Ao mesmo tempo, este jogo é elevado à categoria ontológica de uma construção hiper-real ou uma realidade super-real. Em 1927, *La Révolution surréaliste* mostrava pela primeira vez uma série de objetos híbridos que não atuavam como obras de arte nem como objetos comuns, mas se apresentavam como entidades discretas surreais. Eram o resultado da montagem de união de segmentos icônicos heterogêneos ao longo de processos mecânicos fundamentalmente irreflexivos. Colagens gramaticais ou escritas automáticas semelhantes se transformariam em uma linguagem alternativa, cujos átomos se embaralham em toda a extensão de um processo transubjetivo subordinado a leis, campos semióticos, associações e sistemas que nenhum dos membros do corpo surrealista podia ou pretendia controlar de maneira consciente.

O surrealismo e a poética do futurismo, e o dadaísmo antes dele, haviam estabelecido o precedente estético da produção automática, pré-reflexiva e incontrolável de objetos virtuais resultantes de uma técnica de desconstrução linguística. E também fundaram as bases metafísicas que permitem legitimar um sujeito transpessoal e transubjetivo integrado na estrutura sistêmica da corporação de jogadores pré-reflexivos e agentes desconstrutivos. Concluindo, a este novo sujeito *sui generis* poderia ser outorgado o título de criador e proprietário de suas colagens semióticas, lógicas ou biológicas. O modelo "dedutivo" de legitimação epistemológica e jurídica do poder transcendental da corporação industrial surrealista como sujeito jurídico da aposta de dados, *cadavre exquis* ou embaralhamento transgênico continua sendo o mesmo que aquele da *Kritik der reinen Vernunft* de Kant. Seu princípio elementar é a função que constitui a realidade objetiva a partir das categorias e esquemas da razão pura. Mas agora esta função transcendental define um processo criativo delirante gerado a partir de um sistema metonímico excêntrico. A constituição transcendental do ente genômico se transformou em uma *anarchistic enterprise*[115], para lembrar a epistemologia pós-moderna de Paul Feyerabend. Seu princípio operativo é o mesmo *anything goes*[116] que este filósofo também brandou como regulamento surrealista da nova ciência[117].

Deste mesmo ponto de vista, a adjudicação à empresa General Electric e não à pessoa jurídica de seu funcionário, Mohan Chakravarty, dos direitos de autor e propriedade de uma espécie juridicamente sancionada como nova, significa uma radicalização paranoica da construção de objetos lógicos de Frege ou Russell e um desvio delirante da teoria que constitui o objeto transcendental de Kant, mas comparável sem dúvida à metafísica visionária de Emanuel Swedenborg que considerava suficiente a possibilidade racional de delirar objetos discretos puros para outorgar a estes uma objetividade ontológica. A *intelligentsia* pós-modernista aplaudiu entusiástica e euforicamente este processo: ergueu-o ao grau de uma verdadeira revolução anticopernicana, proclamou-o como a emancipação radical do método e a abertura da ciência pós-antropocêntrica a uma nova era pós-humana.

Obviamente esta superação pós-moderna do paradigma antropocêntrico da ciência, através do reconhecimento jurídico do simulacro genômico de Chakravarty, não engendrava a liberação dos modelos patriarcais inerentes ao humanismo ilustrado de Jefferson ou Robespierre. Nem a *anarchistic theory of knowledge*[118] imaginada por Feyerabend significava a supressão automática da lógica colonial que a *new left* tinha sonhado por volta dos anos 60 do século passado. Tampouco liberava a ciência pós-copernicana e pós-humanista de seus panópticos acadêmicos e administrativos. Ocorreu o contrário. Esta supressão do antropocentrismo humanista serviu para descer o cientista pós-moderno de seus sonhos transcendentais e as ilusões universalistas alimentados pelo *Aufklärung*. Coloca-o em pé sobre o chão, desmistificando o seu posto administrativo como agente corporativo subalterno de uma ciência cujas condições de produção intelectual, meios administrativos, fins industriais e consequências desumanizadoras ele não pode conhecer, nem controlar, nem mesmo deveria mencionar.

Mas não se trata somente do patriarcalismo inerente a essa epistemologia anarquista e à razão pós-logocêntrica que ele apoiou como última consequência. Esta legitimação surrealista da produção genética de espécies supostamente novas permitiu outorgar direitos quase divinos a um sistema corporativo e industrial transubjetivo, mas que juridicamente foi elevado com muita naturalidade a um papel de demiurgo criador e proprietário absoluto de espécies biológicas geneticamente desconstruídas. E, em nome desses poderes jurídicos e divinos, invade territórios, utiliza os métodos mais agressivos da guerra informal, despeja pessoas de suas terras, destrói ecossistemas, desloca milhões de humanos e elimina todo rastro de soberanias locais, nacionais e regionais no grande concerto global do imperialismo do século 21.

"Mesmo quando os cientistas misturam genes em universidades e corporações, eles não 'criam' o organismo que patenteiam" – Vandana Shiva insiste sobre o tema[119]. Sua crítica da produção biológica industrial gira em torno de dois motivos centrais. Um deles é a falsificação científica e jurídica dos próprios processos geradores de vida. É a crítica da projeção mercantilista grosseira que obriga a genética industrial a não reconhecer os organismos vivos, a não ser como individualidades econômicas e jurídicas separadas de seu meio ambiente; a confinar os genes como mônades incomunicadas não somente em relação ao hábitat orgânico em que se reproduzem e evoluem, mas inclusive em relação à grande parte da informação cromossomática e celular que continua sendo desconhecida para a ciência. Em segundo lugar, Shiva revelou que este reducionismo biológico redunda em outro tipo de reducionismos sociais, econômicos e políticos. Ou, para ser mais exato, esse reducionismo justifica e induz, em última instância, a inconsciência e a irresponsabilidade programáticas por parte da indústria genética ante as consequências biológicas, sociais e culturais de suas monoculturas e monopólios transgênicos[120].

Algumas das consequências desta industrialização de transgênicos já aparecem nos dias de hoje. O princípio quantitativo que rege a produção industrial de sementes geneticamente manipuladas resulta, por sua própria lógica capitalista, na eliminação progressiva da biodiversidade ao longo de um processo que nas últimas décadas adquiriu proporções catastróficas precisamente nos países mais devastados pelas estratégias coloniais e imperiais do autoproclamado Primeiro Mundo. A sua expansão comercial está associada, ao mesmo tempo, a um incremento dos produtos químicos e às vezes inclusive biológicos. Uma consequência extrema e reveladora desta situação é demonstrada pela produção combinada por parte das mesmas corporações biológicas de agentes biocidas utilizados por forças militares e paramilitares, por um lado, e das sementes resistentes a estes mesmos agentes, por outro, no que constitui o ciclo vicioso da chamada guerra contra o narcotráfico na Amazônia. Seu efeito final programado também é sombrio: a devastação de grandes áreas de selva, o deslocamento de sua população indígena e a liberação de grandes territórios de floresta, que está sujeita a um processo de apropriação jurídica por parte das mesmas corporações transnacionais que a destroem. Ambos os processos, a desconstrução genética das células e a expropriação corporativa das comunidades indígenas, reiteram um único modelo epistemológico colonial[121].

A produção e a difusão massiva de organismos transgênicos ocasionaram, por seu lado, uma série de problemas de adaptação morfológica e de evolução de novos genes, além de fugas de vírus das células ou micróbios experimentais. Geraram também anormalidades e patogêneses, com o corolário de desequilíbrios biológicos incontroláveis e a subsequente aparição de doenças e pestes desconhecidas[122]. Se as coisas terminassem aqui, bastaria propor como alternativa aos usos redutivos da indústria genética uma visão holística sobre a interação dos sistemas biológicos, sob uma categoria filosófica de unidade do ecossistema que se aproximaria das antigas cosmologias hinduístas, budistas e taoístas, assim como das filosofias "orgânicas" da natureza como as de Giordano Bruno, Baruch Spinoza ou

Johann W. von Goethe. Esta é a perspectiva filosófica adotada hoje, entre outros, por escritores e cientistas como Fritjof Capra ou Charles Birch[123].

Mas a racionalidade corporativa que regula a produção e disseminação de transgênicos não é somente redutora do ponto de vista da diversidade biológica planetária considerada como "rede interativa". A destruição industrial da biodiversidade não pode ser separada de outros fenômenos contemporâneos tão graves quanto ela: a eliminação de conhecimentos transmitidos oralmente ao longo de milênios, a evaporação de valores espirituais e a aniquilação de culturas. É inseparável daquilo que Orwell advertiu há décadas como um processo semiótico de "destruição de palavras" e o distinguiu como *age of uniformity*[124]. Esta regressão sistêmica da diversidade genética e cultural do planeta é a expressão lógica e teológica de um processo universal de colonização. Na realidade, a destruição da biodiversidade somente revela a penúltima consequência do *logos* colonizador que recorre à expansão civilizatória do Ocidente: a interrupção da autonomia das espécies, a retenção de seu desenvolvimento e adaptação ao meio ambiente, a interrupção da criatividade da vida. A última palavra deste biocídio sistêmico é uma ruptura do ser que acaba confrontando os povos e a existência humana com a sua própria extinção[125].

Para os conceitos xamânicos do mundo, para as cosmologias dos *Vedas* ou dos incas, para as antigas religiões matriarcais e para uma tradição espiritual que compreende filósofos como Pitágoras, Bruno ou Goethe, a separação entre o humano e a natureza, e a subsequente constituição lógica da natureza como entidade objetiva, é algo inconcebível. Em rigor é um absurdo. O que a epistemologia tecnocientífica moderna chama de natureza desde Kant, ou seja, um produto conceitual gerado a partir dos sistemas categóricos e industriais de dominação do ser, para aquelas tradições espirituais é somente uma parte ínfima de uma realidade muito mais ampla, que recebeu nomes como Tao, *ousia* ou substância, entre outros. A natureza enquanto biosfera planetária é a manifestação de uma unidade integrada e harmônica do ser que contém ao mesmo tempo a existência humana. A categoria central desta visão da natureza, que Bruno e antes dele a alquimia formulava como alma cósmica, é a unidade.

Essa "natureza" é a expressão de um princípio mais fundamental de unidade e equilíbrio ontológicos de acordo com tradições do pensamento "ocidental" tão centrais como o *Cântico dos cânticos*, a metafísica erótica de Judá Abravanel e a teoria da congruência dos espaços e corpos planetários de Johannes Kepler. O que esta "natureza" quer dizer não pode ser segregado como um objeto por direito próprio da unidade primordial do ser. Entre a vida animal e o universo mineral, entre as plantas e as estrelas, entre a luz e o espírito humano existem certamente diferenças de qualidades, ritmos e intensidades energéticas ou materiais. São diferenças em grau e, se quisermos, na hierarquia do ser. Porém, essas diferenças, assim como nas discrepâncias étnicas e religiosas, não assumem implicitamente nem pressupõem uma hierarquia epistemológica desenhada a partir de uma vontade objetivadora de dominação. Todos os elementos diferentes e mesmo opostos, sejam os gêneros sexuais, sejam deuses rivais, são partes de um concerto de coisas que em sua totalidade e unidade infinitas, em sua perfeição ou beleza estéticas receberam os nomes de Yhwh, Tao ou substância, e definiram o significado profundo do conceito religioso e filosófico do ser. A existência humana participa da vida e do cosmo concebido como unidade de tudo que existe e é. Esta participação é o que permite o diálogo com os seres em um sentido existencial e erótico, emocional e espiritual (e não somente linguístico como pretendia a teoria do conhecimento de Frege a Wittgenstein).

Paul Klee foi um intelectual e artista que no mundo moderno formulou este nexo ao mesmo tempo metafísico e poético da unidade e harmonia do ser. Mas a força poética de suas pinturas, o lirismo profundo de suas cores e a transparência cristalina de sua reconstrução da ordem das flores e dos astros fundam-se não em um conceito epistemologicamente recortado de experiência. Não se constrói sobre a base de uma separação epistêmica do sujeito e objeto. Klee, como muitos outros artistas do século passado, de Rilke a Lorca, não forma parte da tradição formalista da filosofia que vai de Descartes a Husserl. O poder poético da pintura de Klee reside em sua ampliação da experiência intelectual e artística de um ser unitário e infinito.

Paisagem violeta. Jogo de tonalidades monocromáticas sutis. Desenhos cristalinos. Letras e números nos espaços de uma natureza cósmica. Ritmos do ponto e linha sobre planos infinitos. Jogo de cores e formas que se diluem nos ciclos de uma "natureza interminável". Esses são os atores das pinturas de Klee. Sua sedução sensitiva, sua profundidade mimética, a visualização em seu desenho dos fios espirituais que unem as flores às estrelas ou o sentido profundo da beleza que define o prazer de contemplar seus quadros partem também de uma unidade primordial. A unidade substancial entre o olho que vê e o mundo das cores, as formas e a matéria que preenchem o olhar.

Goethe transmitiu a várias gerações de pintores, de Caspar David Friedrich a Johannes Itten e ao próprio Klee, a fórmula filosófica, a teoria da experiência, uma *Erkenntnistheorie*[126] – oposta e alternativa aos significados logocêntricos e positivistas dos epistemas tecnocientíficos. Sua concepção mais limpa e elementar é formulada por sua *Farbenlehre*[127] através de um poema místico:

Wär' nicht das Auge sonnenhaft,
Wie könnten wir das Licht erblicken?"[128]

[Se o sol não tivesse impregnado o olho,
Como poderíamos ver a luz?]

O olhar humano, de acordo com Goethe, não vê a luz como um dado externo nem uma realidade objetiva de partículas ou de ondas. Não a vê como uma entidade separada, porque essa mesma luz é o meio no qual se formou a fisiologia e morfologia do olho humano. Esta unidade ontológica da luz e o olho é o que permite expressar o seu sentido espiritual. "Das Auge hat sein Dasein dem Licht zu danken" (O olho deve a sua existência à luz), diz Goethe em seu *Entwurf einer Farbenlehre*[129]. A sua teoria das cores parte da premissa elementar de que o olho e a luz não podem ser segregados um do outro, porque somente existem como partes integradas de uma mesma totalidade que inclui a ambos. Premissa que se embatia com o conceito mecanicista da natureza de Newton e com o aparelho industrial erguido sobre este postulado elementar, segundo o qual o olho é o instrumento técnico de dominação de uma luz mecanicamente objetivada em um sistema de ondas e partículas de energia.

Klee retomou essa dimensão espiritual da experiência do existente. Nos protocolos de seus cursos para os estudantes da Bauhaus, este artista explica que, ao ver uma flor, captamos seus aspectos visuais e intelectuais dentro da totalidade de nossa existência individual. Percebemos a flor ou a lua através de todos os nossos órgãos, no meio de toda a nossa existência, e a partir de nosso estado emocional e espiritual. O olhar humano se integra na experiência poética dos quadros de Klee ao mesmo tempo que o ser das coisas, e na totalidade da própria existência. Isso fecha um círculo entre o indivíduo humano, a natureza biológica e o mundo, a luz e a cor como momentos de uma mesma unidade dinâmica e infinita.

Em suas pesquisas sobre a morfologia das plantas, Goethe prestava uma atenção especial à relação energética ou espiritual medida entre o reino vegetal e o mundo astral: uma relação nitidamente formulada nas culturas históricas da América, no hinduísmo e no misticismo sufi. A relação ontológica e expressiva entre o mundo astral e o mundo vegetal também é motivo frequente na obra de Klee. Mas este *pictor doctus*[130], como o chamou Arnold Gehlen, estudou também a relação do crescimento das plantas com a luz, e a unidade cósmica do sol e o existente no mundo mineral, vegetal e animal. O diálogo universal entre o céu e a terra, entre a matéria e o espírito humano, é o que outorga à pintura de Klee sua profundidade metafísica particular. Igualmente importante é esta dimensão profunda da interação dos seres com a existência humana, o que confere a seus quadros o caráter não de janela aberta à representação do mundo, e muito menos de um programa vanguardista de produção e reprodução mecânica da realidade; mas o significado de um meio de reparação e restabelecimento da unidade perdida de nossa existência com o ser. O prazer na contemplação da pintura de Klee é inseparável da continuação dessa unidade quebrada.

A preocupação com os mitos, rituais e cultos da Mãe Terra e da Deusa Mãe na cultura moderna é recente. Deve-se a Johann Jacob Bachofen a reconstrução do matriarcado como o estágio mais antigo da humanidade e do subsequente resgate de sua concepção mágico-demeteriana do cosmo anterior ao poder dos deuses patriarcais e sua projeção ascética em um poder imperial universal a partir de Roma. Anos mais tarde, Albrecht Dieterich restaurou uma série de elementos simbólicos a partir dos textos clássicos que pôde inter-relacionar com costumes ainda persistentes na Itália ou Alemanha, todos eles ligados ao culto da Mãe Terra. Mircea Eliade dedicou a este tema alguns capítulos de seu *Tratado da história das religiões*. Finalmente, Erich Neumann construiu um culto universal à deusa mãe que atravessa todas as culturas do passado e constitui ao mesmo tempo um centro espiritual do inconsciente coletivo do mundo moderno.

Esta reflexão artística ou filosófica sobre a Grande Mãe responde por algo mais do que uma curiosidade arqueológica. Em seu ensaio, Dieterich destacou que o significado da Deusa Mãe ressaltava a dependência do ser humano em respeito à natureza, à matéria e à terra, seus ciclos regenerativos e sua energia vital[131]. É verdade que a sua reconstrução, assim como a interpretação de Eliade, concentra a maior parte de sua energia em demonstrar detalhadamente a relação destas culturas matriarcais com sociedades agrárias antigas ou primitivas. Mas também responde a uma preocupação elementar pela separação civilizadora violenta do humano e das forças vitais do cosmo em uma era de alienação e destruição.

A terra como força vital sagrada constitui, por outro lado, um elemento que atravessa a literatura e arte europeias de Goethe a Stefan George com uma surpreendente insistência. As expressões desta preocupação na arte moderna também são notáveis. Courbet aproximou-se poderosamente dela através da força sexual envolvente e fecundadora de seus nus femininos. Gauguin restaurou os direitos sagrados da mulher tribal, ligados à fertilidade, à vegetação e a um culto cósmico. A unidade de natureza, matéria e vida no meio da existência humana coincide com a visão de Friedrich Hölderlin ou Caspar David Friedrich, e em artistas do século 20 como Franz Marc ou Paul Klee como contraponto e protesto ante uma natureza industrialmente dominada e destruída. Oswald de Andrade proclamou a restauração revolucionária à ordem matriarcal, a partir de uma crítica da sociedade capitalista e colonial inspirada em Bachofen, Marx e Nietzsche. Eliade inseria o culto da mãe dentro da perspectiva de um novo humanismo religioso. E citava explicitamente os hinos homéricos dentro desse sentido religioso e reparador: "À terra cantarei, a mãe de todos, a bem plantada, a mais antiga, que alimenta tudo o que está sobre a superfície da terra..."[132] O culto da Mãe Terra revela um vínculo elementar de dependência e filiação do humano, que garante a todos os seres o direito à vida e os acolhe nos ciclos harmônicos da morte e da reprodução, do crescimento e da criação infinitos.

O antropocentrismo é um dos momentos constituintes do Ocidente que está subordinado à desconstrução daquela unidade harmônica do ser. E antropocentrismo e humanismo antropocêntrico foram rebatidos nas últimas décadas do século passado em obras como as de Hans Blumenberg ou Michel Foucault. Mas seria redutor e, em última consequência, falsificador, moldar este centralismo humanista a uma interpretação positivista do *Aufklärung* limitada à crítica dos *idola* de Bacon, à teoria da ciência de Kant, e à linguística e psiquiatria clínica do século 19. O antropocentrismo ilustrado representado por Descartes e Bacon, ou a "kopernikanische Wende"[133], remonta a um conceito mais arcaico e fundamental de poder patriarcal. "É impossível que alguém chegue a ser chamado de divino e que não tenha o necessário conhecimento do sol, da lua e das outras estrelas" – escreve, nesse sentido, Copérnico no Livro Primeiro de sua *De revolutionibus orbium coelestium*[134], em um contexto no qual descreve programaticamente a dominação tecnocientífica do cosmo dentro do poder supremo da Igreja cristã e sua promessa de redenção universal[135]. A mesma divinização antropocêntrica do poder humanista da ciência seria logo formulada por Descartes com sua poderosa metáfora de um filósofo-demiurgo capaz de erguer o planeta Terra de sua órbita com a força de uma hipotética alavanca cósmica cujo ponto arquimédico de apoio ainda estava por ser descoberto. Mas o que transforma esta dominação universal da nova ciência racionalista e copernicana em patriarcal, no sentido negativo de um poder sexual e político despótico, opressivo e destruidor?

Uma das possíveis respostas a esta pergunta, e certamente uma das mais importantes, deve ser buscada na concepção do universo de Paulo ou Agostinho. Para eles, assim como para a totalidade das religiões humanas, Deus é causa e sustento de tudo o que é. Entretanto, de acordo com os fundadores da teologia cristã, este Deus é ao mesmo tempo alheio ao ser criado. A separação entre o criador e sua criação legitima em primeiro lugar as coisas, no que diz respeito à sua essencial limitação e imperfeição. Afirmar que o ser não é igual ao divino é o que permite definir o existente como aquilo negativo. E significa também que, em virtude desta limitação e negatividade, tudo deve ser convertido e vigiado, corrigido e castigado em nome da perfeição absoluta de Deus. O humano tem que negar a sua carne e não sucumbir aos seus desejos, assumir a sua culpa, aceitar o sacrifício e a dor. E a natureza tem que se subordinar à dominação de uma razão transcendental pura perfeccionista. O sistema de valores derivados de um poder criador divino externo ao ser, assim como do poder redentor que se legitima na finitude e imperfeição da realidade contingente é o que define metafísica, epistemológica e moralmente o patriarcalismo como função coercitiva e reguladora sobre todos os aspectos da vida humana e da existência.

A racionalidade cartesiana, copernicana ou hegeliana é patriarcal, porque restabelece a mesma dialética de senhorio e redenção que Paulo cristalizou no princípio de *Kyrios-Kristos* dentro de um princípio logocêntrico de dominação refundido. Por isso há o vínculo arcaico que compromete a razão cartesiana com uma "moral provisória" loyoliana da obediência, servidão e um conceito absoluto de poder. Por isso também no "Prefácio" e "Dedicação" de *De revolutionibus orbium coelestium*, Copérnico se refere explicitamente às consequências técnicas de seu descobrimento para o aperfeiçoamento do calendário cristão, sublinhando o significado derradeiro da construção matemática do universo como contribuição pessoal ao poder eclesiástico.

Ignora-se que o patriarcalismo antropocêntrico e tecnocientífico não foi mais que o resultado de uma transferência do princípio mitológico de autoridade que norteia a teologia redencionista de Paulo, João ou Agostinho, a uma razão científica e histórica moderna e secular fundada em: (1) o individualismo monádico e geométrico-matemático de Descartes, (2) a identificação do conhecimento com o poder monetário, segundo a definição canônica de filosofia da ciência de Bacon, e (3) a construção de uma natureza objetivada, reduzida a um papel passivo sob o sistema linguístico da dominação total do mundo representada pelo sujeito transcendental de Kant e suas derivações positivistas e estruturalistas. Ignora-se o patriarcalismo cristão subjacente na definição da existência humana a partir do mercado (Adam Smith) e da miséria econômica imposta como princípio constituinte da riqueza capitalista (Bentham).

O estruturalismo quis ignorar algo ainda mais importante em nome de suas emancipações quiméricas de *corps sans organes* epistemológicos, econômicos e militares. Deu as costas ao fato de que esta supressão tecnocêntrica do antropocentrismo humanista se insere historicamente na série de sucessivas diminuições simbólicas e contrações positivistas da existência humana que atravessa o niilismo científico moderno: uma deflação de seus saberes históricos e memórias culturais à categoria de "ídolos"; a redução de sua existência a um estado de "natureza" vigiado; um rebaixamento epistemológico de sua consciência do "sujeito empírico" em um primeiro momento e, mais tarde, das semióticas de identidades linguisticamente constituídas; a redução de sua atividade social às funções consumidoras do mercado e a depreciação da "nuda vida" à categoria de mônada genômica[136]. O neopositivismo estruturalista fez ignorar que a superação do antropocentrismo humanista e ilustrado sob suas promessas neobarrocas de paraísos fictícios, saberes virtuais e simulacros eletrônicos coincidia, de todo modo, com uma ideologia linguística logo e tecnocêntrica.

Por isso a penúltima consequência desta superação logocêntrica do humanismo antropocêntrico não tenha significado precisamente a liberação do patriarcalismo panóptico da razão copernicana ou positivista, mas a sua descentralização e disseminação proteica em formas transubjetivas e hiperreais de dominação, mais efetivas quanto menos tangíveis forem, assim como em presenças institucionais objetivas.

A natureza objetivada, a dominação de uma natureza negativa e passiva, a redução de uma natureza feminina são elementos cristãos. Seu ponto de partida é o princípio da *creatio ex nihilo* de Agostinho. "Sed uitio deprauari nisi ex nihilo facta natura non posset." O nada originário legitima metafisicamente a imperfeição do existente[137]. Dentro do postulado desta criação a partir do nada, a teologia política de Agostinho ergueu uma barreira metafísica entre um Deus concebido como vontade pura e poder intelectual absoluto, por um lado, e uma natureza enclausurada como criatura moralmente degenerada pelo pecado e ontologicamente condenada à morte, por outro. A dogmática cristã conseguia fechar com isso a passagem não somente à concepção "panteísta" de uma natureza harmônica e infinita, criativa e autorregeneradora, comum a todas as religiões "pagãs" que ela canibalizou ao longo de sua expansão colonial, mas inclusive as suas próprias tradições místicas do judaísmo, do Islã e do cristianismo heterodoxo (Ibn Gabirol, Ibn Arabi e Jakob Böhme)[138].

Esta degradação niilista do ser é paradoxal. Rebaixa a natureza a um grau negativo e condena o humano à condição de uma culpa perpétua. Mas esta mesma queda na culpa eleva os descendentes de Adão ao nível de soberania. É notório que a *Gênese* não mencione, sobre este aspecto, nem a noção de pecado nem o grande significado da culpa original, que foram erguidos triunfalmente pelos fundadores do cristianismo. Yhwh Elohim somente fala de dor do parto, do suor do trabalho e do serviço da terra. Ao mesmo tempo, pronuncia que ambos, Adão e Eva, como consequência de ter comido a fruta do conhecimento são "uno con nos", ou seja, iguais a deus[139]. Pode-se falar portanto de um humanismo adamita no sentido de uma centralidade cósmica de Adão constituída a partir da desobediência a Yhwh e a comunhão do fruto proibido do conhecimento supremo. Pode ser construído um humanismo adamita e antropocêntrico. Pode-se inclusive estilizar um Adão-Prometeu antecipador do antropocentrismo do *homo faber*. Mas tudo isso quer dizer que o humanismo antropocêntrico da razão secular e científica moderna não seria nada mais que uma adaptação recente e equívoca de um antropocentrismo mitológico que o precede.

A interpretação agostiniana deste humanismo adamita incorpora dois dispositivos sombrios. Um deles é a obediência, o outro, a humildade. "Por desejar ser mais, o homem veio a ser menos", é a conclusão moralista sobre a *Gênese*. E acrescenta: "Ipsum quippe extolli iam deici est" (querer elevar-se é a queda em si). O segundo princípio diz: "Pia humilitas facit subditum superiori"[14º]. A diminuição de si, a perda de autonomia, a humildade e a submissão ao poder universal absoluto é o verdadeiro princípio que constitui uma soberania cristã e antropocêntrica absoluta. Princípio paradoxal do humanismo cristão: ser menos é ser mais. A negatividade da culpa e o castigo, o esforço e a dor, a própria negação da divindade do ser se transformam sacrificialmente em condição de um poder absoluto. A teologia de Agostinho exclui ontologicamente a natureza da ordem sagrada do ser e a reduz a uma entidade negativa. Ao mesmo tempo, arranca o humano de sua natureza e história, tira-o de seu próprio ser por meio do postulado que constitui a queda e a culpa. Mas esta dupla degradação define o princípio teológico e epistemológico de soberania patriarcal. O homem pode se apoderar da natureza e possuí-la da mesma forma como possui e domina a mulher, com a condição de que abdique de sua autonomia e decline seu ser através da culpa, da humildade e da obediência. A negação do ser é a condição niilista do poder.

Esta negatividade da consciência e do ser é ostensível no prólogo à razão científica pura moderna. Em Descartes, aparece sob a figura de uma renúncia à existência de conotações ascéticas explícitas, e de uma obediência aos princípios da razão e da fé extraída do princípio de obediência monacal estabelecido pela ordem teológico-militar de Loyola. Também é patente e com uma grandeza literária sublime no lema que intitula a capa de *Kritik der reinen Vernunft*[141]: "De nobis ipsis silemus"[142]. A consciência trascendental kantiana reduz seu ser à expressão mínima do silêncio como condição de seu poder transcendental infinito: a *Instauratio magna*. Reduzir a existência ao silêncio é o fundamento ascético da *utilitatis et amplitudinis humanae* – do bem-estar econômico e da dignidade moral do humano[143]. O problema do antropocentrismo se estende entre os extremos mitológico e religioso, por um lado, e tecnocientífico, por outro, de um mesmo princípio de dominação universal.

———

Em nenhuma constelação histórica se revela este duplo processo de redução da existência humana à obediência e ao silêncio dentro de uma violência absoluta sobre a separação da natureza como na situação colonial. Nos seus dois modelos históricos elementares, o imperialismo teocrático hispânico e o imperialismo liberal britânico, esta subordinação colonial percorre um único processo econômico e político fundamental de apropriação violenta de recursos naturais e força de trabalho humana. "Os nativos serão forçados a viver da venda de seu trabalho. Com esse fim, as suas instituições devem ser destruídas", escreve Karl Polany sobre isso[144]. Esse sistema de dominação percorre dois marcos fundamentais. Sua triunfal porta de entrada é a eliminação das memórias, conhecimentos e cultos dos povos, e a aculturação ou hibridação dos restos das culturas destruídas dentro do sistema linguístico, religioso e jurídico do poder colonizador. É a redução de uma cultura ao silêncio.

Mas esta destruição da autonomia dos povos e nações não alcança a sua plenitude colonizadora e civilizadora até o momento em que é rompida de forma irreversível a sua unidade com os ciclos criativos e reprodutivos do ser: momento transcendental que transforma estes povos submetidos em sujeitos subalternos ("sujeitos sujeitados", segundo a nomenclatura missionária na era clássica), em respeito aos mesmos sistemas jurídicos e econômicos que os subordinam. Este processo colonizador adquiriu hoje, paradoxal ou significativamente em uma era chamada pós-colonial, um sentido destrutivo muito mais radical do que pudesse ter para a América do século 16, e para os povos da Índia e África nos séculos seguintes. A devastação de formas nativas de vida espiritual e comunitária, a ruptura de ciclos autônomos da natureza à qual aquelas formas de vida estavam indissociavelmente ligadas, o deslocamento de povos inteiros e a subordinação definitiva da subsequente massa vaporizada em um mercado dominado pelos produtos de uma segunda natureza industrial, são alguns dos aspectos mais ostensíveis que este processo colonial adotou ao longo de sua história sangrenta. Um processo que sempre se definiu em nome da necessidade inevitável de uma palavra divina ou de um *logos* universal e global, e sempre se justificou sob o princípio de que ser menos é a condição para ser mais: a redução dos povos a um estado ontológico de carência, culpabilidade e dívida externa que os levará a um reino dos céus virtual ou à glória da modernidade.

A expansão global da indústria biológica é a última palavra deste *logos* colonial. Patentear organismos quer dizer exercer uma dupla violência, como escreve Shiva a este propósito. Primeiramente se reduzem epistemologicamente as espécies a mecanismos abstratos, negando-lhes cientificamente a sua capacidade de auto-organização, desenvolvimento e evolução autônomos. Em seguida lhes é negada a sua capacidade de autorreprodução[145]. Patentear estas chamadas espécies novas significa destruir a autonomia da vida, significa subordiná-la a um princípio de conversão e conservação externa, significa a aniquilação do ser, e o triunfo soberano de um niilismo corporativamente cumprido.

Igualmente às situações coloniais em sua era clássica, este processo destrutivo gera conflitos e formas desesperadas de resistência. "Os pobres encontram seus meios para contornar, aberta ou veladamente, os acordos econômicos formais e oficiais"[146], escreve Mukul Sharma neste sentido e num panorama que pode se referir a qualquer país do Terceiro Mundo. Porém – adiciona – com o risco de serem perseguidos, criminalizados ou assassinados pelas forças do governo, organizações paramilitares ou intervenções militares estrangeiras, como vem acontecendo na África, América Central e Colômbia, e no Oriente Médio durante as últimas décadas[147]. Marcus Colchester analisa numerosos casos de destruição de bosques, apropriação violenta de terras, deslocamentos de povos inteiros e estratégias oficiais e não oficiais de intimidação criminosa à população nativa das regiões do Sudeste Asiático, com o apoio financeiro e logístico dos bancos mundiais, e sob a bandeira do livre mercado, o multiculturalismo e a pós-modernidade. E analisa as sucessivas crises e ações de resistência popular ante um conceito de modernização econômica ou cultural que significa literalmente a sua extinção[148].

Os casos de espólio criminoso, apropriação militar de terras e escárnio informativo são reiterados impunemente em toda a extensão da nova desordem global contemporânea.

A engenharia genética define-se corretamente como uma tecnologia capaz de industrializar organismos, enzimas, células e vírus para a produção de bens sociais e serviços de utilidade nos campos da pesquisa, medicina, indústria química e alimentícia, assim como agricultura. Seu desenvolvimento e aplicação são considerados globalmente como um instrumento privilegiado para poder liderar os mercados globais. Mas a indústria genética está vinculada a novos instrumentos e sistemas de vigilância, que compreendem controles sobre as formas de vida de grupos humanos específicos e extensos, novos sistemas de classificação de valores biológicos "normais", a observação do comportamento passado e futuro dos sujeitos biológicos e, no último elo desse espectro, as identificações pessoais do DNA com fins de controle político. A terceira dimensão que esta indústria genética outorga, de importância crucial em nosso século, reside em sua industrialização militar com o objetivo de produzir armas biológicas e virológicas de um potencial letal capaz de destruir vastos sistemas ecológicos e grupos sociais[149]. Ainda mais. A deterioração industrial da biosfera e a destruição biológica global dos hábitats humanos que esse desenvolvimento industrial traz consigo não podem ser consideradas como um fenômeno isolado de outros processos violentos de destruição. É coroado por um empobrecimento intelectual e cultural administrado, tanto nas universidades quanto nos meios de comunicação, o que por seu lado radicaliza e favorece a expansão da indústria biológica e os fenômenos de dependência que gera. Em última instância, fecha um processo histórico regressivo do humano e do ser.

Uma palavra descreve a profundidade desta disrupção: *koyaanisqatsi*. Na literatura oral do povo Hopi, destruída sucessivamente pelo colonialismo hispânico e anglo-saxão, *koyaanisqatsi* designava uma situação terminal de desordem e desintegração que em primeiro lugar afetava os valores religiosos e os costumes da comunidade, mas que compreendia ao mesmo tempo a interrupção dos ciclos de reprodução da natureza, cujas últimas consequências atuam destrutivamente sobre toda a humanidade e a totalidade do cosmo. *Koyaanisqatsi* significa um desequilíbrio radical do ser concebido de um ponto de vista ao mesmo tempo cósmico e espiritual, dentro de cuja influência o ser humano acaba destruindo a si mesmo[150].

Esperança e tempo final

O conceito de esperança está ligado aos significados da espera e expectativa. Descreve um estado de gratificação imaginária dentro das condições gerais de passividade física e suspensão da inteligência que distingue o sujeito eletronicamente prefigurado. Tudo, desde os códigos linguísticos do marketing comercial e político até o efeito hipnotizante e adormecedor das dissonâncias e repetições informativas, leva-o a um sentimento de segurança, sossego e complacência, a uma contenção geral de seus desejos e ao perfeito enfraquecimento de sua consciência. Esta consciência subalterna aspira à redenção que trazem à tela os eventos eletrônicos de um encontro político ou um jogo de futebol, e espera de modo crédulo o consumo absorto do ser no ato sacramental de consumir uma Coca-Cola.

Paulo invocou obsessivamente em suas cartas[151] o significado desta esperança passiva através da espera ansiosa como *agkura psyche*: âncora da alma. Portanto poderíamos dizer que a esperança concebida como expectativa da redenção sobrenatural através da comunhão consumista configura ao mesmo tempo a estrutura profunda deste sujeito subalterno e pós-humano. Nesta medida, pode-se falar também em uma expectativa esperançada da mônade social consumidora como ponto de partida lógico para definir o jogo de fluxos e signos que percorrem brownianamente o corpo desorganizado do mundo em nosso tempo pós-histórico. É exatamente a mesma esperança teológica postulada pelo fundador do cristianismo: princípio de salvação interior, constitutiva, além disso, de um *logos* completamente desligado da natureza, da comunidade histórica dos povos e de seus deuses assim como de suas memórias. Esperança como consolo subordinado através da expectativa paciente de uma plenitude sem história, comunidade e consciência. Esperança como espera de um esplendor da interioridade infinita, mônade humana ou existência sitiada que, além disso, nunca pode ser vista, segundo as palavras do apóstolo[152].

Este princípio cristológico de expectativa prazerosa de uma salvação virtual se opunha e se opõe de uma forma radical, ou inclusive de uma maneira fundacional, às formas de vida da comunidade e às suas memórias. É *elpis* versus *nomos*[153]: a esperança contra a lei. Ou ainda, é uma esperança fundada na destruição da lei (*halakha*)[154] como condição de sua realização. A cruz do sujeito universal subordinado fundava-se sobre a supressão e superação da norma de vida no sentido mais amplo da palavra *nomos*. Foi erguida sobre o processo interminável de devastação do passado dos povos e sua reconstrução, dentro da expectativa de redenção invisível como âncora da alma ou princípio de identidade da alma infinita cristã. É uma esperança concebida como negação da própria existência até as próprias raízes sagradas do ser, e como obediência expectadora em nome da fé[155].

O mesmo conceito de esperança é adotado hoje em dia pelas estratégias do espetáculo. Cada dia as suas telas anunciam, por um lado, maiores catástrofes ecológicas, crises sociais de envergaduras crescentes, ameaças terroristas inefáveis, e sempre terríveis guerras novas e más. Por outro lado, exibem esperanças políticas, propagam esperanças comerciais ou põem em venda as esperanças espirituais que qualquer superstar da indústria cultural pode representar, em todas as suas variantes esportivas, cinematográficas ou acadêmicas. É a esperança que se suspende por si mesma como âncora ou princípio constitutivo de uma psique ontológica e semiologicamente hipnotizada e linguisticamente anulada. Esta esperança é o fundamento teológico do sujeito eletrônico hipermoderno.

Para seus missionários somente há uma coisa que temer e portanto censurar: o inferno do real, o *demon* da experiência autônoma, a tentação perversa da crítica. Mas a respeito deste propósito, deve-se introduzir uma observação preliminar. Dentro da confusão geral perpetuada pela escolástica estruturalista e pós-estruturalista, quando se escreve a palavra crítica, não podemos saber se estamos nos referindo a um formalismo linguístico adaptado às necessidades de produção e controle corporativos do conhecimento ou a outra coisa qualquer. Na tradição da epistemologia tecnocientífica, a crítica reduziu o espectro de suas tarefas intelectuais aos limites das operações analíticas inerentes ao conhecimento formalmente administrado. Mas a crítica, se dermos a essa palavra o significado que teve para a hermenêutica cabalista de Abulafia ou o conceito de "método" do *Zohar*, ou para a visão da realidade de Cervantes, e certamente para *Dialektik der Aufklärung* de Horkheimer e Adorno, significa algo mais. Seu ponto de partida sempre será o rigor hermenêutico da palavra e os sistemas lógicos do pensamento. Mas, ao mesmo tempo, a crítica está ligada a nossa existência individual e socialmente considerada, a nossa memória e nossa realidade degenerada. E a crítica é inseparável de uma vontade real de transformação e de emancipação de nossa realidade nefasta.

Esta crítica da civilização global em sua era autodestrutiva deve se situar necessariamente sobre um compromisso linguístico e ontológico com o real. Tem que partir da unidade rompida entre a palavra e o ser. E tem que assumir a ruptura do discurso e a existência humana como o limite de sua verdade. Isso significa também que ela tem que configurar uma consciência negativa do desarraigamento da unidade sagrada do existente humano com as origens do ser ao longo da marcha sangrenta do espírito da história universal. Mas, a função do missionário da esperança é precisamente impedir essa crítica da unidade rompida com o ser, e é censurar como ilusória ou criminosa qualquer tentativa de restabelecer esta unidade, seja tratando-se da mímese poética, ou da rebeldia social contra a alienação do ser.

O sacerdote profissional e secular pode sentenciar duramente que o crítico é um pessimista e que a teoria crítica é a expressão melancólica de nervos debilitados pelos traumas históricos do estado totalitário global, os genocídios industriais e a destruição nuclear. Inclusive pode fazer alarde público sobre o seu desprezo pela crítica como expressão de uma incapacidade senil de abraçar com fascinação a expectativa ligada às novas tecnologias eletrônicas, à nova indústria de realidades virtuais ou o constantemente renovado delírio de um consumo global autodestrutivo. E o missionário acadêmico excomungará também a crítica como práxis e como vontade, pelo simples fato de questionar a sua inocência semiótica e seu monopólio institucional do conhecimento.

Mas na medida em que o profissional paulino ou o censor do sistema industrial da cultura condenam a crítica como desesperança, transformam a esperança em uma aspiração vazia. Em nossa era política e espiritualmente congelada dentro dos signos do poder totalitário universal – instaurado em 1945 no *Ground Zero* de Hiroshima –, a esperança virtual desta expectativa vazia coincide com a situação real de um terror militar global. Esta é a situação histórica que Anders definiu no começo da chamada Guerra Fria como Tempo Final (*Endzeit*). Suas características podem ser atualizadas dentro de uma série de categorias elementares: ameaça universal de extinção biológica através da ação combinada da acumulação de resíduos nucleares, o aumento da produção industrial de fatores biocidas, o aquecimento atmosférico e a destruição acelerada dos sistemas ecológicos fundamentais para a sobrevivência do planeta, como a Amazônia ou os círculos polares;

e, acima de tudo, um aumento da violência global alimentada por uma indústria militar onipotente. Mas Anders acrescentou outro aspecto a este quadro histórico atual: *Apokalypse-Blindheit* – a cegueira diante do Apocalipse. O significado desta cegueira em relação à situação histórica de um momento final pode ser resumido em uma regra de ouro: a mutilação intelectual, a paralisia imaginativa, a suspensão universal da inteligência, o entorpecimento generalizado da sensibilidade artística – desde as aulas universitárias e os museus, até as cadeias de televisão corporativas com o único objetivo de disseminar uma estupidização massiva ante o desastre mundial que temos diante de nossos olhos[156].

Furcht in der Hoffnung, Hoffnung in der Furcht: temor na esperança e esperança no meio do "temor e tremor". Dentro dessa unidade ou sob esse princípio ético ligado à figura intelectual de Jó, Bloch definia o sentido espiritual deste *Prinzip Hoffnung*[157] no mundo de hoje. Mas esta esperança já não é a espera expectadora de algo melhor ou simplesmente menos ruim. Tampouco é um princípio subjetivo espontâneo emanado de uma interioridade pura e infinita. Bloch o definiu como a esperança que nasce de uma tradição coletiva que inclui povos e tradições espirituais e filosóficas específicos. E reconstruiu esta tradição que inclui místicos islâmicos, hereges cristãos, cabalistas e líderes revolucionários. Esta comunidade histórica do verdadeiro espírito, que deve ser distinguido completamente do espírito da *ekklesia* e seus subprodutos secularizados, não se funda sobre um sentido "interior" de fé nem na subsequente esperança da expectativa expectadora. Seu ponto de partida também não é a famosa consciência infinita de Luther e Hegel. É a história das lutas e rebeliões dos povos por preservar a sua soberania em face da destruição, do genocídio e dos poderes tirânicos. São os quilombos dos escravos coloniais da América e a rebelião de Kronstadt, Thomas Münzer ou Rosa Luxemburgo[158].

Esta esperança não é um estado pseudomístico de contemplação apática e nem assume as funções consolatórias que a *spes*[159] cristã desempenhou ao longo de sua história. Define, ao contrário, um conhecimento ativo e transformador da realidade no sentido da práxis de Kant ou Marx. Está indissoluvelmente ligada à crítica dos sistemas de destruição social e à solidariedade com toda a humanidade. É um princípio intelectual e espiritual que constitui um pensamento que tem o valor e a vontade de revelar os conflitos, as ameaças e as falsidades que acossam a existência humana sob o *logos* midiaticamente naturalizado de uma catástrofe mundial.

notas / bibliografia

Capítulo 1

1. MICHELSON, Annette (org.). *Kino-Eye, The Writings of Dziga Vertov*, p. 49-57.
2. MARINETTI, Filippo Tommaso. *Les mots en liberté futuristes*.
3. LACAN, Jacques. *De la psychose paranoïaque dans ses rapports avec la personalité, suivi de Premiers écrits sur la paranoïa*, p. 385 e seguintes.
4. APOLLINAIRE, Guillaume. *Méditations esthétiques, les peintres cubistes*, p. 55 e 67.
5. NT: Iluminismo.
6. HEIBER, Helmut. *Goebbels Reden*, p. 82 e seguintes.
7. DALÍ, Salvador. *La conquête de l'irrationnel*, p. 12-13.
8. DALÍ, Salvador. *Oui: The Paranoid-Critical Revolution: Writings 1927-1933*, p. 115 e seguintes.
9. LUHMANN, Niklas. *The Reality of the Mass Media*, p. 1.
10. NT: adequação entre pensamento e realidade.
11. EL LISSITZKY. Prouns. In LISSITZKY, Sophie. *El Lissitzky, Life, Letters, Texts*, p. 347.
12. DAYAN, Daniel; KATZ, Elihu. *Media Events, The Live Broadcasting of History*, p. 153 e 91.
13. EISENSTEIN, Sergei. *Film Form. Essays in Film Theory*, p. 161.
14. TARABOUKINE, Nikolaï. *Le Dernier tableau: écrits sur l'art et l'histoire de l'art à l'époque du constructivisme russe*.
15. MICHELSON, Annette (org.). *Kino-eye. The Writings of Tziga Vertov* (op. cit.), p. 11 e seguintes.
16. EISENSTEIN, Sergej. *Schriften*, p. 120.

17. HEIBER, Helmut. Op. cit., p. 96; EL LISSITZKY. Prouns. Op. cit.

18. BOURDIEU, Pierre. *On Television*, p. 19 e seguintes.

19. "aussi solitaire et retiré que dans les déserts les plus écartés". DESCARTES, Réné. *Discours de la méthode*, p. 87.

20. NT: mais espectador que ator.

21. DESCARTES, Réné. Première Méditation. In *Méditations métaphysiques*.

22. NT: "Penso, logo existo".

23. NT: máquina de morar.

24. NT: "grafologia do sentimento plástico do indivíduo"; "as reações psicofisiológicas de cada participante do jogo".

25. CORBUSIER, Le. *Le Modulor*, p. 98.

26. NT: "pré-fabricações mundiais"; "estado de regras"; "grande poderio da fabricação em série".

27. CORBUSIER, Le. Op. cit., p. 109-116.

28. NT: Instituto Nacional de Saúde Mental.

29. CIA. *Kubark Counterintelligence Interrogation* (Jul. 1966). In BLANTON, Tom. The CIA in Latin America.

30. MARX, Karl. *Das Kapital. Kritik der politischen Ökonomie*, p. 93.

31. SIMMEL, Georg. Philosophie des Geldes. In RAMMSTEDT, Otthein (org.). *Georg Simmel – Gesamtausgabe*, p. 600.

32. "Le spectacle est le moment où la marchandise est parvenue à l'occupation totale da vie sociale [...]. L'ideologie, [...] despotisme du fragment qui s'impose comme pseudo-savoir d'un tout figé, vision totalitaire, est maintenant accomplie dans le spectacle immobilisé de la non-histoire. Son accomplissement est aussi sa dissolution dans l'ensemble de la société". DEBORD, Guy. *La société du spectacle*, p. 31 e 172.

33. El Lissitzky. In LISSITZKY, Sophie. Op. cit., p. 332.

34. HEIBER, Helmut. Op. cit., p. 95 e 97.

Capítulo 2

1. MINEAR, Richard H. *Hiroshima. Three Witnesses*, p. 136 e 141.

2. Idem, ibidem, p. 317.

3. ADORNO, Theodor W. *Gesammelte Schriften 7, Ästhetische Theorie*, p. 477.

4. "All that I believe in/ are the words within silence,/ words full of danger". YUTAKA, Akiya. Winter, the Assigned Theme. Apud TREAT, John Whittier. *Writing Ground Zero, Japanese Literature and the Atomic Bomb*, p. 59.

5. NT: questão médica.

6. ARENDT, Hannah. *Eichmann in Jerusalem. A Report on the Banality of Evil*, p. 69.

7. MARTÍ, José. El presidio político en Cuba (1871). In *En un Domingo de mucha luz*, p. 77 e seguintes.

8. "Ein Nichts/ waren wir, sind wir, werden/ wir bleiben, blühend...". CELAN, Paul. Psalm. In CELAN, Paul. *Gedichte in zwei Bänden*, p. 225.

9. HEGEL, Georg Wilhelm Friedrich. *Phänomenologie des Geistes*, A:125.

10. Idem, ibidem, A, XXXVIII.

11. Idem, ibidem, A, XXXIX.

12. "Sir: [...] it may become possible to set up a nuclear chain reaction in a large mass of uranium, by which vast amounts of power and large quantities of new radium-like elements would be generated.[...] The new phenomenon would also lead to the construction of bombs, and it its conceivable – though much less certain – that extremely powerful bombs of a new type may thus be constructed.[...] However, such bombs may very well prove to be too heavy for transportation by air." STOFF, Michael B.; FANTON, Michael B.; WILLIAMS, R. Hal. *The Manhattan Project. A Documentary Introduction to the Atomic Age*, p. 18.

13. NT: guerra científica.

14. "There are only three ways of preventing the continuation of scientific warfare. The first is the extinction of the human race; the second is reversion to barbarism; the third is the creation of a single government with a monopoly of armed force. [...] It remains to consider the possibility of the third solution, namely the creation of a single armed force sufficiently powerful to police the world and keep in subjection the anarchic impulses of *homo sapiens*." RUSSELL, Bertrand. Values in the Atomic Age. In OLIPHANT, Mark; et. al. *The Atomic Age*, p. 95.

15. JUNGK, Robert. *Der Atom-Staat: vom Fortschritt in die Unmenschlichkeit*; CALDICOT, Helen. *Nuclear Madness*.

16. NT: simplesmente os outros.

17. Sagrada Escritura. Novo Testamento: *Livro do Apocalipse*, 6:17.

18. SCHMITT, Carl. *Der Leviathan*, p. 31.

19. PAGDEN, Anthony. *Lords of the World*, p. 130 e seguintes.

20. BENZONI, Girolamo. *La Historia del Mondo Nuovo*, p. 162.

21. NT: *mita* era a divisão feita por sorteio entre as populações indígenas para decidir o número correspondente de vizinhos que deviam ser usados nos trabalhos públicos, geralmente nas minas.

22. NT: *encomienda* era a instituição através da qual o trabalho dos indígenas era dividido e tributado, incluída a obrigação, por parte do *encomendero*, da instrução cristã daqueles indígenas.

23. SUBIRATS, Eduardo. *El continente vacío. La conquista del Nuevo Mundo y la conciencia moderna*, p. 98 e seguintes.

24. "Os requerimos que [...] reconozcáis a la Iglesia por señora y superiora del universo mundo, y al Sumo Pontífice y al Emperador [...], como a superiores y Reyes de esas islas y tierra firme [...] Y si así no lo hicieseis [...] os haremos guerra por todas las partes y maneras que pudiéramos [...] y protestamos que las muertes y daños que de ello se siguiesen sea la vuestra culpa y no de sus Majestades, ni nuestra, ni de estos caballeros que con nosotros vienen". PEREÑA, Luciano. *La idea de justicia en la conquista de América*, p. 237-239.

25. SEPÚLVEDA, Juan Ginés de. *Demócrates segundo; o, de las justas causas de la guerra contra los indios*, p. 64 e seguintes; LOCKE, John. *Two Treatises of Government*, p. 316.

26. BACON, Francis. *The New Organon*, p. 60-74.

27. WOOD, Ellen Meiksins. *Empire of Capital*, p. 102 e seguintes.

28. KANT, Immanuel. *Zum ewigen Frieden. Ein philosophischer Entwurf* (A:64, B:65). NT: *Zwangsgesetze*: a violência coerciva da lei.

29. "By now the danger has reached the level of a threat to human survival. [...] The basic principle is that hegemony is more important than survival." CHOMSKY, Noam. *Hegemony or Survival. America's Quest for Global Dominance*, p. 231.

30. FREUD, Sigmund. Das Unbehagen in der Kultur. In *Studienausgabe*, p. 241.

31. NT: impulsos agressivos.

32. FREUD, Sigmund. Das Unbehagen in der Kultur. In op. cit., p. 248-249.

33. Sobre este assunto, ver o enfoque sobre a teoria psicanalítica da sexualidade em: CASTRO, Josué de. *The Geopolitics of Hunger*, p. 15 e seguintes.

Capítulo 3

1. SANT'ANNA, Lourival. *O Estado de S. Paulo*.

2. SHIVA, Vandana. Reduccionist Science as Epistemological Violence. In NANDY, Ashis (org.). *Science, Hegemony and Violence*, p. 232 e seguintes.

3. ROSENBERG, Harold. *Artworks and Packages*. NT: obras de arte como pacotes.

4. "Después de repurgada la cristiana religion [...], después delos enemigos de nuestra fe vencidos por guerra & fuerza de armas [...], despues dela justicia & essecucion delas leies que nos aiuntan [...], después que vuestra Alteza metiese debaxo de su iugo muchos pueblos bárbaros e naciones de peregrinas lenguas [...] entonces por esta mi Arte podrian venir en el conocimiento della, como agora nos otros deprendemos el arte dela gramatica latina para deprender el latin." NEBRIJA, Antonio de. *Gramática de la lengua castellana*, p. 100-102.

5. Idem, ibidem, p. 141.

6. NT: obra de Francis Bacon publicada em 1620, *Novum Organum* é a segunda parte da obra *Instauratio magna*.

7. "They did not have a thousand-year history that deserved the name of history, but fables and rumours of antiquity"; "Man have been hindered from making progress in the sciences by the spell of reverence for antiquity." BACON, Francis. *The New Organon*, LXXII e LXXXIV.

8. "des signes, soit des objets réels, soit ces collections bien déterminées, qui, composées d'idées simples et générales, se trouvent les mêmes, ou peuvent se former également dans l'entendement de tous les hommes". CONDORCET, Marie-Jean-Antoine-Nicolas de Caritat. *Esquisse d'un tableu historique des progrès de l'esprit humain*, p. 233-234.

9. NT: meditações cartesianas.

10. SEREBURÃ; HIPRU; RUPAWÊ; SEREZABDI; SEREÑIMIRÂMI. *Wamrêmé za'ra – nossa palavra. Mito e história do povo Xavante*, p. 18.

11. Idem, ibidem.

12. MAHAJAN, Gurpreet. *The Multicultural Path. Issues of Diversity and Discrimination in Democracy*, p. 146 e seguintes.

13. LÖWITH, Karl. *Weltgeschichte und Heilsgeschehen*, p. 178-179.

14. NIETZSCHE, Friedrich. Morgenröte. In SCHLECHTA, Karl (org.). *Werke in drei Bänden*, volume I, p. 1068.

15. NIETZSCHE, Friedrich. Unzeitgemäße Betrachtungen. In idem, ibidem, volume I, p. 217.

16. YERUSHALMI, Yosef Hayim. *Zakhor. Jewish History and Jewish Memory*, p. 11.

17. GUÉNON, René. *Études sur l'hindouisme*, capítulo 2.

18. SCHOLEM, Gershom. *The Messianic Idea in Judaism*, p. 4 e seguintes.

19. GUÉNON, René. *The Crisis of the Modern World*, p. 21 e seguintes.

20. CONZE, Edward. *A Short History of Buddhism*, p. 142-143.

21. NT: ser-aí, termo usado por Heidegger em sua filosofia existencialista.

22. NT: ter sido.

23. NT: do inglês *commodification*, transformar bens e serviços em mercadoria.

Capítulo 4

1. KAFKA, Franz. *Der Process*, p. 305.
2. Idem, ibidem, p. 308.
3. Idem, ibidem, p. 312.
4. NT: morte do homem.
5. NT: "à maneira dos geômetras". É uma expressão que se refere ao modelo utilizado pelos filósofos para desenvolver um sistema de pensamento que pudesse alcançar o status de ciência, sendo Descartes a principal figura que axiomatizou matematicamente o seu pensamento filosófico, dentro de um sistema coerente (criando definições, postulados e teoremas com as suas demonstrações respectivas).
6. NT: renúncia ao prazer, abstinência e inclusive a não satisfação de necessidades primárias, com o fim de atingir objetivos religiosos e espirituais.
7. NT: penso, logo existo.
8. DESCARTES, René. *Discours de la méthode* (op. cit.), p. 83-84.
9. BECKETT, Samuel. *Molloy*, p. 92 e seguintes.
10. NT: consciência própria, absoluta consciência de si.
11. NT: dano colateral.
12. "Glory to the indomitable ashes of men, that come to life in cannons." MARINETTI, Filippo Tommaso. *Let's Murder the Moonshine: Selected Writings*, p. 90.
13. STOFF, Michael B.; FANTON, Michael B.; WILLIAMS, R. Hal. Op. cit., p. 18.
14. EINSTEIN, Albert. *Mein Weltbild*, p. 83 e seguintes.
15. "We needed the bomb in order to prevent its use." THE NATIONAL SECURITY ARCHIVE. Interview with Professor Joseph Rotblat.
16. "The physicists who participated in forging the most formidable and dangerous weapon of all times are harassed by an equal feeling of responsibility, not to say guilt"; "fear has increased tremendously since the termination of the war." EINSTEIN, Albert. *Ideas and Opinions*, p. 115 e 116.

17. NT: arma militar prática.

18. SEBER, Robert. *The Los Alamos Primer*, p. 3-4.

19. "I think we should not attempt a plan unless we can poison food sufficient to kill a half million people." ROTBLAT, Joseph. Leaving the Bomb Project. In BIRD, Kai; LIFSCHULTZ, Lawrence (org.). *Hiroshima's Shadows*, p. 256.

20. SHIVA, Vandana. *India Divided. Diversity and Democracy under Attack*, p. 82 e seguintes.

21. JUNGK, Robert. *Die Zukunft hat schon begonnen. Amerikas Allmacht und Ohnmacht*, p. 315.

22. "I believed only that it was theoretically possible. [...] I do not work in this field." EINSTEIN, Albert. *Ideas and Opinions* (op. cit.), p. 121 e 123.

23. NT: fundos de pesquisa.

24. LYOTARD, Jean-François. *The Postmodern Condition: A Report on Knowledge*, p. 42-43.

25. HUSSERL, Edmund. Die 'Krisis' der Wissenschaft als Verlust ihrer Lebensbedeutigkeit. In *Die Krisis der europäischen Wissenschaften und die transzendentale Phänomenologie*, p. 3 e 13.

26. NT: "desejo de autodiminuição" e "não desejo".

27. NIETZSCHE, Friedrich. Aus dem Nachlass der Achtzigerjahre. In op. cit., volume III, p. 628-629, 855-856; Zur Genealogie der Moral. In op. cit., volume II, p. 893-894.

28. FREUD, Sigmund. Das Unbehagen in der Kultur. In op. cit., p. 249.

29. "I am a scientist and science, which has created the bomb and confronted the world with a problem, has no solution to offer to this problem." SZILARD, Leo. Calling for a Crusade. In HAWKINS, Helen; GREB, G. Allen; SZILARD, Gertrud Weiss (org.). *Towards a Liveable World: Leo Szilard and the Crusade for Nuclear Arms Control*, p. 7.

30. HUIE, William Bradford. *The Hiroshima Pilot*; DUGGER, Ronnie. *Dark Star: Hiroshima Reconsidered in the Life of Claude Eatherly of Lincoln Park, Texas*.

31. NT: o grande divisor. Refere-se à definição de Huyssen sobre a barreira existente entre a obra de arte e a mercadoria cultural.

32. "We shall be compelled to re-examine our willingness to surrender responsibility for our thoughts and actions to some social institution such as the political party, trade union, church or State. None of these institutions are adequately equipped to offer infallible advice on moral issues and their claim to offer such advice needs therefore to be challenged." EATHERLY, Claude; ANDERS, Günther. *Burning Conscience*, p. 6-7.

33. Idem, ibidem, p. 22-30.

34. ANDERS, Günther. *Endzeit und Zeitende, Gedanken über die atomare Situation*, p. 3.

35. EATHERLY, Claude; ANDERS, Günther. Op. cit., p. 124-125.

36. ARENDT, Hannah. Op. cit., p. 18, 22 e 47.

37. HEISENBERG, Werner. *Philosophic Problems of Nuclear Science*, p. 117.

38. "I can see only one way in which mankind can avoid unparalleled disaster, and that is by the worldwide hegemony of a single Power. If one State, if possible as leader in an alliance, becomes strong enough to compel those others that might be dangerous to forgo serious armaments, the unification of armed forces which we have seen to be necessary will be brought about." RUSSELL, Bertrand. Values in the Atomic Age. In op. cit., p. 100.

39. HEGEL, Georg Wilhelm Friedrich. Op. cit., A:320.

40. "That Mortal God to which we owe, under the Immortal God, our peace and defence." HOBBES, Thomas. *Leviathan*. XVII:13.

41. SCHMITT, Carl. *Der Begriff des Politischen*, p. 34-35.

42. BENJAMIN, Walter. Das Kunstwerk im Zeitalter seiner technischen Reproduzierbarkeit. In *Gesammelte Schriften*, volume I/1, p. 106-108.

43. HILDYARD, Nicholas. Liberation Ecology. In GOLDSMITH, Edward; KHOR, Martin; NORBERG-HODGE, Helena; SHIVA, Vandana (org.) *The Future of Progress. Reflections on Environment and Development*, p. 142.

44. JEFFERSON, Thomas. *Writings*, p. 1066.
45. "Expansion of freedom is both the primary end and principal means of development." SEN, Amartya. *Development as Freedom*, p. 36.
46. SHIVA, Vandana. *Earth Democracy*, p. 120.
47. IDRIS, S. M. Mohamed. The Third World: A Crisis of Development. In Idem, ibidem, p. 101.
48. BENJAMIN, Walter. Über den Begriff der Geschichte. In op. cit., volume I/2, p. 697-698.
49. NT: destroço.
50. SOREL, Georges. *The Illusions of Progress*, p. 137.
51. NT: Organização Mundial do Comércio.
52. *Rig Veda*, X:cxxix.
53. SCHOLEM, Gershom. *Kabbalah*, p. 95 e 68.
54. Apud SCHOLEM, Gershom. *Über einige Grundbegriffe des Judentums*, p. 83 e 75.
55. Apud ZIMMER, Heinrich. *Philosophies of India*, p. 522.
56. CHITTIK, William C. *The Self-Disclosure of God. Principles of Ibn al-'Arabi's Cosmology*, p. 84.
57. NT: criar é fazer algo a partir do nada.
58. TAUBES, Jacob. *Vom Kult zur Kultur*, p. 170.
59. Sagrada Escritura. Novo Testamento: Cartas de São Paulo: *Romanos*, 7:1-25.
60. HEGEL, Georg Wilhelm Friedrich. Op. cit., A:729 e seguintes.
61. HEIDEGGER, Martin. *Sein und Zeit*, p. 258 e seguintes.
62. NIETZSCHE, Friedrich. Der Antichrist. In Op. cit., volume II, p. 1170.
63. NIETZSCHE, Friedrich. Idem, ibidem, p. 1194.
64. AGOSTINHO, Santo. *De Civitate Dei*. Liv. XX:16.
65. SEREBURÃ; HIPRU; RUPAWÊ; SEREZABDI; SEREÑIMIRÂMI. Op. cit., p. 10.
66. NT: pneumático, neste caso, se refere ao grego "pneuma", que quer dizer "espírito".
67. NT: educação.

68. 1 Coríntios, 12:2; BACON, Francis. *The New Organon.* LXXXIX.

69. NEBRIJA, Antonio de. *Gramática castellana*; NEBRIJA, Antonio de. *Reglas de orthographia en la lengua castellana*; NEBRIJA, Antonio de. *Vocabulario de romance en latín.*

70. NT: ídolos da tribo, ídolos da caverna, ídolos do foro ou da ágora, e os ídolos do teatro.

71. SUBIRATS, Eduardo. Op. cit., p. 155 e seguintes.

72. BENZONI, Girolamo. Op. cit., p. 162.

73. 1 *Coríntios*, 12:7-11.

74. DERRIDA, Jacques. *Of Grammatology*, p. 12.

75. LACAN, Jacques. *De la psychose paranoïaque dans ses rapports avec la personnalité, suivi de Premiers écrits sur la paranoïa*, p. 385-386.

76. CONZE, Edward (org.). *Buddhist Scriptures*, p. 146 e seguintes.

77. CONZE, Edward (org.). *Buddhist Texts through the Ages*, p. 166 e seguintes.

78. NIETZSCHE, Friedrich. Der Antichrist. In op. cit., volume II, p. 1194.

79. CONZE, Edward (org.). *Buddhist Texts through the Ages* (op. cit.), p. 171.

80. La crónica rimada de Diego de Silva y Guzmán (1538). In BARRENECHEA, Raúl Porras. *Los cronistas del Perú*, p. 66.

81. PARACELSUS. Der Krieg als Sünde, insbesondere der weltanschauliche Krieg. In GOLDAMMER, Kurt (org.). *Paracelsus sozialistische und sozialpolitische Schriften*, p. 310 e seguintes.

82. SLOUSH, Nahum. *Poésies hébraïques de Don Jehuda Abrabanel*, p. 19.

83. NT: a ciência e o poder humanos coincidem univocamente.

84. NT: pequenos fatores que podem influir numa questão, mas não se podem definir ou prever.

85. MANN, Klaus. *Mephisto: Roman einer Karriere*. O romance foi publicado em 1956 na Alemanha Oriental e proibido na Alemanha Ocidental até 1981.

86. MANN, Klaus. *Die Heimsuchung des europäischen Geistes. Ein literarisches Testament* (Os tormentos da intelectualidade europeia. Um testamento literário), p. 21 e seguintes.
87. NT: história e consciência de classe.
88. LUKÁCS, Georg. *Geschichte und Klassenbewusstsein. Georg Lukács Werke. Frühschriften II*, p. 252.
89. BOURDIEU, Pierre. *Homo academicus*, 1984.
90. NT: fora do campus.
91. JACOBY, Russell. *The Last Intellectuals. American Culture in the Age of Academe.*
92. VOLPI, Jorge. *La imaginación y el poder. Una historia intelectual de 1968*, p. 327 e seguintes.
93. MILLS, Charles Wright. *Power, Politics and People*, p. 298.
94. CERVANTES SAAVEDRA, Miguel de. Retablo de las maravillas. *Comedias y entremeses*, p. 151.
95. NIETZSCHE, Friedrich. Der Antichrist. In op. cit., volume II, p. 1203 e seguintes.
96. NT: origem do ser.
97. Sagrada Escritura. Novo Testamento: Cartas de São Paulo: *Romanos*, 6:14; *Gálatas*, 5:4.
98. Sagrada Escritura. Novo Testamento: Cartas de São Paulo: *Efésios*, 1:19-21.
99. TAUBES, Jacob. *Die politische Theologie des Paulus*, p. 58.
100. Sagrada Escritura. Novo Testamento: Cartas de São Paulo: *Efésios*, 2, 14-16; 1,22. O conceito de *ekklesia* cristã como uma "Terceira raça" uniforme, diferente daquela do judaísmo e do paganismo foi formulado pela patrística e enraizado na teologia política de Paulo. Cf. TOMSON, Peter J. *Paul and the Jewish Law*, p. 3. Foi também a crítica que os intelectuais helenísticos e latinos fizeram contra a seita cristã nos dois primeiros séculos de sua história. Cf. HARNACK, Adolf. *Die Mission und Ausbreitung des Christentums*, p. 197 e seguintes.
101. Sagrada Escritura. Novo Testamento: Cartas de São Paulo: *Efésios*, 1: 10.

102. AGAMBEN, Giorgio. *The Time that Remains. A Commentary on the Letter to the Romans*, p. 30-31.

103. NT: como também ocorre no português.

104. NT: traição dos intelectuais.

105. AGAMBEN, Giorgio. *The Time that Remains* (op. cit.), p. 20 e seguintes; 98 e seguintes.

106. NT: o holandês voador.

107. ANDERS, Günther. *Kafka, Pro und Contra. Die Prozess-Unterlagen*, p. 15 e seguintes.

108. NT: *Um relatório para a academia* e *A metamorfose*.

109. NT: O direito materno.

110. NT: Iluminismo.

111. MARX, Karl. *The Communist Manifesto*, p. 58-60.

112. LYOTARD, Jean-François. Op. cit., p. 43.

113. NT: um lance de dados.

114. BLOCH, Ernst. *Avicenna und die aristotelische Linke*, p. 25 e seguintes.

115. NT: empreitada anarquista.

116. NT: vale-tudo.

117. FEYERABEND, Paul. *Against Method. Outline of an Anarchistic Theory of Knowledge*, p. 23.

118. NT: teoria do conhecimento anarquista.

119. "Yet even when scientists in universities and corporations shuffle genes, they do not 'create' the organism that they then patent." SHIVA, Vandana. *Biopiracy. The Plunder of Nature and Knowledge*, p. 20.

120. Idem, ibidem, p. 26 e seguintes.

121. NIVIA, Elsa; GOMERO, Luis. *Cultivos ilícitos y guerra biológica. En defensa de los derechos de las comunidades y la biodiversidad.*

122. Cf. SHANTARHARAM, S. Can the U.S. Lead the Way on Biosafety Policy?. In SHIVA, Vandana (org.). *Biodiversity Conservation. Whose Resource? Whose Knowledge?*, p. 261 e seguintes.

123. CAPRA, Fritjof. *The Web of Life*, 1996.

124. ORWELL, George. *1984*, p. 24, 35, 45.

125. SHIVA, Vandana. *Monocultures of the Mind. Perspectives on Biodiversity and Biotechnology*, p. 65 e seguintes.

126. NT: epistemologia.

127. NT: teoria das cores, nas artes visuais.

128. GOETHE, Johann Wolfgang von. *Entwurf einer Farbenlehre. Naturwissenschaftliche Schriften*, p. 88.

129. Idem, ibidem.

130. NT: expressão em latim que significa "pintor erudito".

131. DIETERICH, Albrecht. *Mutter Erde: ein Versuch über Volksreligion*, p. 116 e seguintes.

132. ELIADE, Mircea. *Traité d'histoire des religions*, capítulo VII (primeira página do capítulo).

133. NT: revolução copernicana.

134. NT: Das revoluções das esferas celestes.

135. COPERNICUS, Nicolaus. *On the Revolutions of Heavenly Spheres*, p. 8.

136. AGAMBEN, Giorgio. *Homo Saccer: Sovereign Power and Bare Life*.

137. AGOSTINHO, Santo. Op. cit., Liv. XIV:13.

138. SCHOLEM, Gershom. *Über einige Grundbegriffe des Judentums*, p. 59 e seguintes.

139. Sagrada Escritura. Antigo Testamento: *Livro do Gênesis*, 3:22.

140. AGOSTINHO, Santo. Op. cit., Liv. XIII:13.

141. NT: Crítica da razão pura.

142. NT: sobre nós mesmos, calamos.

143. KANT, Immanuel. *Kritik der reinen Vernunft*, B, II.

144. "The natives are to be forced to make a living by selling their labor. To this end their traditional institutions must be destroyed." POLANY, Karl. *The Great Transformation. The Political and Economic Origins of Our Time*, p. 171.

145. SHIVA, Vandana. *Biopiracy. The Plunder of Nature and Knowledge* (op.cit.), p. 23.

146. "The poor find ways to circumvent, overtly or covertly, the formal and official economic arrangements."

147. SHARMA, Mukul. *Landscapes and Lives. Environmental Dispatches on Rural India*, p. 2 e seguintes.

148. COLCHESTER, Marcus. Sustaining the Forests. In GHAI, Dharam (org.). *Development & Environment. Sustaining People and Nature*, p. 69 e seguintes.

149. MCNALLY, Ruth; WHEALE, Peter. Enviromental and Medical Bioethics in Late Modernity. In ATTFIELD, Robin; BELSEY, Andrew (org.). *Philosophy and the Natural Environment*, p. 214 e seguintes.

150. MALOTKI, Ekkehart (org.). *Hopi Tales of Destruction*, p. 124 e seguintes.

151. NT: a autoria da *Carta aos Hebreus* foi muito contestada ao longo dos séculos e hoje há uma quase unanimidade que não foi escrita por Paulo, mas sim por algum companheiro ou discípulo de Paulo, devido aos pontos comuns entre ela e a doutrina do Apóstolo. Como o autor atribui o documento a Paulo, mantivemos esta opção aqui e na bibliografia.

152. PAULO. *Carta aos Hebreus*, 6:19; *Carta aos Romanos*, 13:13; 8:24-25.

153. NT: ordem social, governação.

154. NT: conjunto das leis da religião judaica.

155. PAULO. *Carta aos Hebreus*, 7:19.

156. ANDERS, Günther. *Endzeit und Zeitende* (op. cit.), p. 106 e seguintes.

157. NT: O princípio esperança. Refere-se ao livro homônimo publicado em 1959 por Ernst Bloch. Ver nota seguinte.

158. BLOCH, Ernst. *Das Prinzip Hoffnung*, p. 171, 185, 311 e seguintes.

159. NT: a deusa da esperança na mitologia romana. A sua correspondente na mitologia grega era *Elpis*, já mencionada no texto.

Bibliografia
Obras mais destacadas de Eduardo Subirats
Português
Da vanguarda ao pós-moderno. São Paulo, Nobel, 1984.
Paisagens da solidão. São Paulo, Duas Cidades, 1986.

A flor e o cristal. São Paulo, Studio Nobel, 1989.
A cultura como espetáculo. São Paulo, Studio Nobel, 1989.
Vanguarda, mídia, metrópoles. São Paulo, Studio Nobel, 1993.
A penúltima visão do Paraíso. São Paulo, 2001.

Espanhol

Figuras de la conciencia desdichada. Madri, Taurus, 1979.
La ilustración insuficiente. Madri, Taurus, 1982.
El alma y la muerte. Barcelona, Anthropos, 1983.
Metamorfosis de la cultura moderna. Barcelona, Anthropos, 1987.
Los malos días pasarán. Caracas, Angria, 1992.
Después de la lluvia. Madri, Temas de Hoy, 1993.
El continente vacío. La conquista del Nuevo Mundo y la conciencia moderna. Cidade do México, Século XXI, 1993.
América o la memoria histórica. Caracas, Monte Ávila, 1994.
España: Miradas fin de siglo. Madri, Akal, 1995.
Linterna mágica. Vanguardias, media y cultura tardomoderna. Madri, Ediciones Siruela, 1997.
El reino de la belleza. México, ITESM/ Fondo de Cultura Económica, 2003.
Memoria y exilio. Madri, Losada, 2003.
Viaje al fin del paraíso. Un ensayo sobre América Latina. Madri, Losada, 2004.
Una última visión del Paraíso. México, Fondo de Cultura Económica, 2004 (edição ampliada de *A penúltima visão do Paraíso*).
Violencia y civilización. Madri, Losada, 2006.

Compilações

Charles Fourier, la armonía pasional del nuevo mundo. Madri, 1974
Jerónimo Feijoo, teatro crítico, ensayos filosóficos. Barcelona, 1985
Walter Benjamin, para una crítica de la violencia y otros ensayos. Madri, 1991
Intransiciones. Crítica de la cultura española. Madri, 2002
Américo Castro y la revisión de la memoria. El Islam en España. Madri, 2003
América Latina y la guerra global. México DF, 2004

José María Blanco White. Modernidad y exilio en la cultura española. Barcelona, 2005

Contra la tortura. México, 2006

Vitruvius

O Brasil dos museus brasileiros. *Arquitextos*, n. 069. São Paulo, fev. 2006 <www.vitruvius.com.br/arquitextos/arq069/arq069_00.asp>.

Um comentário sobre o conceito de vanguarda. *Arquitextos*, n. 105.01. São Paulo, fev. 2009 <www.vitruvius.com.br/arquitextos/arq105/arq105_01.asp>.

Desaprendendo com Las Vegas. *Arquitextos*, n. 012.01. São Paulo, maio 2001 <www.vitruvius.com.br/arquitextos/arq012/arq012_01.asp>.

A escritura da cidade (writing and cities). *Arquitextos*, n. 047.01. São Paulo, abr. 2004 <www.vitruvius.com.br/arquitextos/arq047/arq047_01.asp>.

O juízo bufo. Da demolição pós-humanista do cânon literário luso-hispânico, seguido de outras calamidades. *Arquitextos*, n. 079. São Paulo, dez. 2006 <www.vitruvius.com.br/arquitextos/arq079/arq079_00.asp>.

Paraíso. *Arquitextos*, n. 011, Texto Especial 064. São Paulo, abr. 2001 <www.vitruvius.com.br/arquitextos/arq000/esp064.asp>.

O popular e o pós-vanguardista (ou como é gostoso o meu francês). Uma crônica da 25ª Bienal de São Paulo. *Arquitextos*, n. 023.03. São Paulo, abr. 2002 <www.vitruvius.com.br/arquitextos/arq023/arq023_03.asp>.

O último artista. Arte popular e cultura digital. *Arquitextos*, n. 056.. São Paulo, jan. 2005 <www.vitruvius.com.br/arquitextos/arq056/arq056_00.asp>.

Viagem ao final do paraíso. Arquitetura e crise civilizacional. *Arquitextos*, n. 026, Texto Especial 139.. São Paulo, jul. 2002 <www.vitruvius.com.br/arquitextos/arq000/esp139.asp>.

Bibliografia geral

ADORNO, Theodor W. *Gesammelte Schriften 7, Ästhetische Theorie*. Frankfurt, Suhrkamp Verlag, 1970.

AGAMBEN, Giorgio. *Homo saccer: Sovereign Power and Bare Life*. Stanford, Stanford University Press, 1998.

_____. *The Time that Remains. A Commentary on the Letter to the Romans*. Standford, Stanford University Press, 2005.

AGOSTINHO, Santo. *De Civitate Dei*.

ANDERS, Günther. *Endzeit und Zeitende, Gedanken über die atomare Situation*. Munique, C. H. Beck, 1972.

_____. *Kafka, Pro und Contra. Die Prozess-Unterlagen*. Munique, C. H. Beck, 1951.

APOLLINAIRE, Guillaume. *Méditations esthétiques, les peintres cubistes*. Paris, Hermann, 1980.

ARENDT, Hannah. *Eichmann in Jerusalem. A Report on the Banality of Evil*. Nova York, The Viking Press, 1963.

BACON, Francis. *The New Organon*. Cambridge, Cambridge University Press, 2000.

BARRENECHEA, Raúl Porras. *Los cronistas del Perú*. Lima, Banco de Crédito del Perú, 1986.

BECKETT, Samuel. *Molloy* Paris, Minuit, 1951.

BENJAMIN, Walter. Das Kunstwerk im Zeitalter seiner technischen Reproduzierbarkeit. In *Gesammelte Schriften*. Volume I-1. Frankfurt, Suhrkamp Verlag, 1974.

_____. Über den Begriff der Geschichte. In op. cit. Volume I-2.

BENZONI, Girolamo. *La Historia del Mondo Nuovo*. Graz, Akademische Druck-U. Verlagsanstalt, 1962.

BLOCH, Ernst. *Avicenna und die aristotelische Linke*. Berlim, Rütten & Loening, 1952.

_____. *Das Prinzip Hoffnung*. Volume I. Frankfurt a. M., Suhrkamp Verlag, 1959.

BOURDIEU, Pierre. *Homo academicus*. Paris, Editions de Minuit, 1984.

_____. *On Television*. Nova York, The New Press, 1998.

CALDICOT, Helen. *Nuclear Madness*. Nova York/Londres, W. Norton & Co, 1994.

CAPRA, Fritjof. *The Web of Life*. Nova York, Harper Collins, 1996.

CASTRO, Josué de. *The Geopolitics of Hunger*. Nova York, Monthly Review Press, 1977.

CELAN, Paul. Psalm. In *Gedichte in zwei Bänden*. Volume 1. Frankfurt, Suhrkamp Verlag, 1975.

CERVANTES SAAVEDRA, Miguel de. Retablo de las maravillas. *Comedias y entremeses*. Volume I. Madri, Biblioteca Universal, 1921.

CHITTIK, William C. *The Self-Disclosure of God. Principles of Ibn al-'Arabi's Cosmology*. Nova York, State University of New York Press, 1998.

CHOMSKY, Noam. *Hegemony or Survival. America's Quest for Global Dominance*. Nova York, Henry Holt and Company, 2003.

CIA. *Kubark Counterintelligence Interrogation* (jul. 1966). In BLANTON, Tom. The CIA in Latin America. *National Security Archive Electronic Briefing Book*, n. 27, Washington D.C., The National Security Archive, The George Washington University, 14 mar. 2000 <http://www.gwu.edu/~nsarchiv/NSAEBB/NSAEBB27/01-01.htm>.

COLCHESTER, Marcus. Sustaining the Forests. In GHAI, Dharam (org.). *Development & Environment. Sustaining People and Nature*. Cambridge, Blackwell Publishers/UNRISD, 1994.

CONDORCET, Marie-Jean-Antoine-Nicolas de Caritat. *Esquisse d'un tableu historique des progrès de l'esprit humain*. Paris, Boivin et C. Editeurs, 1933.

CONZE, Edward (org.). *Buddhist Scriptures*. Londres/Nova York, Penguin Books, 1959.

_____. *Buddhist Texts through the Ages*. Oxford, Bruno Cassirer, 1954.

CONZE, Edward. *A Short History of Buddhism*. Nova Délhi, Research Press, 1999.

COPERNICUS, Nicolaus. *On the Revolutions of Heavenly Spheres*. Amherst/Nova York, Prometheus Books, 1995.

CORBUSIER, Le. *Le Modulor*. Boulogne, Éditions de l'Architecture d'Aujourd'Hui, 1948.

DALÍ, Salvador. *La conquête de l'irrationnel*. Paris, Editions surréalistes, 1935.

_____. *Oui: The Paranoid-Critical Revolution: Writings 1927-1933*. Organização de Robert Descharnes. Tradução de Yvonne Shafir. Boston, Exact Change, 1998.

DAYAN, Daniel; KATZ, Elihu. *Media Events, The Live Broadcasting of History*. Cambridge, Harvard University Press, 1992.

DEBORD, Guy. *La société du spectacle*. Paris, Buchet/Chastel, 1967.

DERRIDA, Jacques. *Of Grammatology*. Baltimore, The Johns Hopkins University Press, 1976.

DESCARTES, Réné. *Discours de la méthode*. Paris, Librairie Philosophique J. Vrin, 1964.

_____. Première Méditation. In *Méditations métaphysiques*. Paris, Librairie Philosophique J. Vrin, 1976.

DIETERICH, Albrecht. *Mutter Erde: ein Versuch über Volksreligion*. Leipzig/Berlin, B. G. Teubner, 1913.

DUGGER, Ronnie. *Dark Star: Hiroshima Reconsidered in the Life of Claude Eatherly of Lincoln Park, Texas*. Cleveland, World Pub. Co., 1967.

EATHERLY, Claude; ANDERS, Günther. *Burning Conscience*. Nova York, Monthly Review Press, 1962.

EINSTEIN, Albert. *Ideas and Opinions*. Nova York, Crown Publishers Inc., 1954.

_____. *Mein Weltbild*. Amsterdã, Querido Verlag, 1934.

EISENSTEIN, Sergei. *Film Form. Essays in Film Theory*. San Diego/Nova York/Londres, Harcourt Brace & Co. 1977.

_____. *Schriften*. Volume 4. Munique, Hanser Verlag, 1973.

EL LISSITZKY. Prouns. In LISSITZKY, Sophie. *El Lissitzky, Life, Letters, Texts*. Londres, Thames and Hudson, 1968.

ELIADE, Mircea. *Traité d'histoire des religions*. Paris, Payot, 1953.

FEYERABEND, Paul. *Against Method. Outline of an Anarchistic Theory of Knowledge*. Londres, NLB, 1975.

FREUD, Sigmund. Das Unbehagen in der Kultur. In *Studienausgabe*. Frankfurt, S. Fischer Verlag, 1974.

GOETHE, Johann Wolfgang von. *Entwurf einer Farbenlehre. Naturwissenschaftliche Schriften*. Volume III. Dornach, Rudolf Steiner Verlag, 1982.

GUÉNON, René. *Études sur l'hindouisme*. Paris, Éditions traditionnelles, 1966.

_____. *The Crisis of the Modern World*. Ghent, Sophia Perennis, 1996.

HARNACK, Adolf. *Die Mission und Ausbreitung des Christentums*. Leipzig, J. C. Hinrich'sche Buchhandlung, 1902.

HEGEL, Georg Wilhelm Friedrich. *Phänomenologie des Geistes*.

HEIBER, Helmut. *Goebbels Reden*. Volume 1. Düsseldorf, Droste Verlag, 1971.

HEIDEGGER, Martin. *Sein und Zeit*. Tübingen, Niemeyer, 1979.

HEISENBERG, Werner. *Philosophic Problems of Nuclear Science*. Nova York, Pantheon Books Inc., 1952.

HILDYARD, Nicholas. Liberation Ecology. In GOLDSMITH, Edward; KHOR, Martin; NORBERG-HODGE, Helena; SHIVA, Vandana (org.) *The Future of Progress. Reflections on Environment and Development*. Nova Délhi, Natraj Publishers, 1994.

HOBBES, Thomas. *Leviathan*.

HUIE, William Bradford. *The Hiroshima Pilot*. Nova York, Putnam, 1964.

HUSSERL, Edmund. Die 'Krisis' der Wissenschaft als Verlust ihrer Lebensbedeutigkeit. In *Die Krisis der europäischen Wissenschaften und die transzendentale Phänomenologie*. Hamburgo, Felix Meiner Verlag, 1969.

IDRIS, S. M. Mohamed. The Third World: A Crisis of Development. In SHIVA, Vandana. *Earth Democracy*. Cambridge, South End Press, 2005.

JACOBY, Russell. *The Last Intellectuals. American Culture in the Age of Academe*. Nova York, The Noonday Press, 1987.

JEFFERSON, Thomas. *Writings*. Nova York, The Library of America, 1984.

JUNGK, Robert. *Der Atom-Staat: vom Fortschritt in die Unmenschlichkeit*. Munique, Kindler, 1977.

_____. *Die Zukunft hat schon begonnen. Amerikas Allmacht und Ohnmacht*. Stuttgart/Hamburgo, Scherz & Goverts Verlag, 1952.

KAFKA, Franz. *Der Process*. Frankfurt, S. Fischer, 1990.

KANT, Immanuel. *Kritik der reinen Vernunft*.

_____. *Zum ewigen Frieden. Ein philosophischer Entwurf*.

LACAN, Jacques. *De la psychose paranoïaque dans ses rapports avec la personnalité, suivi de Premiers écrits sur la paranoïa*. Paris, Editions du Seuil, 1975.

LOCKE, John. *Two Treatises of Government*. Cambridge University Press, Cambridge, 1960.

LÖWITH, Karl. *Weltgeschichte und Heilsgeschehen*. Stuttgart, W. Kohlhammer Verlag, 1953.

LUHMANN, Niklas. *The Reality of the Mass Media*. Standford, Standford University Press, 2000.

LUKÁCS, Georg. *Geschichte und Klassenbewusstsein. Georg Lukács Werke. Frühschriften II*. Neuwied/Berlin, Luchterhand Verlag, 1968.

LYOTARD, Jean-François. *The Postmodern Condition: A Report on Knowledge*. Mineápolis, University of Minnesota Press, 1999.

MAHAJAN, Gurpreet. *The Multicultural Path. Issues of Diversity and Discrimination in Democracy*. Nova Délhi/Londres, Sage Publications, 2002.

MALOTKI, Ekkehart (org.). *Hopi Tales of Destruction*. Lincoln/Londres, University of Nebraska Press, 2002.

MANN, Klaus. *Die Heimsuchung des europäischen Geistes. Ein literarisches Testament*. Berlim, Transit, 1993.

_____. *Mephisto: Roman einer Karriere*. Amsterdã, Querido Verlag, 1936.

MARINETTI, Filippo Tommaso. *Les mots en liberté futuristes*. Milão, Edizioni Futuriste.

_____. *Let's Murder the Moonshine: Selected Writings*. Los Angeles, Sun & Moon Classics, 1969.

MARTÍ, José. El presidio político en Cuba (1871). In *En un Domingo de mucha luz*. Salamanca, Ediciones Universidad, 1995.

MARX, Karl. *Das Kapital. Kritik der politischen Ökonomie*. Volume I. Frankfurt, Europäische Verlaganstalt, 1968.

_____. *The Communist Manifesto*. Nova York/Londres, W. W. Norton & Co., 1988.

MCNALLY, Ruth; WHEALE, Peter. Enviromental and Medical Bioethics in Late Modernity. In ATTFIELD, Robin; BELSEY, Andrew (org.). *Philosophy and the Natural Environment*. Cambridge, Cambridge University Press, 1994.

MICHELSON, Annette (org.). *Kino-Eye, The Writings of Dziga Vertov*. Tradução de Kevin O'Brien. Berkeley, Los Angeles/Londres, University of California Press.

MILLS, Charles Wright. *Power, Politics and People*. Nova York, Oxford University Press, 1963.

MINEAR, Richard H. *Hiroshima. Three Witnesses*. Princeton, Princeton University Press, 1990.

NEBRIJA, Antonio de. *Gramática castellana*. M. Niemeyer, Halle, 1909.

_____. *Gramática de la lengua castellana*. Madri, Editora Nacional, 1980.

_____. *Reglas de orthographia en la lengua castellana*. Bogotá, Instituto Caro y Cuervo, 1977.

_____. *Vocabulario de romance en latín*. Madri, Castalia, 1973.

NIETZSCHE, Friedrich. Aus dem Nachlass der Achtzigerjahre. In NIETZSCHE, Friedrich. Der Antichrist. In SCHLECHTA, Karl (org.). *Werke in drei Bänden*. Volume III. Munique/Viena, Carl Hanser Verlag, 1954.

_____. Der Antichrist. In op. cit., volume II.

_____. Morgenröte. In op. cit., volume I.

_____. Unzeitgemäße Betrachtungen. In op. cit., volume I.

_____. Zur Genealogie der Moral. In op. cit., volume II.

NIVIA, Elsa; GOMERO, Luis. *Cultivos ilícitos y guerra biológica. En defensa de los derechos de las comunidades y la biodiversidad.* Colômbia, *Mama Coca*, 2001 <www.mamacoca.org/ed-especial3/libro_cultivos_guerrabio_portada_indice.html>.

ORWELL, George. *1984*. Nova York, Harcourt Brace Book, 1983.

PAGDEN, Anthony. *Lords of the World*. New Haven/Londres, Yale University Press, 1995.

PARACELSUS. Der Krieg als Sünde, insbesondere der weltanschauliche Krieg. In GOLDAMMER, Kurt (org.). *Paracelsus sozialistische und sozialpolitische Schriften*. Tübingen, J.C.B. Mohr, 1952.

PEREÑA, Luciano. *La idea de justicia en la conquista de América*. Madri, Ediciones Mapfre, 1992.

POLANY, Karl. *The Great Transformation. The Political and Economic Origins of Our Time*. Boston, Beacon Press, 2001.

Rig Veda.

ROSENBERG, Harold. *Artworks and Packages*. Nova York, Horizon Press, 1969.

ROTBLAT, Joseph. Leaving the Bomb Project. In BIRD, Kai; LIFSCHULTZ, Lawrence (org.). *Hiroshima's Shadow*. Stony Greek, The Pamphleteer's Press, 1998.

RUSSELL, Bertrand. Values in the Atomic Age. In OLIPHANT, Mark; et. al. *The Atomic Age*. Londres, George Allen and Unwin Ltd., 1949.

Sagrada Escritura. Antigo Testamento: *Livro do Gênesis*; Novo Testamento: Cartas de São Paulo (*Efésios*; *Gálatas*; *Hebreus*, *Romanos*), e *Livro do Apocalipse*.

SANT'ANNA, Lourival. *O Estado de S. Paulo*, São Paulo, 9 ago. 1998.

SCHMITT, Carl. *Der Begriff des Politischen*. Berlim, Dunker&Humblot, 1963.

_____. *Der Leviathan*. Stuttgart, Klett-Cotta, 1982.

SCHOLEM, Gershom. *Kabbalah*. Nova York, Meridian Books, 1978.

_____. *The Messianic Idea in Judaism*. Nova York, Schocken Books, 1995.

_____. *Über einige Grundbegriffe des Judentums*. Frankfurt, Suhrkamp Verlag, 1970.

SEBER, Robert. *The Los Alamos Primer*. Berkeley/Oxford/Londres, University of California Press, 1992.

SEN, Amartya. *Development as Freedom*. Nova York, Anchor Books, 1999.

SEPÚLVEDA, Juan Ginés de. *Demócrates segundo; o, de las justas causas de la guerra contra los indios*. Organização de Ángel Losada. Madri, Consejo Superior de Investigaciones Científicas, 1951.

SEREBURÃ; HIPRU; RUPAWÊ; SEREZABDI; SEREÑIMIRÃMI. *Wamrêmé za'ra – nossa palavra. Mito e história do povo Xavante*. São Paulo, Senac, 1997.

SHANTARHARAM, S. Can the U.S. Lead the Way on Biosafety Policy?. In SHIVA, Vandana (org.). *Biodiversity Conservation. Whose Resource? Whose Knowledge?* Nova Délhi, Indian National Trust for Art and Cultural Heritage, 1994.

SHARMA, Mukul. *Landscapes and Lives. Environmental Dispatches on Rural India*. Nova Délhi, Oxford University Press, 2001.

SHIVA, Vandana. *Biopiracy. The Plunder of Nature and Knowledge*. Boston, South End Press, 1997.

_____. *Earth Democracy*. Cambridge, South End Press, 2005.

_____. *India Divided. Diversity and Democracy under Attack*. Nova York, A Seven Stories Press, 2005.

_____. *Monocultures of the Mind. Perspectives on Biodiversity and Biotechnology*. Londres/Nova York/Penang, Zed Books/Third World Network, 1993.

_____. Reduccionist Science as Epistemological Violence. In NANDY, Ashis (org.). *Science, Hegemony and Violence*. Délhi, Oxford University Press, 1990.

SIMMEL, Georg. Philosophie des Geldes. In RAMMSTEDT, Otthein (org.). *Georg Simmel – Gesamtausgabe*. Volume 6. Frankfurt, Suhrkamp Verlag, 1999.

SLOUSH, Nahum. *Poésies hébraïques de Don Jehuda Abrabanel*. Lisboa, 1928.

SOREL, Georges. *The Illusions of Progress*. Berkeley/Los Angeles, University of California Press, 1969.

STOFF, Michael B.; FANTON, Michael B.; WILLIAMS, R. Hal. *The Manhattan Project. A Documentary Introduction to the Atomic Age*. Filadélfia, Temple University Press, 1991.

SUBIRATS, Eduardo. *El continente vacío. La conquista del Nuevo Mundo y la conciencia moderna*. Cidade do México, Século XXI, 1993.

SZILARD, Leo. Calling for a Crusade. In HAWKINS, Helen; GREB, G. Allen; SZILARD, Gertrud Weiss (org.). *Towards a Liveable World: Leo Szilard and the Crusade for Nuclear Arms Control*. Cambridge/Londres, The MIT Press, 1987.

TARABOUKINE, Nikolaï. *Le Dernier tableau: écrits sur l'art et l'histoire de l'art à l'époque du constructivisme russe*. Paris, Éditions Champ libre, 1980.

TAUBES, Jacob. *Die politische Theologie des Paulus*. Munique, Wilhelm Fink Verlag, 1993.

_____. *Vom Kult zur Kultur*. Munique, E. Fink Verlag, 1996.

TOMSON, Peter J. *Paul and the Jewish Law*. Assen/Maastricht, Fortress Press, 1990.

THE NATIONAL SECURITY ARCHIVE. Interview with Professor Joseph Rotblat. *Episodes*, n. 8 (Sputinik). Washington D.C., The George Washington University, 15 nov. 1998 <www.gwu.edu/~nsarchiv/coldwar/interviews/episode-8/rotblat1.html>.

TREAT, John Whittier. *Writing Ground Zero, Japanese Literature and the Atomic Bomb*. Chicago/Londres, The University of Chicago Press, 1995.

VOLPI, Jorge. *La imaginación y el poder. Una historia intelectual de 1968*. Cidade do México, Biblioteca Era, 1998.

WOOD, Ellen Meiksins. *Empire of Capital*. Londres/Nova York, Verso, 2003.

YERUSHALMI, Yosef Hayim. *Zakhor. Jewish History and Jewish Memory*. Seattle/Londres, University of Washington Press, 2002.

ZIMMER, Heinrich. *Philosophies of India*. Princeton, Princeton University Press, 1989.

Coleção RG Bolso

01. Abilio Guerra (org.). *Textos fundamentais sobre história da arquitetura moderna brasileira. Parte 1.* Textos de Carlos Alberto Ferreira Martins, Carlos Eduardo Dias Comas, Lauro Cavalcanti, Luis Espallargas Gimenez, Margareth da Silva Pereira, Renato Anelli, Ruth Verde Zein, Silvana Barbosa Rubino e Sophia S. Telles.

02. Abilio Guerra (org.). *Textos fundamentais sobre história da arquitetura moderna brasileira. Parte 2.* Textos de Abilio Guerra, Carlos Alberto Ferreira Martins, Carlos Eduardo Dias Comas, Claudia Shmidt, Edson Mahfuz, Fernando Aliata, Hugo Segawa, Jorge Czajkowski, Jorge Francisco Liernur, Margareth da Silva Pereira, Maria Beatriz de Camargo Aranha, Nabil Bonduki, Otília Beatriz Fiori Arantes, Paul Meurs e Renato Anelli.

03. Abilio Guerra. *O primitivismo em Mário de Andrade, Oswald de Andrade e Raul Bopp. Origem e conformação no universo intelectual brasileiro.*

04. François Ascher. *Os novos princípios do urbanismo.*

05. Eduardo Subirats. *A existência sitiada.*

06. Angelo Bucci. *São Paulo, razões de arquitetura. Da dissolução dos edifícios e de como atravessar paredes.*

07. Denise Antonucci, Angélica Benatti Alvim, Silvana Zioni e Volia Costa Kato. *UN-Habitat: das declarações aos compromissos.*

Este livro foi composto em Fairfield LT Std e Whitney HTF.
Impresso em papel Offset 75g.